4차
산업
혁명의
충격

The Fourth Industrial
Revolution

**과학기술 혁명이
몰고올 기회와 위협**

4차
산업
혁명의
충격

클라우스 슈밥 외 26인 지음 | **김진희, 손용수, 최시영** 옮김
〈포린 어페어스〉 엮음 | **정재승** 감수

흐름출판

4차 산업혁명의 충격

초판 1쇄 발행 2016년 7월 15일
초판 10쇄 발행 2018년 12월 28일

지은이 클라우스 슈밥 외 26인
옮긴이 김진희 손용수 최시영
펴낸이 유정연

주간 백지선
기획편집 장보금 신성식 조현주 김수진 김경애 **디자인** 안수진 김소진
마케팅 임충진 임우열 이다영 김보미 **제작** 임정호 **경영지원** 전선영

펴낸곳 흐름출판(주) **출판등록** 제313-2003-199호.(2003년 5월 28일)
주소 서울시 마포구 홍익로5길 59 남성빌딩 2층
전화 (02)325-4944 **팩스** (02)325-4945 **이메일** book@hbooks.co.kr
홈페이지 http://www.nwmedia.co.kr **블로그** blog.naver.com/nextwave7
출력·인쇄·제본 (주)현문 **용지** 월드페이퍼(주) **후가공** (주)이지앤비(특허 제10-1081185호)

ISBN 978-89-6596-193-2 03320

이 도서의 국립중앙도서관 출판시도서목록(CIP)은 e-CIP홈페이지(http://www.nl.go.kr/ecip)와 국가자료공동목록시스템
(http://www.nl.go.kr/kolisnet)에서 이용하실 수 있습니다. (CIP제어번호 : CIP2016015827)

4차 산업혁명 시대,
우리는 무엇을 준비할 것인가?

정재승 KAIST 바이오및뇌공학과 교수

세계경제포럼World Economic Forum은 매년 각 나라에서 '젊은 글로벌 리더'Young Global Leaders, YGL를 선정한다. 일명 '다보스포럼'이라고도 불리는 이곳은 글로벌 이슈에 관심을 갖고 더 나은 세상을 만들기 위해 전문 영역에서 고민하고 애쓰고 노력하는 젊은이들을 격려하고, 그들이 서로 연대해 전 지구적 변화에 긍정적으로 기여하기를 기대하면서 만든 제도다.

그런 세계경제포럼이 2009년 젊은 글로벌 리더를 선정하면서 엄청난 실수를 저지르게 된다. 한국 대표로 나를 뽑은 것이다. 그전까지 글로벌 이슈를 생각해본 적도 없는 사람, 대학에서 학생들을 가르치고 논문 쓰기에 바쁜 일개 연구자인 나를 말이다. 그러나 '자리가 사람을 만든다'라고 했던가! 이 기회로 글로벌 이슈에 점차 관심을 갖게 됐고, 전 지구적 변화에 내 대뇌의 촉수를 뻗게 만든 계기가 됐다.

다보스포럼을 만든 스위스 제네바대학교 교수였던 클라우스 슈밥 회장은 작년 젊은 글로벌 리더들에게 2016년 1월 다보스포럼의 주요 의제로 '4차 산업혁명'을 제안할 것이라고 말하면서 그들의 의견을 구하는 작업을 진행했다. 소셜 미디어와 사물인터넷이 인류의 일거수일투족을 모니터링할 미래 사회는 빅 데이터와 인공지능의 새로운 세상이 열릴 것이며, 그것이 산업 구조의 재편을 이끌어낼 것이라는 다소 과격한 주장이었다.

나는 이 논의 과정에서 매우 조심스러운 입장을 취해왔다. 무릇 산업혁명이란 시간이 지나고 나서 산업 구조의 재편을 경험한 후에, 사람들이 이 격변을 산업혁명이라 이름붙인 것인데, 인공지능과 사물인터넷은 아직 대규모로 상용화되거나 산업 현장에서 보편화되지 않았기 때문이다. 인공지능과 사물인터넷, 빅 데이터가 생산과 유통, 소비에 혁명적인 변화를 이끌 것이라는 확증이 아직 우리에겐 없다.

그러나 올해 초 다보스포럼이 열리고 4차 산업혁명의 시대가 왔다고 선언하자 사람들은 이를 준비하기 위한 다양한 의제를 논의하였다. 나처럼 그 가능성의 진위 여부를 의심하는 사람들은 거의 없어 보였다. 사람들의 마음속에는 이미 4차 산업혁명이 도래했으며, 이를 위해 '어떤 준비를 할 것인가'가 가장 중요한 질문이 되어 있던 것이다.

4차 산업혁명의 핵심은 사물인터넷과 소셜 미디어 등으로 인간의 모든 행위와 생각이 온라인의 클라우드 컴퓨터에 빅 데이터의 형태로 저장되는 시대가 올 것이라는 예측이다. 이것은 사실상 온라인과 오프라인이 일치하는 세상이 온다는 것을 의미한다. 어떤 이는 이를 디지로그Digilogue라 부르고, 어떤 이는 이것을 Cyber Physical System CPS라 부르고, 요즘 유행하는 O2OOnline to Offline도 이를 뜻하는 말이다.

마치 구글이 지구 표면을 통째로 촬영해 온라인상에 올려놓고, 각 나라별 지도 및 도로 시스템을 데이터로 저장하고, 위치 추적 시스템Global Positioning System, GPS을 통해 도로 위의 모든 자동차들의 움직임을 측정해 데이터화해서 내비게이션 시스템Navigation system을 만들어놓은 것을 상상하면 된다. 우리들이 평소 도로에서 사용하는 T-map이나 카카오내비Kakao Navigation가 바로 그것이다.

그럼 무슨 일이 벌어지는가? 내비게이션 이전 세상을 떠올려보면 바로 답이 나온다. 길이 막혀도 도로에서 하염없이 기다릴 수밖에 없었고, 어느 길로 가야 할지 막막했던 불과 20년 전을 말이다. 그러나 이제는 내비게이션이 도착 예정시간을 알려주고, 어느 길로 가야 목적지에 가장 빨리 도착할 수 있는지 알려준다.

이렇게 인공지능을 통해 온라인에 올라온 빅 데이터를 분석해 맞춤형 예측 서비스를 제공해준다는 것이 4차 산업혁명의 가장 큰 매력이다. 앞으로 세상은 사람들이 직접 요구하는 것을 넘어 '원할 것 같은 것'을 미리 예측해 제공하고, 그들도 인식하지 못하는 숨겨진 욕망을 추적해 제품과 서비스를 제공하는 시대가 올 것이라는 얘기다.

이미 아마존은 주문이 들어오기 전에 고객의 행동을 추적해 '주문할 것 같은 물건'을 포장해놓고 있다. 이미 몇몇 기업들은 제품을 파는 것에서 그치지 않고 소비자들이 어떻게 사용하는지를 계속 추적하면서 고객이 물건을 사용하는 과정에서 겪는 어려움을 해결해주고 가장 잘 사용할 수 있도록 지속적인 추가 서비스를 제공하고 있다. 고장이 날 때만 고쳐주는 애프터서비스 시대에 머물러 있는 기업은 이제 도태되는 세상이 올 거라는 얘기다. 앞으로 4차 산업혁명 시대는 완제품을 시장에 내놓는 것이 아니라 인공지능을 통해 고객과 함께 성장하는 제품을 양산하는 시대가 될 것이다.

이렇게 새로운 테크놀로지가 이끌 미래를 위해 우리는 지금 어떤 준비를 해야 할 것인가? 비트 산업^{bit industry}(디지털화된 온라인이 만들어내는 산업)이 아톰 산업^{atom industry}(물질로 이루어진 오프라인 세상에서 만들어지는 산업)과 교묘히 결합되고 일치되고 때론 충돌하는 이 시기를 우리는 어떻게 헤쳐나갈 것인가?

이 책은 이 질문에 통찰과 실마리를 제공하기 위해 만들어진 책이다. 각 분야 세계 최고의 전문가 27명이 테크놀로지의 최전선을 이야기하고, 인류 미래의 청사진을 깊이 있게 그린다. 현재 우리가 고민해야 할 문제들을 제시하고, 나름의 해법을 던지기도 한다. 국제 정치 및 글로벌 경제 문제를 광범위하면서도 날카롭게 분석한 기사로 유명한 〈포린 어페어즈^{Foreign Affairs}〉는 이 책을 통해 다보스포럼에서 논의한 4차 산업혁명의 핵심 의제들을 발 빠르지만 심도 있게 정면으로 다루고 있다.

이 책 속에 담긴 글들의 미덕은 그동안 4차 산업혁명을 피상적으로 정의하고 다룬 기존의 책들과는 달리 핵심 의제들에 대해 정치·경제적 현황과 가장 시급한 현안 문제, 그리고 장기적으로 인류에게 남겨진 과제들을 구체적으로 제시하고 있다는 점이다. 그런 맥락에서 이 책은 전 지구적 정치 경제 변화에 관심 있는 독자들에게 상당히 의미 있는 책이 될 것이다. 세상은 이미 4차 산업혁명을 향해 달려가는데, 아직 우리 사회는 3차 산업혁명의 시대에도 제대로 적응하지 못하고 헉헉거리고 있다는 점에서, 우리 사회의 리더, 기업, 정부, 또는 학자들에게도 각별히 권해드리고 싶다. 나 또한 이 책을 가장 먼저 읽은 독자로서 많이 배웠다.

4차 산업혁명을 넘어
5차 산업혁명으로

기디언 로즈 〈포린 어페어스〉 편집장

소셜 미디어부터 사물인터넷IoT: Internet of Things까지, 디지털 제조digital fabrication부터 로봇공학robotics까지, 가상현실에서부터 합성생물학synthetic biology까지 새로운 기술이 사회 전반으로 질주해오고 있다. 이런 기술은 우리가 당연하다고 여겼던 규칙들을 뿌리째 흔들고 있으며 개인, 회사, 정부 누구도 비켜 갈 수 없다. 4차 산업혁명이라고 불리는 이 현상을 제대로 이해해보자고 하는 것이 2016년 세계 경제 포럼 연례회의의 주제인데, 이 특별 기고집이 혁명을 이해하는 길잡이 역할을 할 것이라 믿는다.

제일 먼저 클라우스 슈밥Klaus Schwab 회장이 이 책의 주제에 관해 개괄적인 설명을 할 것이다. 이어서 1부에서는 4차 산업혁명을 견인하는 여러 기술을 소개하고, 2부에서는 이런 기술 트렌드가 경제적·

사회적·정치적인 부문에 어떤 파급 효과를 불러오는지 살펴보겠다. 끝으로 3부에서는 이런 파급 효과에 따라 정책이 어떻게 변화하고 있고, 어떻게 변화해야 하는지를 점검해보는 것으로 여정을 마무리 한다. 〈포린 어페어스Foreign Affairs〉와 포린어페어스닷컴ForeignAffairs.com에 실린 기고문을 통해 세계 최고의 전문가들이 명확하고, 직설적이며, 권위 있는 목소리로 핵심 문제에 대한 의견을 표명할 것이다.

닐 거쉰펠드Neil Gershenfeld의 3D 프린팅, 존 체임버스John Chambers의 사물인터넷, 다니엘라 러스Daniela Rus와 일라 누르바흐시Illah Nourbakhsh의 로봇공학, 로리 개릿Laurie Garrett의 합성생물학 등을 읽어보라. 마틴 울프Martin Wolf와 에릭 브리뇰프슨Erik Brynjolfsson, 앤드루 맥아피Andrew McAfee, 마이클 스펜스Michael Spence 사이에 벌어지는, 새로운 경제가 진정 얼마나 새로운지에 관한 논쟁과 클레이 셔키Clay Shirky와 맬콤 글래드웰Malcolm Gladwell이 벌이는 소셜 미디어의 정치적 힘에 관한 토론에도 귀를 기울여보면 좋겠다.

클레이튼 크리스텐슨Clayton Christensen이 개발도상국에서 벌어지고 있는 기업가적 혁신을 어떻게 전망하는지, 크레이그 먼디Craig Mundie가 사생활 보호에 대한 미래 상황을 어떻게 예상하는지, 왜 코피 아난Kofi Annan과 샘 드라이든Sam Dryden은 IT 기술이 아프리카의 농업을 바꾼다고 믿는지 확인해보기 바란다.

〈포린 어페어스〉 발표된 기사와 기고문 중 빠르게 변화하고 있는 세상에 관한 가장 흥미로운 부분을 소개하게 되어 기쁘게 생각한다. 이 책은 우리 주위에서 벌어지고 있는 가장 중요한 발전에 관하여 최신 정보를 제공할 것이다. 세상이 이런 속도로 계속 변화한다면, 우리가 4차 산업혁명에 대해 완전히 이해할 때쯤이면 5차 산업혁명이 진행되고 있을지도 모르겠다.

차례

1부 | 4차 산업혁명의 핵심 기술

2부 | 4차 산업혁명의 파급 효과

3부 | 미래를 준비하는 정책 변화

The Fourth Industrial
Revolution

4차 산업혁명의 도전과 기회

클라우스 슈밥 세계경제포럼 회장

우리의 생활 방식과 업무 방식, 그리고 다른 사람과 관계를 맺는 방식까지 완전히 뒤바꿔놓을 기술혁명이 눈앞에 와 있다. 혁명의 크기나 범위 그리고 그 복잡성을 고려할 때, 이 혁명은 인류가 지금껏 경험했던 것과는 차원이 다를 것이다. 혁명에 어떻게 대응할지를 공공 부문과 민간 부문, 학계와 시민사회에 이르기까지 지구촌의 모든 이해관계자가 참여하여 종합적이고 포괄적으로 논의할 필요가 있다.

1차 산업혁명은 물과 증기의 힘을 이용해서 생산을 기계화했다. 2차 산업혁명은 전기의 힘을 이용해서 대량 생산의 길을 열었다. 3차 산업혁명은 전기 및 정보 기술을 통해 생산을 자동화했다. 이제 4차 산업혁명이 20세기 중반부터 시작된 디지털혁명(3차 산업혁명)을 토대로 일어나고 있다. 4차 산업혁명은 물리학과 디지털 그리고 생물학 사이에 놓인 경계를 허무는 기술적 융합이 특징이다.

오늘날 벌어지고 있는 이 혁명은 3차 산업혁명의 단순한 연장이 아니라 그것과 구별되는 4차 산업혁명의 도래라고 보아야 하는데, 여기에는 세 가지 이유가 있다. 바로 그 속도와 범위 그리고 시스템에 미치는 충격이다. 현재와 같은 비약적인 발전 속도는 전례가 없다. 이전의 산업혁명들과 비교하면, 4차 산업혁명은 산술급수적이 아니라 기하급수적으로 전개되고 있다. 게다가 모든 나라에서, 거의 모든 산업을 충격에 빠뜨리고 있다. 혁명에 따른 변화의 폭과 깊이는 생산, 관리, 통제 전반에 걸쳐 전체 시스템의 변화를 예고한다.

모바일 기기를 통해 연결된 수십억 인구는 전례 없이 빠른 처리 속도와 엄청난 저장 용량 그리고 편리한 정보 접근성을 갖춤으로써 할 수 있는 일이 무한해질 것이다. 또한 인공지능, 로봇공학, 사물인터넷, 자율주행 차량, 3D 프린팅, 나노 기술, 생명공학, 재료공학, 에너지 저장 기술, 양자컴퓨팅quantum computing 등의 영역에서 기술들이 새로 생겨나고 비약적으로 발전함에 따라 그 가능성은 더욱 커질 것이다.

이미 인공지능은 자율주행 차량이나 드론에서부터 번역이나 투자 업무를 담당하는 가상의 직원과 소프트웨어에 이르기까지 우리 주변에 가득하다. 데이터 처리 속도가 기하급수적으로 증가하고 엄청난 양의 데이터를 활용할 수 있게 됨에 따라, 신약 개발에 사용되는 소프트웨어부터 사람들의 문화적 흥미를 예측하는 알고리즘에 이르기까지 인공지능 분야는 최근 몇 년 동안 몰라보게 발전하고 있다.

엔지니어와 디자이너, 건축가가 전산설계, 적층 가공additive manufacturing, 재료공학, 합성생물학 등을 결합하여 미생물과 사람의 몸, 사람들이 소비하는 제품, 심지어 사람들이 거주하는 빌딩에 이르기까지 공생symbiosis의 길을 개척하고 있다.

도전과 기회

이전의 산업혁명들과 마찬가지로 4차 산업혁명도 지구촌 사람들의 소득 수준을 높이고, 삶의 질을 향상시킬 잠재력을 가지고 있다. 지금까지 산업혁명에서 가장 큰 이득을 본 사람들은 디지털 세계에 접근할 수 있고, 디지털 세계를 감당할 능력이 있는 소비자들이었다. 기술은 새롭고 멋진 상품과 서비스를 만들어 개인 생활의 효율성과 즐거움을 배가시켰다. 택시를 부르고, 비행기를 예약하고, 물건을 사고, 물건값을 치르고, 음악을 듣고, 영화를 보고, 게임을 하는 이 모든 일을 이제 원격으로 할 수 있다.

효율성과 생산성이 장기간에 걸쳐 향상됨에 따라 미래에는 공급 측면에서도 기술 혁신이 기적을 불러올 것이다. 수송비용과 통신요금이 절감되고, 물류와 글로벌 공급체인supply chain이 더 효율적으로 운영되며, 거래비용도 줄어든다. 이 모든 일을 통해 새로운 시장이 열리고 경제 성장이 촉발된다.

이와 같은 전망의 다른 한편으로, 경제학자인 에릭 브리뇰프슨과 앤드루 맥아피는 혁명이 더욱 심각한 사회 불균형을 초래할 수 있다는 사실을 지적한다. 특히 노동 시장을 붕괴시킬 가능성이 있다고 본다. 경제 전반에서 노동이 자동화되면 최종적으로 기계가 노동자를 대체하게 되어, 자본과 노동 간 수익의 차이를 심화시킬 수 있다. 반면, 기술에 의한 노동 대체는 전체적으로 봤을 때 또는 최종적으로 보수가 높은 안정적 일자리를 많이 만들어낼 수도 있다.

지금 시점에서는 어떤 시나리오대로 움직일지 예측할 수가 없다. 과거의 역사를 보면 두 시나리오가 합쳐진 결과가 발생할 수도 있다. 그러나 나는 한 가지 사실만은 확신한다. 미래에는 자본보다 재능을 가진 인간이 더 중요한 생산 요소가 될 거라는 사실이다. 이는 노동 시장에서 '저기술-저임금low-skill/low-pay' 직업과 '고기술-고임금high-skill/high-pay' 직업을 구분하는 장벽이 점점 더 높아진다는 의미다. 결국 사회적 긴장social tension(개인과 집단 간 또는 집단끼리, 더 나아가 국가 간에 생기는 심리적 긴장 상태 – 옮긴이)을 더 고조시킬 수도 있다.

불평등은 핵심적인 경제적 이슈일 뿐만 아니라 더 심각한 사회적 이슈이기도 하며, 4차 산업혁명과도 관련이 있다. 4차 산업혁명의 가장 큰 수혜자는 혁신 사업가, 주주, 투자자와 같이 지적·물리적 자본을 제공할 수 있는 사람이 될 확률이 높다. 이런 사실은 자본이면 자본, 노동이면 노동에 의존하는 사람들 간에 경제적 불평등이 왜 그렇게 심화되는지를 잘 설명해준다. 따라서 소득수준이 높은 나라에 살고 있는 많은 사람에게는 기술의 발달이 소득이 늘지 않거나 심지어 줄어드는 중요한 원인이 되기도 한다. 이 같은 사실을 보여주는 것이 바로 노동 시장인데, 고소득 직종이나 저소득 직종에는 많은 수요가 몰리지만 중간층에 대한 수요는 텅 비어 있다.

이런 사실은 왜 그렇게 많은 노동자가 그들 자신과 자녀들의 실제 소득이 계속 정체할까 봐 두려워하는지를 알게 해준다. 그리고 또 왜 전 세계 중산층이 지금도 만연한 불만족과 불공정이라는 부정적 감정을 점차 더 많이 경험하게 될 것인지도 설명해준다. 중산층으로 진입하는 길이 좁기만 한 승자독식 경제는 민주주의에 대한 불안과 자포자기를 불러올 것이다.

또한 사회적 불만은 디지털 기술의 보급과 소셜 미디어로 대표되는 정보공유 플랫폼의 역동성 때문에 점점 커진다. 현재 글로벌 인구의 30퍼센트 이상이 소셜 미디어 플랫폼을 이용해서 연락하고, 학습하고, 정보를 교환한다. 이상적인 세상에서는 이런 상호작용이 다른 문화를 이해하게 하고, 내부적으로는 응집력을 강화하는 계기가 될 것이다. 그러나 반대로 소셜 미디어에서의 상호작용이 개인이나 집단에 성공의 의미와 관련한 비현실적인 기대를 주입하고 선동해서, 극단적인 사상이나 이념을 전파하는 역할을 할 수도 있다.

비즈니스에 미치는 효과

내가 글로벌 기업의 최고경영자 및 고위 경영진과 대화를 나눌 때마다 빠지지 않는 가장 중요한 주제는 혁신의 가속도와 파괴의 속도가 이해하기에도, 예측하기에도 어렵다는 사실이다. 다양한 사람을 만나고 최신 정보에 밝은 글로벌 기업의 경영진조차도 지금의 혁신과 파괴에 쉴 새 없이 경악한다는 얘기다. 4차 산업혁명의 토대가 되는 기술들이 실제로 모든 산업의 비즈니스에 엄청난 파급 효과를 가져오리라는 의견에는 반론의 여지가 없다.

공급 측면을 살펴보면 많은 산업에서 완전히 새로운 방식이 생겨나 기존의 수요를 충족시키는 동시에, 현재의 가치사슬value chain (부가가치가 생성되는 과정 - 옮긴이)을 확실하게 붕괴시키고 있다. 붕괴는 기민하고 혁신적인 경쟁자들로부터 흘러나온다. 이들은 글로벌 디지털 플랫폼을 통해서 조사와 개발, 마케팅, 판매, 유통 등의 서비스를 제공할 수 있으므로 품질, 속도, 가격이라는 가치를 전달하는 방식을 개선하여 어느 때보다 재빠르게 그동안 잘 해오던 기득권자를 몰아낼 수 있다.

투명성 증대, 고객 몰입, (모바일 네트워크와 데이터 접근방식이 보편화됨에 따라 증가 추세에 있는) 소비자 행동의 새로운 패턴 등으로 인해 수요 측면에서도 중요한 변화가 일어나고 있다. 이에 따라 이제 기업들은 소비자들이 직접 상품과 서비스를 디자인하고 거래하며, 또 배달까지 하는 프로세스를 받아들이라는 압력을 받고 있다.

핵심 트렌드는 기술 플랫폼들의 발전이고, 기술 플랫폼은 수요와 공급 둘 다를 조합하여 현재의 산업구조를 붕괴시킨다. 우리가 '공유경제'나 '맞춤형 경제' 속에서 보고 있는 것들이다. 이런 기술 플랫폼들은 스마트폰, 가입자들, 정보 제공자, 데이터 등에 의해 사용되기 쉽게 만들어졌고, 제품과 서비스를 소비하는 과정을 완전히 새로운 방식으로 창조해냈다. 게다가 진입장벽을 낮추어 새로운 사업이 성장하거나 개인이 부를 창출할 수 있도록 하고 있으며, 근로자의 개인적 삶과 직업적 환경도 바꾸고 있다. 이런 새로운 플랫폼은 여러 서비스 분야로 빠르게 확산되어 세탁에서 쇼핑, 가사에서 주차, 마사지에서 여행에까지 이르고 있다.

전체적으로 보면 4차 산업혁명은 비즈니스에 네 가지 중요한 변화를 가져왔다. 소비자 기대, 제품 향상, 협력적 혁신, 조직 형태가 그것이다. 고객이 점차 경제의 중심에 자리하게 된 것은 가치를 고객에게 전달하는 방식이 개선되었기 때문이다. 게다가 물리적 제품과 서비스는 이제 디지털 기술로 무장하여 가치를 점점 더하고 있다. 새로운 기술은 자산을 더욱 내구성 있고 탄력 있게 하며, 데이터 분석이 정보를 유지하는 방법도 바꾼다. 반면에, 특히 혁신과 붕괴가 생겨나는 속도를 고려할 때 고객 경험, 데이터 기반 서비스, 분석을 통한 자산 관리의 세상은 새로운 형태의 협력을 요구한다. 결국 글로벌 플랫폼과 새로운 비즈니스 모델의 출현은 기존의 역량과 문화, 조직 형태를 다시 생각해보도록 하고 있다.

개괄해서 살펴보면 단순한 디지털화(3차 산업혁명)에서 기술의 조합에 기반을 두는 혁신(4차 산업혁명)으로의 전환은 피할 수 없으며, 기업들로 하여금 비즈니스 방식을 다시 점검해보도록 하고 있다. 그러나 핵심은 똑같다. 비즈니스 리더들과 고위 경영진은 변화하는 환경을 이해하고, 기득권에 도전하며, 확고하고 중단 없는 혁신을 감행할 필요가 있다는 것이다.

정부에 미치는 효과

물리학·디지털·생물학 영역이 지속적으로 융합되면 새로운 기술과 플랫폼이 시민들로 하여금 점점 더 정부의 일에 관여하고, 자신들의 목소리를 내며, 활동을 조직화하고, 심지어 공공기관의 감시를 따돌릴 수도 있게 할 것이다. 동시에 정부는 곳곳의 감시 시스템을 통해 주민들에 대한 통제를 강화할 수 있는 새로운 기술적 힘과 더불어 디지털 기간시설을 통제할 수 있는 능력을 얻게 된다.

그러나 전체적으로 봤을 때, 정부는 점차 혁신의 압력에 직면하여 현재의 대민 업무나 정책 입안에 대한 접근방식을 바꿀 것이다. 동시에 새로운 경쟁 원천과 권력의 재편 및 분산 때문에 정부의 중앙집권적 정책 조정자로서의 역할이 감소할 것이고, 또 새로운 기술이 이를 가능하게 할 것이다. 결국 정부 시스템과 공적 기관의 생존은 적응력이 좌우하게 될 것이다. 이들은 파괴적^{disruptive}이라는 표현이 어울릴 만큼 급속히 변화하는 세상에 적응하는 능력을 입증하고, 경쟁 우위를 유지할 수 있을 정도로 조직구조를 투명하고 효율적인 수준으로 관리한다면 오래 존속할 수 있을 것이다. 그러나 진화하지 못한다면 점점 문제에 봉착할 수밖에 없다.

이 같은 문제가 특히 잘 나타나는 곳이 규제공화국^{realm of regulation}(직역하면 '규제 왕국' 또는 '규제 영역' - 옮긴이)이다. 현재의 공공정책 및 의사 결정 시스템은 2차 산업혁명과 나란히 진화해왔다. 다시 말해 의사 결정자들은 시간을 가지고 특정 문제를 분석한 다음 필요한 대응이나 적절한 규제의 틀을 마련했다는 뜻이다. 이에 따라 전체 프로세스가 강력한 탑-다운$^{top-down}$ 방식에 의해 선형적·기계적으로 설계되어왔다. 그러나 탑-다운 방식은 이제 더는 적합하지 않다. 4차 산업혁명의 빠른 진행 속도와 광범위한 영향을 고려할 때 입법자와 규제 담당자들은 전례 없는 강도로 어려움을 겪을 것이고, 대부분 극복하지 못할 것이다.

그러면 입법자와 규제 담당자들이 어떻게 소비자와 다수 시민의 이익을 대변하면서 혁신과 기술 발전을 지원할 수 있을까? '기민한^{agile}' 관리 방법을 받아들이면 된다. 민간 기업들이 점점 더 소프트웨어의 발전과 비즈니스 환경 변화에 기민하게 대응하는 방법을 도입하는 것과 마찬가지다. 규제하는 사람은 스스로를 철저히 개혁해서 새롭고 빠르게 변하는 환경에 지속적으로 적응해야만 한다. 그래야 자신들이 무엇을 규제하고 있는지 정확히 이해할 수 있다. 그러기 위해서 정부와 규제 담당 부서는 기업 및 시민사회와 밀접하게 협력해야 한다.

또 4차 산업혁명은 국가 및 국제안보의 성격에도 근본적인 변화를 가져오며, 갈등의 가능성과 갈등의 성격 모두에 영향을 주게 될 것이다. 전쟁과 국제안보의 역사는 기술 혁신의 역사이고, 오늘날에도 그 점에는 변함이 없다. 국가 간의 갈등을 포함해서 현대의 갈등은 점점 비국가적 활동 세력과 전통적인 전장^{battlefield} 기술이 결합한 '하이브리드^{hybrid}(이종결합)'의 특성을 띠어간다. 안타깝게도 전쟁과 평화 또는 전투원과 비전투원의 구별이 모호해지고 있으며, 사이버 전쟁에서는 심지어 폭력과 비폭력 사이의 구별도 희미해지고 있다.

이런 현상이 일반화되고 자율 무기autonomous weapons나 생물학 무기와 같은 새로운 기술의 사용이 더 쉬워지면, 몇몇 개인과 소규모 집단들(대표적으로 테러집단 - 옮긴이)은 점점 국가 업무에 관여해서 대량의 위해를 가할 수 있는 능력을 갖추려 할 것이다. 이런 새로운 취약점은 새로운 두려움도 야기할 것이다. 그러나 동시에, 기술의 발달에 내재한 잠재력은 폭력의 크기나 효과를 감소시킬 수도 있다. 예를 들어, 인명을 보호하는 기술이 더욱 발달하거나 목표 지점을 더 정확히 찾을 수 있게 되기 때문이다.

개인의 삶에 미치는 효과

결국 4차 산업혁명은 우리가 하는 일뿐만 아니라 우리가 누구인지도 바꾸게 된다. 사생활에 관한 인식, 소유권의 관념, 소비 패턴, 일과 여가에 사용하는 시간, 경력을 개발하고 기술을 연마하며 사람들을 만나는 방식 등 우리의 정체성 및 이와 관련된 모든 문제에 영향을 줄 것이다. 혁명은 이미 우리의 건강 상태를 변화시키고 인간을 수치화quantified하고 있다. 여기에서 더 나아가 예상했던 것보다 더 빠른 속도로 증강인간human augmentation(첨단 장치를 이용해 인간의 신체 및 인지 능력을 향상시키는 '인간 능력 확장'을 의미한다. 예를 들어, 안경이나 보청기 같은 단순한 형태에서 아이언맨 슈트나 자동차의 보행자 감지 시스템까지 매우 광범위하다. 인간 능력이 확장되면 현실은 확장된 현실, 곧 '증강현실'이 된다 - 옮긴이)을 만들어낼지도 모른다. 변화의 목록은 상상하는 만큼이나 끝이 없다.

나는 기술에 대한 열렬한 신자이자 얼리어답터early adapter이지만, 나도 가끔은 감정이 배제된 기술 간의 결합이 공감이나 연대와 같은 인간 고유의 능력을 감소시키는 건 아닌지 불안감을 느낄 때도 있다. 우리와 스마트폰의 관계가 딱 들어맞는 예다. 온종일 스마트폰과 연결된 상태는 휴식시간, 성찰, 의미 있는 대화 등 인생의 가장 중요한 자산을 우리에게서 앗아갈지 모른다.

새로운 정보 기술 때문에 개인에게 나타나는 심각한 문제 중 하나는 사생활과 관련이 있다. 사생활이 왜 그토록 중요한지는 누가 설명해주지 않아도 다들 알고 있다. 그렇지만 문제는 새로운 연결망의 핵심적 부분이 사생활 정보를 추적하고 공유하는 것이라는 점이다. 이와 같이 근본적인 문제, 예를 들어 데이터에 대한 우리의 통제권 상실이 우리 내면의 삶에 어떤 영향을 미치는지에 대한 논란은 앞으로 몇 년 동안 커지기만 할 것이다. 생명공학과 인공지능에서도 마찬가지로 혁명이 일어나고 있다. 이런 혁명은 생명 연장, 건강, 인지 및 기타 능력 등의 경계를 넓혀 인간이 의미하는 바를 재정의하고 있는데, 인간으로 하여금 인간의 윤리와 도덕의 경계도 재정의하라고 강요할 것이다.

미래의 모습

기술이나 기술과 함께 오는 기존 질서의 붕괴는 인간이 전혀 통제할 수 없는 외부적 힘이 아니다. 우리 모두는 혁명을 인도할 책임이 있고 우리는 시민으로서, 소비자로서, 투자자로서 일상적으로 의사 결정을 하고 있다. 따라서 이런 기회와 우리에게 주어진 힘 속에서 4차 혁명을 이끌어야 하며, 혁명의 미래에는 우리 모두의 공통된 목표와 가치가 반영되어야 한다. 이를 위해서 우리는 기술이 어떻게 우리 삶에 영향을 주고, 경제적·사회적·문화적·인간적 환경을 어떻게 새로 만들어내는지에 관해 포괄적이면서 세계적으로 공유할 수 있는 관점을 개발해야 할 것이다.

지금 이 시기보다 더 위대한 약속, 더 위대한 잠재 위험이 존재하던 시기는 한 번도 없었다. 그러나 오늘날의 의사 결정자들은 지나치게 관행적이고 틀에 박힌 생각에 빠져 있거나, 당장 급한 여러 가지 문제에만 신경을 쓴다. 그런 까닭에 파괴적 혁신의 힘이 이끌 우리의 미래에 관해서는 전략적으로 생각하지 못하고 있다.

결국에는 이 모든 것이 사람의 가치로 귀결된다. 우리는 미래를 만들되 사람을 제일 우선으로 하고, 사람에게 권한을 위임함으로써 미래가 우리 모두를 위한 것이 되도록 해야 한다. 아주 비관적이고 비인간적인 시선에서는 4차 산업혁명이 가진 잠재력 때문에 사실상 인간성이 '로봇화robotize'되고, 그에 따라 우리의 정신과 영혼도 박탈당할 것이라고 한다. 그러나 4차 산업혁명은 인간 본성의 정수인 창의성·공감·헌신을 보완하는 보완재의 역할을 하며, 우리의 인간성을 공동 운명체라는 생각에 바탕을 둔 새로운 집단적 윤리의식으로 고양시킬 수도 있다. 후손들의 번영이야말로 우리 모두의 책임인 것이다.

1부
4차 산업혁명의 핵심 기술

The Fourth Industrial
Revolution

01
디지털 제조 혁명
거의 모든 것을 만드는 방법

닐 거쉰펠드 MIT 비트-아톰센터 소장

새로운 디지털혁명이 다가온다. 이번에는 디지털 제조 분야가 그 주인공이다. 앞서 통신과 계산의 디지털을 이끌었던 통찰력이 이제는 디지털의 혁명을 이끌고 있다. 이번에 계획 중인 대상은 가상 세계가 아니라 실제 세계다. 디지털 제조 덕분에 개인은 언제든지 유형의 물체를 디자인하고 생산할 수 있을 것이다. 이처럼 광범위한 기술을 사용하는 환경에서 기존 방식의 비즈니스와 인도적 지원, 교육은 변화를 맞이할 것이다.

이러한 혁명의 출발점은 1952년으로 거슬러 올라간다. 당시 MIT 연구원들은 초기의 디지털 컴퓨터를 밀링머신^{milling machine}(커터를 상하좌우로 움직여 공작물을 가공하는 기계 - 옮긴이)에 연결해 최초로 수치 제어 장비를 개발했다. 그들은 기술자가 나사를 조여 수동으로 조작하는 방식 대신에 컴퓨터 프로그램을 사용하여 손으로 만든 것보다 복잡한 모양의 항공기 부품을 만들 수 있었다. 최초의 회전식 엔드밀 end mill(끝부분에 날이 있어 공작물을 깎거나 매끈하게 다듬는 공구로 밀링머신에 사용된다 - 옮긴이)에서부터 온갖 종류의 절삭 장비가 컴퓨터 제어 플랫폼에 탑재되었다. 이 대열에는 연마제를 넣은 물을 분사해 단단한 물질을 절단하는 워터젯jets of water과 순식간에 섬세한 형상을 조각할 수 있는 레이저 장비는 물론, 길고 얇게 절단할 수 있는 전기선 절단 장비도 포함되었다.

오늘날 수치 제어 장비는 직접적(휴대용 컴퓨터에서 제트 엔진에 이르는 거의 전 제품을 생산)이든 간접적(대량 생산 제품의 주형을 뜨거나 찍어내는 설비를 생산)이든 상업용으로 생산하는 거의 모든 제품에 영향을 미친다. 그런데 최초의 수치 제어 장비에서 비롯된 이러한 모든 현대적 장비에는 근본적인 한계가 있다. 이러한 장비를 이용해 자를 수는 있어도 내부구조에 도달할 수는 없다. 이를테면 자동차의 차축과 그 차축이 통과하는 베어링을 따로 제조해야 한다는 의미다.

그러다가 1980년대에는 재료를 깎아 제작하지 않고 층층이 쌓아 가공하는, 이른바 적층 가공이라는 컴퓨터 제어 제작 과정이 시장에 등장했다. 이러한 방식을 사용하는 3D 프린팅 덕분에 하나의 기계로 베어링과 차축을 동시에 만들 수 있었다. 현재는 다양한 방식의 3D 프린팅 공정이 가능한 상태다. 열에 녹는 플라스틱 필라멘트를 이용하는 방법, 그물망 구조의 고분자 수지에 자외선을 투사하는 방법, 분말을 접착제로 적층하는 방법, 종이 형태로 절단하고 적층하는 방법, 레이저 빔을 쏘여 금속 입자를 녹이는 방법 등이 그것이다. 이미 기업들은 제품을 생산하기 전에 3D 프린터를 사용해 모형을 만들고 있다. 이것이 신속한 시제품화rapid prototyping라는 과정이다. 또한 그들은 이러한 기술을 활용해 보석이나 의료용 임플란트 같은 복잡한 형태의 물체도 만든다. 심지어 살아 있는 조직을 프린팅한다는 목표로 세포에서 조직을 양성하는 데 3D 프린터를 사용하는 연구기관들도 있다.

적층 가공은 IT 전문지 〈와이어드Wired〉에서 경제 전문지 〈이코노미스트The Economist〉에 이르는 각 분야 전문지의 표지를 장식하며 이른바 혁명으로 대서특필되었다. 그러나 이 궁금증을 자아내는 혁명에는 전문가보다는 구경꾼들이 더욱 많은 갈채를 보내고 있다. 우수한 장비를 갖춘 공장에서 약 4분의 1의 작업은 3D 프린터가 하고, 나머지 작업은 다른 기계가 도맡아 할 것이다. 3D 프린터는 물건 제조에 몇 시간 또는 며칠이 걸릴 정도로 속도가 느리기 때문이다. 다른 컴퓨터 제어 장비가 3D 프린터보다 빠르고 정교할 뿐 아니라, 더 크고 가벼우며 강력한 부품을 제조할 수 있다. 3D 프린터에 대한 칭찬 일색의 기사에서는 3D 프린터를 1950년대 요리의 미래로 칭송받던 전자레인지에 빗대어 설명하기도 한다. 전자레인지가 편리한 것은 사실이다. 그러나 전자레인지가 나머지 모든 주방기구를 대신할 수는 없는 노릇이다.

혁신은 적층 가공과 절삭 가공 간에 우월성을 저울질하는 개념이 아니다. 즉 혁신은 데이터를 사물로, 사물을 데이터로 바꾸는 능력을 일컫는 개념이다. 이러한 시대가 지금 다가오고 있다. 어떤 면에서 이러한 흐름은 컴퓨팅의 역사와 밀접하게 닮았다. 컴퓨터 발전의 첫 단계는 1950년대에 기업과 정부, 연구소에서만 구매할 수 있던 대형 메인프레임 컴퓨터의 출현으로 그 개막을 알렸다. 다음 단계는 1960년대에 미니컴퓨터의 발달과 함께 찾아왔다. 미니컴퓨터는 디지털 이큅먼트 코퍼레이션DEC: Digital Equipment Corporation의 MIT 최초 트랜지스터 컴퓨터인 TX-O를 바탕으로 PDP 계열 컴퓨터를 이끌었다. 미니컴퓨터의 등장으로 컴퓨터 업계의 제조비용은 수십만 달러에서 수만 달러로 낮아졌다. 이 가격도 여전히 개인에게는 부담스러운 수준이었지만 연구기관과 대학, 중소기업에서는 감당할 만했다. 이 장비의 사용자들은 이메일, 워드프로세서, 비디오 게임, 음악 등 현재 컴퓨터가 탑재한 기능을 모두 담은 애플리케이션을 개발했다. 미니컴퓨터 이후에는 취미용 컴퓨터가 등장했다. 그 가운데 가장 잘 알려진 기종이 미츠MITS의 알테어 8800Altair 8800이다. 알테어 8800은 1975년에 조립 형태로 1,000달러에 판매됐고, 키트Kit 형태로 400달러에 판매되었다. 성능은 보잘것없었지만 컴퓨터 선구자 세대의 삶을 바꿔놓았다. 그 선구적 사람들도 지금은 개인용 컴퓨터를 한 대씩 소유하고 있을 것이다. 1981년에 접어들어 IBM의 개인용 컴퓨터가 등장함으로써 마침내 컴퓨팅은 진정한 개인용 컴퓨터로 거듭났다. 개인용 컴퓨터는 비교적 크기도 작고, 사용이 쉽고 유용하며, 가격도 적절했다.

예전의 메인프레임처럼, 처음부터 규모도 크고 가격도 비쌌던 컴

출력하자마자 작동되는 간단한 장치를 3D 프린터로 만들 수 있다.

퓨터 제어 밀링머신의 최신 버전은 연구기관들 정도는 되어야 감당할 수 있다. 1980년대에는 1세대의 신속한 시제품 제조 시스템이 컴퓨터 제어 제조 시스템의 가격을 수십만 달러에서 수만 달러로 낮추면서 연구기관에 매력적인 가격대로 다가갔다. 3D 시스템즈^{3D} ^{Systems}, 스트라타시스^{Stratasys}, 에필로그 레이저^{Epilog Laser}, 유니버셜^{Universal} 등이 이러한 제품을 출시했다. 현재 시중에 나와 있는 렙랩^{RepRap}과 메이커봇^{MakerBot}, 얼티메이커^{Ultimaker}, 팝파브^{PopFab}, MTM스냅^{MTM Snap}과 같은 차세대 디지털 제조 제품은 조립 형태로는 몇천 달러에, 부품 형태로는 몇백 달러에 거래된다. 앞서 출시됐던 디지털 제조 장비와 달리 차세대 디지털 제조 제품은 대체로 자유롭게 공유될 계획이다. 그래서 이 장비의 사용자들은 취미용 컴퓨터의 사용자들처럼 본래

용도뿐 아니라 그 이상의 용도와 개조를 즐길 수 있다. 아직 개인용 컴퓨터에 필적할 만한 통합 개인용 디지털 제조 장비는 없다. 그러나 이 장비도 곧 등장할 전망이다.

개인 제조personal fabrication는 수년 전부터 공상과학의 단골메뉴였다. TV 시리즈 〈스타트렉: 더 넥스트 제너레이션StarTrek: The Next Generation〉에서 특히 자극적인 이야기 전개가 필요할 때면 승무원이 리플리케이터Replicator라는 기내 만능 복제기를 이용해 무엇이든 뚝딱 만들어냈다. 내 연구실을 비롯해 수많은 연구실에서 일하는 과학자들에게 이것은 현실이다. 이들은 자신이 원하는 어떤 구조든 그 구조로 개별 원자와 분자를 배열할 수 있는 공정을 개발하고 있다. 오늘날의 3D 프린터와는 달리, 과학자들은 부품을 조립할 필요도 없이 한 번에 완벽하게 기능하는 시스템을 만들 수 있을 것이다. 그 목표는 예컨대 드론의 부품을 만들어내는 데 그치는 게 아니라 프린터에서 나오자마자 바로 날 수 있는 완전한 탈것을 제조하는 일이다. 이러한 목표를 실현하려면 앞으로도 몇 년이 더 걸리겠지만, 그렇다고 꼭 넋놓고 기다리란 법은 없다. 오늘날 사용하는 컴퓨터의 대부분 기능이 개인용 컴퓨터 시대가 번영하기 오래전인 미니컴퓨터 시대에서 개발되었던 것과 마찬가지다. 오늘날의 디지털 제조 장비는 아직 초기 수준에 있다고는 하지만, 이미 거의 모든 것을 만들 수 있을 뿐 아니라 어디에서도 사용할 수 있다. 디지털 제조 장비가 모든 것을 바꾸어놓고 있다.

생각은 세계적으로, 제작은 지역적으로

MIT의 비트-아톰센터[CBA: Center for Bits and Atoms]에서 '거의 모든 것을 만드는 방법'이라는 수업을 하면서, 나는 처음으로 개인 컴퓨팅과 개인 제조 사이의 유사성을 깨달았다. 2001년에 국립과학재단[NSF: National Science Foundation]에서 기금을 받아 2001년에 발족한 비트-아톰센터는 컴퓨터과학과 물리과학 사이의 한계를 연구하기 위해 설립되었다. 비트-아톰센터에는 원자만큼 작은 사물이나, 건물만큼 거대한 사물의 제조와 측량에 필요한 장비가 갖춰져 있다.

우리는 학부 연구생들에게 작은 그룹을 구성해 비트-아톰센터의 장비 사용법을 가르치는 수업을 개설했다. 그러나 이 수업은 연구보다는 뭔가를 만들고 싶어 하는 학생들로 문전성시를 이뤘다. 나중에 한 학기 분량의 프로젝트를 마친 학생들은 저마다 터득한 기술로 작품을 완성했다. 어떤 학생은 알람시계를 만들었는데 몽롱한 상태의 주인이 자신이 잠에서 깼다는 사실을 시계에 알려주려면 시계와 레슬링이라도 한 판 해야 할 듯했다. 또 어떤 학생이 만든 옷에는 센서와 함께 자동화된 척추 같은 구조물이 있어서 옷 입는 사람의 개인 공간을 확보해줄 수 있었다. 이 학생들은 내가 요청한 적이 없는 질문, 즉 '디지털 제조가 무엇에 좋은가?'라는 물음에 이미 응답하고 있었던 것이다. 밝혀진 바대로 디지털 제조의 '킬러 앱'은 컴퓨터에서와 같이 한 개인에 맞춰 제품을 만드는, 이른바 개인화[personalization]의 성향을 띤다.

2003년에 진행한 첫 수업이 성공하자, 거기서 영감을 얻은 비트-

아톰센터는 국립과학재단이 후원하는 사회공헌 프로젝트를 시작했다. 우리는 단지 우리 일을 설명하는 것보다 개인용 제조 장비를 제공하는 편이 더욱 흥미를 유발할 것 같았다. 그리하여 약 5만 달러 상당의 장비 킷(컴퓨터 제어 레이저, 3D 프린터, 대형 및 소형 컴퓨터 제어 밀링머신)과 약 2만 달러 상당의 부품(조형과 주입 부품 및 제조용 전자 부품)을 구성했다. 우리는 기존 소프트웨어에 연결된 모든 장비를 '제조 랩fabrication lab' 또는 '굉장한 랩fabulous labs'이란 의미에서 '팹랩fab labs'이라 칭했다. 이 장비는 미니컴퓨터와 여러모로 같았다. 즉 비용도 얼추 비슷했으며, 새로운 쓰임새와 새로운 사용자를 창출한다는 면에서 용도도 같았다.

2003년 12월에 설립된 비트-아톰센터 팀은 내 동료인 셰리 라시터Sherry Lassiter가 이끌고 있다. 이 센터는 보스턴 시내의 사우스엔드기술센터SETC: South End Technology Center에 첫 제작연구실인 팹랩을 개설했다. 사우스엔드기술센터는 비디오 제작에서 인터넷에 이르기까지 도시 커뮤니티에 신기술을 도입한 선구적 행동가 멜 킹Mel King이 운영하고 있다. 킹은 다음 순서는 당연히 디지털 제조 장비가 될 것으로 보았다. MIT 캠퍼스와 사우스엔드기술센터는 모든 면에서 달랐지만, 양쪽 모두 뜨거운 호응을 불러일으켰다. 인근 지역의 소녀들이 무리를 지어 팹랩을 찾아와 연구실 장비로 첨단 기술의 공예품을 만들어서는 길모퉁이에서 팔기도 했다. 즉 재미도 만끽하고, 자신도 표현하고, 기술도 배우며, 돈도 번 것이다. 팹랩에서 현장 실습 교육을 받은 일부 홈스쿨링 학생은 기술 분야에서 경력을 쌓아나가기도 했다.

우리의 사회공헌 프로젝트에서는 사우스엔드기술센터의 팹랩을 계획한 것이 전부였다. 그런데 사우스엔드에 대해 가나인들의 커뮤니티가 보여준 관심에 힘입어, 2004년 비트-아톰센터는 국립과학재단의 후원과 팀원들의 도움으로 가나 해변 세콘디 타코라디 마을에 두 번째 팹랩을 개설했다. 그때부터 팹랩은 남아프리카에서 노르웨이, 디트로이트 시내에서 인도의 지방에 이르기까지 전 세계 방방곡곡에 세워졌다. 지난 몇 년간 팹랩의 전체 수는 18개월마다 두 배씩 늘어났으며, 현재 운영되는 100개 외에도 100개가 추가로 설립될 예정이다. 이러한 팹랩은 최근 확장세를 누리는 '메이커 운동maker movement'의 일부를 형성한다. 메이커 운동은 누구나 필요한 물건을 만드는 데에 현대적 수단을 직접 이용할 수 있도록 주도하는 최첨단 DIY족do-it-yourselfers이 이끌고 있다.

이처럼 각 지역의 수요는 팹랩의 세계화를 이끌었다. 팹랩의 설립 지역과 자금 조달 과정은 실로 다양하지만, 연구실은 모두 같은 핵심 역량을 공유한다. 바로 이런 점 덕분에 팹랩에서는 프로젝트 간 공유는 물론 연구실 간 방문도 가능하다. 팹랩에서 인터넷을 사용하도록 하는 일은 많은 팹랩이 추구해온 목표였다. 먼저 보스턴 연구실에서는 무선 네트워크를 위한 안테나와 무선 장치, 무선 터미널을 만드는 프로젝트에 착수했다. 이 프로젝트의 설계는 노르웨이 팹랩에서 보완했고, 장비의 시험과 설비는 남아프리카 팹랩과 아프가니스탄 팹랩에서 각각 맡았다. 그리고 장비의 상업적 생산이 현재 케냐에서 자립적으로 진행되고 있다. 이러한 팹랩 가운데 네트워크를 디자인하고 생산하는 데 필요한 임계질량critical mass(연쇄반응을 유지하는데 필요한 최소 질량 – 옮긴이)의 지식을 보유한 곳은 한 군데도 없었다. 그러나 디자인 파일을 공유하고 구성 요소를 지역적으로 생산하는 과정에서 모두 협력해 장비를 만들어냈다. 이처럼 세계적으로 데이터를 전송하고, 지역적으로 제품을 맞춤형on demand으로 생산하는 능력은 산업에 혁신적인 파문을 일으킨다.

첫 번째 산업혁명은 영국 맨체스터에서 브리지워터Bridgewater 운하를 만들던 1761년으로 거슬러 올라간다. 브리지워터 공작이 운하를 의뢰한 것은 워슬리에 있는 자신의 탄광에서 맨체스터까지 석탄을 실어오고, 석탄으로 만든 제품을 배에 실어 전 세계로 실어 나르도록 하기 위해서였다. 이 브리지워터 운하는 기존의 수로를 따라 만들지 않은 첫 번째 운하였는데, 새로운 운하 덕분에 맨체스터는 갑작스러운 경기 호황을 누렸다. 예컨대 1783년 당시 맨체스터에 1개였던 방적공장이 1853년에는 108개로 늘어났다.

그러나 이러한 호황은 이내 불황으로 이어졌다. 운하는 처음에는 철도 때문에, 다음에는 트럭 때문에, 그리고 마침내는 컨테이너 수송 때문에 쓸모없는 신세로 전락했다. 오늘날 산업 생산은 제조업자가 최저가 지역으로 이동하면서 글로벌 공급망을 부양하는 하향출혈경쟁의 성격을 띤다.

이제 맨체스터에는 새로운 산업혁명에 발을 들인 혁신적인 팹랩이 존재한다. 여기서 만든 디자인은 맞춤형 생산을 위해 세계 어디로든 컴퓨터를 이용해 보낼 수 있다. 그러므로 운송비용이 거의 들지 않으며, 옛날 공장과는 달리 누구나 생산 수단을 소유할 수 있다.

그런데 사람들은 왜 디지털 제조 장비를 소유하고 싶어 할까? 그동안은 대량 생산을 했을 때의 원가가 하나를 제작할 때의 원가보다 항상 낮았기 때문이다. 그래서 개인용 제조 장비는 한낱 장난감으로만 여겨져 왔다. 개인용 컴퓨터도 비슷한 수난을 겪었다. 디지털 이큅먼트 코퍼레이션의 설립자이자 CEO인 켄 올슨Ken Olsen은 1977년에 다음과 같은 유명한 말을 남겼다. "이제는 누구도 집에 컴퓨터를 들여놓을 필요가 없습니다." 그러나 현재 올슨이 운영하는 회사는 사라졌고, 오늘날 대부분 사람이 개인용 컴퓨터를 소지하고 있다.

컴퓨터는 재고를 관리하거나 급료 지급 명세를 작성하기 위해서만 존재하는 것이 아니다. 음악을 듣거나 친구와 수다를 떨거나 쇼핑을 하는 것처럼, 우리를 더욱 우리답도록 만들기 위해 존재한다. 마찬가지로 개인용 제조의 목표는 상점에서 살 수 있는 것을 만드는 것이 아니라, 상점에서 살 수 없는 것을 만드는 것이다. 이케아에서 쇼핑을 한다고 생각해보자. 가구 업계의 거인인 이케아는 가구에 대한 글로벌 수요를 예측하고 제품을 생산하여 대형 상점으로 보낸다. 그러나 이미 몇천 달러만 있으면 개인은 컴퓨터로 제어하는 대형 밀링머신을 살 수 있으며, 이 장비를 이용해 이케아의 납작한 포장 상자에 담긴 온갖 부품을 만들어낼 수 있다. 이 장비를 사용해 이케아 세트 10개를 찍어내면, 그만큼의 장비 구매비용이 메워지는 셈이다. 여기에 개인 취향까지 고려한 맞춤 부품을 찍어낸다면 그야말로 금상첨화다. 더욱이 먼 공장에서 생산 인력을 고용할 필요도 없이 지금 이 자리가 생산 장소가 된다.

이 마지막 사례는 바르셀로나의 수석 건축가인 비센테 과야르 Vicente Guallart가 이끈 팹시티Fab City 프로젝트에 영감을 주었다. 바르셀로나는 스페인의 나머지 지역처럼 청년 실업률이 50퍼센트를 웃돈다. 전 세대가 일자리를 얻어 집을 나설 가망이 거의 없다. 바르셀로나는 과야르와 손잡고, 멀리서 생산되는 제품을 구매하는 대신 도시 기반시설의 일부로 지역마다 팹랩을 개설하고 있다. 바르셀로나는 지식을 위해 전 세계와 하나로 연결될 뿐 아니라, 도시 소비를 충당할 만큼 경제적으로 자립하는 것을 목표로 삼는다.

오늘날 이용 가능한 디지털 제조 장비는 최종 버전이 아니다. 그러나 바르셀로나의 팹시티와 같은 프로그램들은 완성할 때까지 마냥 기다리지 않고, 장비가 아직 개발 중일 때도 장비를 사용할 수 있도록 그 용량을 구축하고 있다.

비트(정보)를 이용해 아톰(물질)을 만들다

일반적으로 '디지털 제조'는 1952년에 MIT가 밀링머신에 수치 제어 장치를 설치한 데서 비롯된 용어로, 수치 정보를 매개로 기계 운전을 자동 제어하는 과정이다. 그러나 이 장비의 '디지털' 부분은 제어 컴퓨터에 있다. 즉 재료 자체는 여전히 아날로그라는 의미다. 엄밀히 말해서 '디지털 제조'란 재료 자체가 디지털인 제조 과정을 일컫는 말이다. 내 실험실을 포함한 수많은 실험실이 제조의 앞날을 위해 이러한 디지털 재료를 개발하고 있다.

디지털과 아날로그는 비단 의미만 서로 다른 것이 아니다. 가령 전화 통화는 아날로그였기 때문에 거리가 멀어질수록 품질이 떨어졌다. 통신 시스템의 잡음에서 발생하는 오류가 축적될 수 있기 때문이다. 그 후 1937년에 MIT의 수학자 클로드 섀넌Claude Shannon이 가히 거장다운 논문을 집필했다. 즉 점멸 스위치가 어떤 논리적 기능도 계산해낼 수 있다는 사실을 입증한 것이다. 1938년에는 벨연구소Bell Labs에서 근무하면서 전화 통신에 이 아이디어를 접목했다. 그는 전화 통화를 1과 0의 코드로 전환하면, 잡음이 있고 불완전한 시스템에서도 메시지를 안정적으로 보낼 수 있다는 사실을 증명했다. 핵심적인 차이는 오류 수정에 있다. 만약 0.9나 1.1이 되더라도 이 시스템에서는 이를 구분해내 여전히 1로 인식할 수 있다.

MIT에서 섀넌의 연구는 거대한 기계 아날로그 컴퓨터를 이용하여 작업하는 어려운 환경에서 영감을 얻었다. 아날로그 컴퓨터는 회전하는 바퀴와 디스크를 사용했기 때문에 바퀴가 오래 돌수록 컴퓨터의 응답 결과가 좋지 않았다. 이런 점에 착안하여 존 폰 노이만John von Neumann과 잭 코원Jack Cowan, 새뮤얼 위노그래드Samuel Winograd를 비롯한 연구원들은 데이터의 디지털화를 컴퓨터에도 적용할 수 있다는 사실을 밝혀냈다. 1과 0으로 정보를 대표하는 디지털 컴퓨터는 각 부분의 정확도는 떨어져도 전체적인 응답 결과는 신뢰할 만하다. 이처럼 데이터의 디지털화 덕분에 한때 슈퍼컴퓨터로 불리던 컴퓨터를 이제는 스마트폰에 담아 주머니에 넣고 다닐 수 있게 되었다.

이런 발상은 이제 재료에도 동일하게 적용된다. 앞의 과정과 오늘날에 사용된 과정 간의 차이점을 이해하려면, 아이 한 명이 레고 블록을 완성품으로 조립하는 능력과 3D 프린터 한 대가 완성물을 출력하는 성능을 비교하면 된다. 첫째, 레고의 각 블록은 딸각 소리가 날 정도로 꽂아야 들어맞게 돼 있다. 따라서 각 블록을 제자리에 꽂은 최종 결과물의 정교한 정도는 아이들의 일반적인 손 조작 능력을 넘어선다. 이와는 반대로, 3D 프린팅 과정은 오류가 누적되는 과정이다. 몇 시간을 프린팅해도 결국 바닥층의 접착이 불완전해 실패로 끝나버리기 십상이다. 둘째, 레고 블록은 블록 특유의 간격을 정해놓아 어떤 크기로도 결과물을 만들어낼 수 있다. 그러나 3D 프린터는 프린트 인쇄 헤드를 장착하는 시스템 크기의 한계 때문에 만들 수 있는 결과물의 크기에도 한계가 있다. 셋째, 레고 블록에서는 다양한 모양의 갖가지 재료를 쓸 수 있지만, 3D 프린터에서는 어떤 재료도 같은 프린팅 과정을 거쳐야 하므로 다양한 재료를 사용하는 데 한계가 있다. 넷째, 레고 블록에서는 더는 필요 없는 블록 완성물을 해체할 수 있고 개별 블록들을 다시 사용할 수도 있지만, 3D 프린터로 제조한 부품들은 필요가 없어지면 버릴 수밖에 없다. 이것이 3D 프린터의 연속 적층 방식인 '아날로그' 시스템과 레고 블록의 조립 방식인 '디지털 시스템'의 정확한 차이점이다.

재료의 디지털화는 더는 신개념이 아니다. 단백질을 만드는 단백질인 리보솜ribosome의 진화 연령은 거슬러 가면 족히 40억 살은 된다. 인간의 몸은 근육을 움직이는 운동 조직에서부터 눈에 있는 감지 조직에 이르기까지 분자기구로 가득 차 있다. 리보솜은 서로 다른 22개 레고 블록의 초소형 판과 같은 아미노산을 조립해 온갖 기관을 만들어낸다. 아미노산의 조립 순서는 DNA에 저장되며, 전령 RNA라 불리는 또 다른 단백질에 있는 리보솜으로 보내진다. 아미노산의 조립 순서를 담은 이 유전암호 코드는 그저 다른 단백질을 만드는 정보를 담고 있는 게 아니다. 즉 스스로 새로운 단백질이 되는 정보를 담고 있다.

나의 실험실과 비슷한 환경의 실험실에서는 리보솜과 같은 방식으로 조직을 만들 수 있는 3D 어셈블러3D assembler라는 장비를 개발하고 있다. 이 어셈블러에서는 개별 조직에서 일부를 더하거나 제거할 수도 있을 것이다. 현재 개발 중인 어떤 어셈블러는 아미노산보다 조금 긴 대략 10나노미터 길이(아미노산의 길이는 대략 1나노미터)의 아미노산 원자로 구성된 클러스터를 이용해 작업할 수 있다. 이 클러스터는 양질의 전기 전도체 또는 자성 물질과 같이 아미노산이 가질 수 없는 특성을 지닌다. 이러한 어셈블러를 개발하는 목표는 나노 어셈블러를 사용해 3D 집적회로와 같은 나노구조체nanoassembler를 만드는 것이다. 어떤 어셈블러는 미크론에서 밀리미터 크기의 재료를 사용하는데, 우리는 이 장비로 3D 집적회로를 연결한 전자회로 보드를 만들고자 한다. 또 어떤 어셈블러는 항공기 부품은 물론 심지어 오늘날의 비행기보다 가볍고, 강하며, 성능이 뛰어난 항공기 전체와 같이 큰 구조물을 만들 수 있도록 센티미터 단위의 부품을 사용하고 있다. 날갯짓을 할 수 있는 점보제트기를 떠올려보면 감이

올 것이다.

기존 3D 프린터와 이러한 어셈블러 사이에 중요한 차이점은, 어셈블러가 완성된 기능 시스템을 단일 프로세스로 만들 수 있으리라는 점이다. 어셈블러는 고정 장치와 운동 장치, 센서, 작동기, 전자 장치를 통합할 수 있을 것이다.

더욱 중요한 점은 어셈블러가 만들지 않는 것은 트레시trash, 즉 쓰레기밖에 없다는 사실이다. 쓰레기는 오직 재사용할 만한 충분한 정보를 담고 있지 않은 원료에만 적용되는 개념이다. 자연에 있는 모든 것은 끊임없이 재활용된다. 마찬가지로 디지털 제품을 이용해 조립한 제품은 쓸모없어졌다고 버릴 필요가 없다. 이러한 제품은 간단히 분해할 수 있으며 새로운 제품으로 재탄생할 수 있다.

어셈블러가 만들 수 있는 가장 흥미로운 것은 자기 자신이다. 현재는 신속한 시제품화 장비에서 쓰는 것과 같은 구성 요소를 사용해 어셈블러를 만들고 있다. 그러나 결국 목표는 어셈블러가 자신의 모든 부품을 만들 수 있도록 하는 것이다. 이러한 동기부여 요소는 아주 실질적인 문제다. 전 세계에 새로운 팹랩을 세울 때 맞닥뜨리는 가장 큰 도전은 흥미를 유발하는 것도, 사람들에게 사용법을 가르치는 일도, 심지어 비용도 아니었다. 그것은 물류였다. 무능하고 부패한 출입국 관리 같은 관료주의와 수요 예측에서 드러난 공급망의 무능력이 전 세계에 장비를 운송하고자 하는 우리의 노력에 걸림돌이 됐던 것이다. 어셈블러를 운송할 준비가 되면 한 어셈블러가 또 다른 어셈블러를 만들 수 있도록 디지털 구성 요소를 화물로 보내고 나서, 디자인 코드를 팹랩에 이메일로 보내는 편이 훨씬 수월할 것이다.

또한 어셈블러의 크기를 조정하는 데 자기복제self-replicating는 필수다. 리보솜의 속도는 초당 소량의 아미노산을 복제할 정도로 느리다. 그러나 리보솜은 인체 내 수조 개의 개별 세포에 수만 개가 있을 정도로 많아 원하기만 하면 스스로 얼마든지 자기복제를 할 수 있다. 또한 〈스타트렉〉에 나온 리플리케이터의 속도만큼 되려면 수많은 어셈블러가 동시에 작업할 수 있어야 한다.

디지털 제조에 도사리는 위험

과연 이런 종류의 기술에도 위험이 도사리고 있을까? 1986년 MIT에서 최초로 분자 나노 기술molecular nanotechnology 박사 학위 논문을 발표한 공학자 에릭 드렉슬러Eric Drexler는 스스로 '그레이 구gray goo'라 칭한, 이른바 지구 종말 시나리오를 저술했다. 그레이 구란 자기복제 시스템이 통제 불능 상태가 될 정도로 증식하여 온 지구를 덮치고 지구의 모든 자원을 소비한다는 개념이다. 2000년에는 컴퓨터 선구자 빌 조이Bill Joy가 대량 파괴의 자기복제 무기를 만드는 극단주의자의 위협에 대해 기고한 글이 〈와이어드〉에 실렸다. 그는 인간이 추구하지 말아야 할 연구 영역이 있다고 결론 내렸다. 2003년에는 근심에 젖은 찰스 왕세자가 영국의 저명한 과학자 학술단체인 왕립협회Royal Society에 나노 기술과 자기복제 시스템의 위험을 평가하라고 요청하기도 했다.

드렉슬러의 시나리오는 우려스럽기는 하지만, 그의 시나리오가 현재 개발 중인 자기복제 어셈블러에 적용되지는 않는다. 이러한 시나리오에는 외부 동력원과 비자연적 물질의 투입이 필요하다. 생물학전도 심각한 근심거리이지만, 이런 우려가 비단 이번 일에 대해서만은 아니다. 즉 진화의 여명이 밝아온 이래로 생물학에서 군비 확대 경쟁은 늘 있었고, 현재도 진행 중이다.

도사린 위협 중 더욱 즉각적인 것은 디지털 제조가 개인 살상무기를 생산하는 데 사용될 수 있다는 점이다. 어떤 비전문 총기 제작자가 이미 3D 프린터를 사용해 반자동소총인 AR-15의 하부를 만들었다. 총알을 담는 부분인 하부는 현재 강력한 규제 대상이며 여기에 총의 일련번호가 표시된다. 한 독일 해커는 엄격한 통제를 뚫고 경찰의 수갑 열쇠를 3D 프린터로 복사하기도 했다. 내가 가르치는 학생 가운데 윌 랭포드Will Langford와 매트 키터Matt Keeter는 미국 교통보안청이 승인한 원본을 확인해보지 않고도 여행용 가방을 열 수 있는 마스터키를 만들었다. 그들은 우리 실험실에서 CT 스캐너로 열쇠의 엑스선 사진을 촬영하고, 그 사진 데이터로 컴퓨터 3D 모델을 만들어, 컴퓨터로 최종 마스터키를 산출했다. 그런 다음 세 개의 별도 과정(수치 제어 밀링 과정, 3D 프린팅 과정, 몰딩과 캐스팅 과정)을 거쳐 마침내 여행 가방에 꼭 들어맞는 열쇠를 제작했다.

이와 같은 사례는 3D 프린터를 단속하는 계기를 마련했다. 나는 정보 분석가나 군대 고위 간부가 모인 자리에서 디지털 제조에 대해 브리핑한 적이 있다. 그때 어떤 사람들은 기술을 제한해야 한다는 주장을 고수했고, 어떤 사람들은 과거 컬러 레이저 프린터에 대해 했던 방식을 좇아 3D 프린터에도 위조 행위를 추적할 방안을 구현하자고 제안했다. 레이저 프린터는 처음 출현했을 당시 위조지폐를 제조하는 데 사용되었다. 당시 위조지폐는 대체로 쉽게 감지할 수 있는 수준이긴 했는데, 1990년대에 미국 비밀경호국Secret Service 은 레이저 프린터 제조업자들에게 각 장치의 프로그램을 코드화하는 일에 동참하도록 설득했다. 그리하여 프린터에서 출력되는 모든 페이지에는 자그마한 노란 점들이 찍혀 나오게 되었다. 이 점들은 육안으로는 보이지 않지만 출력된 시간과 날짜, 일련번호를 고스란히 암호로 담고 있다. 2005년에는 디지털 권리 보호단체인 전자프런티어재단Electronic Frontier Foundation 이 이러한 프린터 정보를 해독하고 공개했다. 이는 프린터가 대중의 의견이나 분명한 확인 과정 없이 사생활을 침해한다는 격렬한 항의를 불러일으켰다.

정당하든 그렇지 않든, 이 같은 통제 방식은 3D 프린터에서는 통하지 않을 것이다. 레이저 프린터에 사용되는 프린트 엔진을 만드는 업체는 몇 군데밖에 없다. 따라서 이들의 동의만 얻어내면 레이저 프린터를 코드화하는 정책은 산업 전반에 걸쳐 실시될 수 있었다. 그러나 3D 프린터는 상황이 다르다. 컴퓨터 칩이나 스테퍼 모터stepper motor 와 같이 프린터 제조업자들이 직접 만들 수 없는 부품을 다양한 업체가 시판하고 있다. 이러한 부품들은 대량 생산되어 많은 응용 부분에서 사용되지만, 이를 관리하는 컨트롤 타워 같은 건 없다. 필라멘트 공급 장치나 사출 헤드처럼 3D 프린팅에 독특한 부품을 만드는 일은 어렵지 않다(다양한 제조업자가 직접 제작할 수 있다는 의미 - 옮긴이). 따라서 몇 개의 제조업체가 만든 장비를 통제하던 방식대로 통제할 수는 없는 노릇이다.

설령 3D 프린터를 규제한다고 해도 사람들을 다치게 하는 무기 산업은 이미 시장에서 그 수요가 형성되어 있다. 저렴한 무기는 전 세계 어디에서나 찾아볼 수 있다. 분쟁 지역에서 팹랩을 운영하는 비트-아톰센터의 경험에 따르면, 3D 프린터는 전투용 무기 조달의 대안으로도 사용된다. 게다가 설령 저명한 엘리트가 기술을 위협으로 보지 않는다 해도, 기술의 존재는 이러한 엘리트의 권위에 도전할 수 있다. 가령 아프가니스탄의 잘랄라바드에 있는 팹랩은 지역 커뮤니티에 무선 인터넷을 공급했으며, 커뮤니티는 이제 처음으로 세계의 다른 국가들에 대해 알아가면서 자신만의 네트워크를 확장할 수 있게 되었다.

디지털 제조에서 마지막으로 우려되는 사항은 지적 재산권의 도용과 관련이 있다. 디자인이라는 제품이 전송되고 맞춤형으로 생산된다고 할 때, 이러한 디자인이 승인 없이 복제되는 상황을 막으려면 어떤 일을 해야 할까? 이것이 바로 음악과 소프트웨어 산업이 직면했던 딜레마다. 이러한 산업에서 복사 파일을 제한하는 기술을 도입한 것과 같은 즉각적 대응은 실패했다. 왜냐하면 통상 사기꾼들이 복사를 제한하는 기술을 쉽게 뛰어넘었을 뿐 아니라, 그 기술 자체도 많은 사람에게 거추장스럽게 느껴졌기 때문이다. 당시 해결책은 소프트웨어와 음악을 법적으로 사고파는 일을 좀 더 수월하게 할 수 있도록 앱스토어를 개발하는 것이었다. 디지털 제조 디자인 파일도 같은 방식으로 합법적으로 사고팔 수 있다. 또한 이런 방식은 대량 제조를 원하지 않는 전문 디지털 제조 관련자들의 관심사에도 부합한다.

디지털 제조 디자인에 대한 특허 보호는 오로지 지적 재산권 사용에 대한 장벽이 있을 때와 특허권 침해가 발견되었을 때만 발효될 수 있다. 다시 말해 이 특허 보호는 고가의 집적회로 제조공장에서 만들어지는 제품에는 적용되지만, 팹랩에서 만들어진 제품에는 적용되지 않는다. 디지털 제조 장비를 사용하는 사람은 누구나 어디에서든 디자인을 복제할 수 있다. 디자인을 만든 사람이 전 세계를 상대로 고소할 수는 없는 노릇이기 때문이다. 이에 따라 디지털 제조 산업에서는 서비스의 사용을 제한하려는 조치보다 자유롭게 소스 코드를 공유하고 자신이 제공하는 서비스에 대해 보상받고자 하는 수많은 소프트웨어 기업이 우후죽순처럼 생겨났다. 이와 같은 디지털 제조 장비의 확산은 이제 이에 상응하는 오픈 소스^{open-source} 하드웨어의 사용을 이끌고 있다.

혁신을 디자인하라

지역 기반의 팹랩 커뮤니티에서는 디지털 제조를 지나치게 우려하거나 무시하지 않도록 해야 한다. 좀 더 나은 디지털 제조 방법으로 좀 더 나은 커뮤니티를 만들 수 있다. 이를테면, 디트로이트에서 기업가 블레어 에번스Blair Evans가 운영하는 팹랩은 사회복지 사업의 하나로 위험에 처한 청년을 위한 프로그램을 제공한다. 이 프로그램에서 청년들은 자신만의 아이디어에 토대를 두고 사물을 디자인하고 제작할 수 있다.

디지털 제조에서 혜택을 얻는 방법에는 여러 가지가 있다. 먼저, 탑-다운 방식이 있다. 2005년에 남아프리카는 팹랩의 전국 통신망을 깔고, 국가첨단제조기술전략National Advanced Manufacturing Technology Strategy을 앞세워 혁신에 나섰다. 미국 일리노이 주의 빌 포스터Bill Foster 하원의원은 지역 팹랩에 연결된 국립연구실을 조성하자는 내용을 골자로 한 국립 팹랩 네트워크법 2010National Fab Lab Network Act of 2010의 제정을 제안했다. 기존 국립연구소 시스템은 수십억 달러의 설비를 갖추었으나, 주변 커뮤니티들을 중앙에서 직접 주도하려고 애쓰는 구조였다. 반면에 포스터의 법안에서는 연구실을 개별 커뮤니티로 가져가는 시스템을 제안한다.

다음으로는 바텀-업bottom-up 방식이 있다. 디트로이트의 팹랩과 같은 많은 기존 팹랩은 지역의 요구 사항이 답보 상태에 있다는 점을 제기하고자, 비공식적인 조직을 결성하는 것은 물론 지역 협력 프로그램에도 합류했다. 벨기에와 룩셈부르크, 네덜란드에 있는 미국 팹랩네트워크United States Fab Lab Network와 팹랩닷엔엘FabLab.nl과 같은 지역 프로그램은 새로운 팹랩의 개설을 지원하는 등 개별 팹랩이 실행하기에는 큰일을 주로 도맡아 하고 있다. 지역 프로그램들은 전 세계적인 팹재단^{Fab Foundation}을 통해 하나둘 연합해 그 세를 확장하면서 전 세계에서 전문 자재를 구하는 일과 같은 글로벌 과제를 지원할 예정이다.

팹랩네트워크는 팹랩에서 배운 내용을 잘 따라갈 수 있도록 팹아카데미^{Fab Academy}를 운영하기 시작했다. 자신이 사는 지역의 팹랩에서 배우는 아이들은 진학을 위해 멀리 통학해서 배우는 것보다 훨씬 뛰어난 성과를 보였다. 또한 팹아카데미는 이러한 인재들의 두뇌 유출을 막기 위해 지역 팹랩을 연결해 글로벌 캠퍼스를 구성했다. 팹랩에서 배우는 학생들은 장비를 사용할 수 있고, 또래들과 함께 배울 수 있는 것은 물론, 자신을 지도해줄 지역 멘토를 둘 수도 있다. 그들은 쌍방향 글로벌 비디오 강의를 듣기도 하고, 온라인으로 프로젝트와 교육 자료를 공유하기도 한다.

고등 교육의 기존 모델에서는 교수단과 교재, 연구실이 부족할 뿐만 아니라 한 번에 몇천 명만 수용할 수 있다. 컴퓨터 용어로 말하자면, MIT는 일종의 중앙집중식 메인프레임이라고 할 수 있다. 즉 학생들이 학업 과정을 위해 MIT로 통학하는 것이다. 최근에는 좀 더 많은 학생을 수용하기 위한 대안으로 원격 학습에 관한 관심도 일고 있다. 이러한 원격 학습에서 원거리 학생들이 온라인 캠퍼스에 연결된 모습은 마치 시간을 나누어 처리하는 중앙 제어 방식인 메인프레임에 분산 방식인 단말기가 연결된 모습과 유사하다. 그러나 팹아카데미는 지역적으로 연결되어 글로벌로 관리하는 인터넷과 더욱 닮았다. 즉 디지털 통신과 디지털 제조의 조합은 학생들이 지역에서 주문형 방식으로 산출된 프로젝트를 공유할 수 있도록 캠퍼스를 효과적으로 이용하게 해준다.

미국 노동통계청Bureau of Labor Statistics은 2020년에 미국이 과학과 기술, 공학, 수학 분야에서 약 920만 개에 달하는 일자리를 창출할 것으로 내다본다. 국립과학재단의 자문 그룹인 국가과학위원회National Science Board가 수집한 자료에 따르면 이 분야의 대학 학위 수령자 수는 대학 입학자 수에 미치지 못하며, 여성과 소수자의 비율도 현저하게 낮다. 디지털 제조는 바로 이러한 교육 기회에 대한 필요에 부응하기 위해 새로운 네트워크를 시작하는 것이다. 아이들은 어떤 팹랩이든 들어갈 수 있고, 자신들의 흥미에 따라 제조 도구를 적용할 수 있다. 팹아카데미는 지역별 팹랩에서 벌어지는 DIY 메이커 운동에 대한 열정과 학생 및 멘토가 함께 제조하며 형성되는 멘토십 사이에 균형을 유지하려 애쓰고 있다.

결국 팹랩의 실제 강점은 기술적인 요소가 아니라 소셜social에 있다. 통상 지식경제를 선도하는 혁신적인 사람들에게는 공통점이 있다. 우선, 그들은 규칙을 따르는 데 서투르다. 다음으로 그들은 새로운 것을 만드는 데 필요한 가설을 서로 질문해야 한다. 나아가 그들에게는 안전하게 공부하고 일할 수 있는 환경도 필요하다. 고등 교육기관이나 연구기관은 겨우 몇천 명만 수용할 수 있을 뿐이다. 그러나 이러한 디지털 혁신은 혁신가들이 어디에 있든 기꺼이 그들이 있는 곳에서 원하는 환경을 제공하며, 지구촌에 있는 혁신 지성인들을 한데 모아 대규모로 연결할 수 있다.

디지털 제조는 3D 프린팅보다 훨씬 많은 요소로 구성된다. 데이터를 사물로, 사물을 데이터로 전환하는 것은 진화하는 기능을 한데 모아놓은 기술이다. 이러한 비전을 성취하기 위해 우리는 앞으로 수년에 걸친 연구를 지속해야 한다. 그러나 혁신은 이미 궤도에 올라 있다. 앞으로 우리에게 남은 공동 과제는 이러한 혁신이 제기하는 다음의 주요 질문에 답하는 일이다. 어디에서든 누구나 무엇이든 만들 수 있는 시대가 도래할 때 과연 우리는 어떻게 생활하고, 배우고, 일하며, 여가를 즐길 것인가?

사물인터넷
모든 것이 인터넷으로 연결된 세상

닐 거쉰펠드 MIT 비트-아톰센터 소장
JP 바쇠르 시스코시스템즈 사물인터넷 수석 설계사

데이터의 첫 비트가 장차 인터넷이라 불리게 되는 네트워크로 전송된 1969년 이후, 이 글로벌 네트워크로 연결할 수 있는 기기는 여러 진화 단계를 거쳤다. 즉 메인프레임 컴퓨터를 필두로, 개인용 컴퓨터를 거쳐, 지금의 이동 단말기에 이르렀다. 그리고 2010년까지 인터넷에 연결된 컴퓨터 수는 지구촌의 인구수를 넘어섰다.

그러나 인터넷의 이러한 괄목할 만한 성장은 이른바 '사물인터넷'이라는, 우리 주변의 모든 사물이 인터넷에 연결되는 기술의 등장으로 빛을 잃을 참이다. 이제는 회로와 소프트웨어의 발달에 힘입어 1달러로 손톱만 한 크기에 불과한 웹서버를 만들 수 있다. 이러한 작은 컴퓨터들이 일상의 사물에 삽입되어 인터넷을 통해 정보를 교환하면서, 예컨대 커피메이커는 사람이 기상함과 동시에 전원을 켜고 컵

이 식기세척기로 들어가면 전원을 끌 수 있다. 또한 신호등은 도로와 교신해 교통량에 맞춰 차의 경로를 지정할 수 있으며, 건물은 사람들이 어디에 있고 무엇을 하는지 알아내 더욱 효율적으로 건물을 운영할 수 있다. 그뿐만 아니라, 지구촌 인류의 건강이 이런 온갖 장비에서 나온 데이터를 활용해 실시간으로 모니터링될 수도 있다.

이처럼 디지털 세계와 실제 세계를 연결하는 일은 두 세계에 모두 중대한 영향을 미칠 것이다. 그러나 사물인터넷의 이러한 미래는 인터넷의 역사를 눈여겨보지 않고서는 불가능한 일이다. 인터넷의 개방형 표준과 분산 디자인은 혁신과 성장을 방해하는 장애물이 적어 사설 시스템과 중앙 제어 방식을 누르고 승리를 쟁취했다. 사물인터넷에서도 장치의 커뮤니케이션 방식이 중앙 제어냐 분산이냐에 따라 상반된 시각이 확산되면서 전투 같은 양상이 다시 고개를 들었다. 이러한 도전은 주로 기술보다는 조직에 관한 것이다. 즉 중앙 통제 기술과 분산 솔루션 간의 경쟁을 일컫는다. 사물인터넷에서는 분산 솔루션이 필요하다. 결국 개방형 표준이 최후 승리를 거머쥘 것이다.

내 주변과 온통 연결되는 삶

사물인터넷은 공상과학이 아니다. 이미 도래한 현실이다. 현재 네트워크로 연결된 사물은 인터넷으로 데이터를 전송하기도 하고, 보안 사설 네트워크private network로 데이터를 전송하기도 한다. 그러나 이들은 모두 사물이 상호 협력하여 중요한 문제를 해결하도록 해주는 상용 프로토콜을 따른다.

에너지의 비효율성을 한번 따져보자. 미국에서는 건물이 사용하는 전력이 전체의 4분의 3을 차지한다. 그러나 그중 3분의 1이 낭비된다. 즉 자연광이 충분한데도 전등이 켜져 있고 바깥 공기가 시원할 때도, 심지어 실내에 사람이 없을 때도 냉방 장치가 돌아간다. 또한 이따금 환풍기가 내부 공기를 엉뚱한 방향으로 보내거나, 냉방과 난방 시스템이 동시에 작동할 때도 있다. 이러한 엄청난 양의 낭비가 지속되는 이유는 건물이 지어질 때 온도조절 장치와 조명 장치도 함께 설치되기 때문이다. 즉 전선은 고정되어 있고, 이를 쉽게 바꿀 수 없다. 사회 기반시설이 네트워크 센서^{networked sensor}(네트워크로 연결된 감지 장치 – 옮긴이)와 액추에이터^{actuator}(다른 장비나 시스템을 작동시키는 장치 – 옮긴이)를 활용해 지능화되어야만 이러한 건물의 효율성도 수명주기 동안 개선될 수 있다.

의료 서비스 분야는 사물인터넷의 활용이 매우 기대되는 분야다. 이를테면 약물의 부실한 처리 탓으로 현재 의료 서비스 시스템에 매년 수십억 달러의 비용이 들어간다. 그런데 사물인터넷이 활용되면 많은 것이 달라질 것이다. 인터넷에 연결된 선반과 약병은 건망증이 있는 환자에게 언제 약을 먹을지, 약사에게 언제 떨어진 약을 채워 넣을지, 의사에게 언제 투약 시기를 놓쳤는지 알려줄 수 있다. 바닥은 고령자가 넘어졌을 때 도움을 요청해 고령자들이 독립적으로 살 수 있도록 해준다. 웨어러블 센서^{wearable sensors}(착용 가능한 감지 장치 – 옮긴이)는 낮 동안 사람의 활동을 감지해 개인 코치 역할을 하여 건강을 향상시켜주며, 비용도 절감시켜준다.

셀 수 없이 많은 초현대적인 '스마트 하우스^{smart house}'는 아직 그런 집에서 살고 싶다는 정도의 흥미까지는 불러일으키지 못한다. 그러나 사물인터넷은 눈에 띄지 않는 곳까지 연결하고 있다. 냉장고는 식료품점과 커뮤니케이션해 스스로 식품을 재주문할 수 있다. 욕실에 놓인 체중계는 식습관을 감시할 수 있다. 전원설비는 전력 수요가 최고일 때 소비를 낮추고, 제조업체에 유지보수 타이밍을 알려줄 수 있다. 집 안의 스위치와 조명은 거주자의 하루 중 공간 이용률을 고려해 스스로 작동을 조절할 수 있다. 또한 온도조절 장치는 달력과 침대, 차량과 커뮤니케이션하여 거주자의 사용 공간에 따른 냉난방을 계획할 수 있다. 나아가 공공사업 부문에서는 전력과 배관이라는 새로운 서비스를 제공해 안전과 안락, 편의를 도모할 것이다.

도시에서는 사물인터넷이 수많은 새 데이터를 수집할 것이다. 차량과 공공 유틸리티, 사람들의 흐름을 이해하는 일은 개별 데이터의 효용성을 최대화하는 데 필수적이다. 그러나 그동안 이러한 작업은 측정하기도 어려웠고, 측정한다 해도 열악한 수준을 넘지 못했다. 각 거리의 가로등, 소화전, 버스, 횡단보도가 모두 인터넷과 연결되어 있다면 도시는 실시간으로 이들의 작동과 오작동을 인식할 것이다. 시청은 이러한 정보를 내부적으로 보유하기보다 이미 일부 도시가 시행하고 있듯이 오픈 소스 데이터 세트를 개발자와 공유할 것이다.

날씨와 농업 정보, 오염 수준에 대한 실제 지역적 편차는 직접 또는 원격으로 측정한 지역적 편차보다 크다. 그러나 인터넷을 연결하는 데 드는 비용이 충분히 낮아지면 이러한 정보는 모두 정확하게 측정할 수 있다. 또한 네트워크는 그 특성상 생물과 무생물 자원도 보호할 수 있다. 가령 새롭게 등장하는 '종간 인터넷interspecies Internet(서로 다른 종들 사이에 연결을 시도하는 인터넷 – 옮긴이)'은 비옥화, 연구, 보존을 목적으로 코끼리와 돌고래, 유인원을 비롯한 여러 다른 동물을 연결한다.

사물인터넷의 궁극적인 실현은 실물을 인터넷을 통해 전송하는 작업일 것이다. 사용자는 이미 3D 프린터와 레이저 절단 장치와 같은 개인용 디지털 제조 장비로 만들 수 있는 사물의 제조 설명서를 보낼 수 있다. 데이터가 사물로 변하고 사물이 데이터로 변하면, 기나긴 제조 및 공급 과정이 인터넷을 통해 현지 생산설비에 제조 데이터를 보내는 과정으로 대체될 수 있다. 즉 현지 생산설비는 받은 데이터를 토대로 언제 어디서든 맞춤형으로 사물을 만들 것이다.

미래로의 귀환

사물인터넷의 작동원리는 '어떻게'와 '왜'의 관점에서 인터넷의 작동원리를 바라보면 이해하기 수월하다. 인터넷 성공의 첫 번째 비밀은 아키텍처다. 1960년대와 1970년대에 인터넷이 개발될 당시, 전화는 교환국의 교환기와 연결돼 있었다. 이러한 연결 방식은 모든 도로가 하나의 원형 로터리로 연결되는 도시 도로구조와 유사했다.

기술이 일상과 정교하게 통합될수록 눈에는 더 잘 보이지 않을 것이다.

즉 이 방식은 통제는 쉬우나 중앙 허브에 교통 체증을 일으킨다. 이 와 같은 문제를 피하기 위해 인터넷 개발자들은 실제 도시에서 차량 이 운행되는 도로망과 유사한 분산 네트워크를 만들었다. 즉 이 방 식은 트래픽이 적체되는 곳을 데이터가 우회하도록 하여 필요한 곳 에 관리자가 용량을 추가할 수 있다.

인터넷 성공의 두 번째 비밀은 데이터를 개별 단위로 쪼개서 온라 인상으로 이동시킨 후 재조합하는 기능이다. '패킷 교환^{packet switching}' 이라고 하는 이 과정은 개별 철도 차량이 독립적으로 운행하는 철도 시스템과 비슷하다. 즉 다른 목적지로 가는 차량이 같은 경로를 공 유하기도 한다. 이때 다른 차량이 먼저 통과할 때까지 기다릴 필요 는 없다. 또한 같은 목적지로 가는 차량이 모두 같은 경로로 갈 필요도 없다. 각 차량이 주소를 가지고 있고 각 교차로가 선로의 방향을 제시하는 한, 같은 목적지의 차량은 한곳에 모이게 된다. 이런 방식으로 데이터를 전송하는 패킷 스위칭 덕분에 인터넷은 더욱 신뢰할 수 있고, 견고하며, 효율적인 것으로 자리매김했다.

인터넷 성공의 세 번째 비밀은 데이터가 다른 네트워크에 전송될 수 있도록 했다는 점이다. 즉 데이터 메시지가 전송선을 통해 건물 내를 이동하고, 광섬유 케이블을 통해 도시를 가로지르며, 인공위성을 통해 다른 대륙으로 이동할 수 있다. 컴퓨터 과학자들이 데이터 패킷의 전송 방식을 표준화한 인터넷 프로토콜IP: Internet Protocol을 개발한 이유도 이 때문이다. 철도에서 이와 상응하는 개발이 바로 열차가 국경을 건너도록 한 표준 궤도 게이지standard track gauge(선로 양 레일의 간격을 측정하는 기구-옮긴이)의 도입이다. 이러한 IP 표준 덕분에 서로 다른 여러 데이터를 상용 프로토콜에 따라 전송할 수 있다.

네 번째 비밀은 인터넷의 기능이 데이터 트래픽을 라우팅routing하기 위해 미리 마련된 중간 노드보다 네트워크의 끝에 있도록 했다는 점이다. '단대단 원칙end-to-end principle'으로 알려진 이 디자인 덕분에 이제 전체 네트워크를 업그레이드할 필요 없이 새로운 애플리케이션을 개발해 추가하기만 하면 된다. 통상 기존 전화의 기능은 단지 전화가 연결된 전화국에서 교환기가 발전된 수준만큼만 발전했으며, 기술의 변화는 드물게 일어났다. 그러나 인터넷의 계층화된 아키텍처에서는 얘기가 달라진다. 온라인 메시징과 오디오·비디오 스트리밍, 전자상거래, 검색 엔진, 소셜 미디어는 모두 수십 년 앞서 설계된 시스템 위에 개발되었다. 그리고 새로운 애플리케이션도 이러한 시스템상에서 만들어질 수 있다.

이러한 원론이 너무 당연하게 들릴 수는 있다. 그러나 최근까지도 이 원론은 컴퓨터가 아닌 사물을 연결하는 시스템에 적용되지 못했다. 오히려 냉난방 제품에서 가전 제품에 이르기까지 각 산업에서는 자신만의 네트워킹 표준을 만들어 각 장치가 서로 어떻게, 무엇을 커뮤니케이션할지에 대해 규정했다. 인터넷 사용 체계와 달리, 이러한 폐쇄 체계는 고정된 도메인 내에서는 유효할 수 있다. 그러나 앞으로도 해당 표준을 만든 당사자의 본래 시나리오대로 가기에는 무리가 따른다. 더욱이 인터넷에서 이미 해결된 문제를 놓고도 여전히 씨름 중이다. 즉 장치에 네트워크는 어떻게 배정할지, 네트워크 간에 데이터 메시지는 어떤 경로로 전송할지, 트래픽의 흐름은 어떻게 관리할지, 전송할 때 보안은 어떻게 구현할지 등에 대해서다.

현재 사물 간 연결을 위해 각 산업의 네트워킹 체계를 새로 만드는 것보다 인터넷을 사용하는 것이 합리적으로 보인다. 그러나 인터넷을 사용하는 것이 아직 일반 표준은 아니다. 이러한 상황을 초래한 한 가지 이유는 제조사가 사설 표준으로 제어하고 싶어 하기 때문이다. 인터넷은 통행료 요금소가 없다. 그러나 제조사가 특정 산업의 장치에서 사용되는 통신 표준을 주관하면, 제조사는 그 장치들을 사용하는 회사에 청구할 수 있는 구조로 되어 있다.

이러한 상황을 악화시킨 것이 바로 특수 목적을 가진 솔루션이 일반 용도의 인터넷보다 좋은 성과를 가져오리라는 믿음이었다. 그러나 이러한 자체 표준 대안은 인터넷에 비해 그리 발전하지 못했다. 또한 인터넷이 가진 규모의 경제와 네트워크의 신뢰성도 확보하지 못했다. 사설 네트워크 설계자들은 네트워크 사이의 연동성을 희생해가면서까지 최적 기능이 지닌 가치를 과대평가했다. 인터넷 네트워킹 표준은 특정 용도에서는 이상적이지 않지만, 거의 모든 용도에서 만족스럽다. 그러나 사설 네트워크는 다수의 양립할 수 없는 표준을 유지하느라 비용이 많이 들 뿐만 아니라 안전도도 떨어진다. 반면에 인터넷은 수십 년에 걸쳐 공격을 받으면서 연구기관과 업체로 이루어진 거대한 커뮤니티가 지속적으로 보안을 개선했다. 이처럼 인터넷의 개선된 보안 솔루션을 이제 사물 간 커뮤니케이션의 보안에도 적용할 수 있는 것이다.

인터넷의 마지막 성공 비결은 비용 문제에서 찾을 수 있다. 처음에 인터넷은 수십만 달러에 달하는 거대한 컴퓨터에서 사용했다. 그러나 지금은 1,000달러짜리 개인용 컴퓨터에서도 사용하고 있다. 인터넷 비용과 백열전구나 문손잡이의 비용 간 격차가 매우 크기 때문에 개발자들은 이러한 사물을 온라인화하는 일이 상업적으로 가능하다고 전혀 생각지 못했다. 예를 들어 1,000달러짜리 조명 스위치 시장이란 건 현실적으로 한계가 있을 수밖에 없다. 이것이 수십 년 동안 사물이 오프라인으로 남았던 이유다.

작은 고추가 맵다

사물인터넷이 나아가는 길에 경제나 기술적 장벽은 없다. 이러한 일의 숨은 영웅이 바로 마이크로컨트롤러microcontroller(마이크로프로세서와 입출력 모듈을 하나의 칩으로 만들어 정해진 기능을 수행하도록 한 컴퓨터 – 옮긴이)다. 마이크로컨트롤러는 작은 용량의 메모리와 주변 부품 등 간단한 프로세서로 구성된다. 마이크로컨트롤러는 몇 밀리미터 정도의 작은 크기다. 제조비용 역시 몇 페니에 불과하다. 핵심 기능은 몇 밀리와트의 저전력을 소비하므로 배터리 전지나 작은 태양 전지로 수년간 작동할 수 있다. 또한 현재 수십억 바이트의 메모리를 자부하는 개인용 컴퓨터와 달리, 마이크로컨트롤러는 겨우 몇천 바이트 메모리만을 장착할 수 있다. 이 정도 메모리는 오늘날 데스크톱 프로그램을 구동하기엔 부족하지만, 인터넷 개발을 위해 사용된 컴퓨팅 장치의 성능에는 부합한다.

1995년 경, MIT에 몸담았던 동료들과 더불어 우리는 인터넷 연결을 단순화하는 데에 이러한 마이크로프로세서들을 사용하기 시작했다. 이 프로젝트는 인터넷의 원조 설계자들과 함께 진행하는 공동 작업으로 발전했다. 그리고 우리는 사물인터넷으로 그 영역을 확장하기 위해 컴퓨터과학 전문가인 대니 코헨Danny Cohen과 공동 연구를 시작했다. 속도가 전보다 빠른 인터넷이라는 의미의 프로젝트가 '인터넷 2Internet 2'로 명명되었기 때문에 우리는 속도가 전보다 느려지고 통신 방식이 단순해진 인터넷의 명칭을 '인터넷 0Internet 0'으로 사용하기로 했다.

'인터넷 0'의 목표는 초소형 장치에 인터넷 표준 방식인 인터넷 프로토콜 방식으로 통신을 연결하는 것이다. 스마트 전구와 스마트 스위치를 직접 네트워킹으로 연결해 인터넷에 접속된 컨트롤러와 통신하지 않고서도, 우리는 장치들이 상호 간에 직접 통신해 전등을 켜거나 끄도록 할 수 있다. 이런 방식을 사용하면서 컨트롤러의 성능에 제한을 받지 않으면서도, 전구와 스위치가 통신하는 새로운 애플리케이션을 개발할 수 있다.

　장치들이 인터넷에 연결되면 어려운 문제도 단순해진다. 익히 알려진 바코드의 새 버전인 전자제품코드Electronic Product Code를 떠올려보자. 소매업자들은 무선 통신 방식의 인식 태그를 상품에 부착해 이러한 전자제품코드를 사용하기 시작했다. 전자제품코드 개발자들은 많은 노력을 기울여 가능한 한 모든 제품을 중앙에서 추적하려 했다. 그러나 장치들이 인터넷에 연결되면, 태그에 정보를 기록하는 방식 대신에 상황에 따라 다양한 명령을 전송하는 인터넷 데이터 통신 방식을 사용할 수 있다. 즉 상점 계산대의 약병 태그가 제품의 데이터베이스와 통신할 수 있으며, 병원에서는 환자 기록의 데이터베이스와 통신할 수 있다.

　인터넷 연결의 단순화와 더불어 인터넷 0 프로젝트는 사물 간 연결을 위한 네트워킹도 단순화했다. 훨씬 빠른 네트워크에 대한 요구 때문에 각 네트워크 매개는 데이터를 전송하기 위한 개별 표준은 물론, 이에 따른 개별 보안 방안도 수립해야 했다. 예를 들어, 모스 부호는 전송할 때 깃발을 사용하든 빛을 사용하든 결과는 같아 보인다. 마찬가지로 인터넷 0도 매개가 무엇이든 관계없이 전송하는 데이터 내용은 같다. 또한 인터넷 프로토콜과 같이, 인터넷 0도 최적은 아니다. 그러나 속도 대신 저렴한 비용과 단순한 기능을 택한 것이다. 이러한 선택은 이치에 들어맞는다. 왜냐하면 매우 빠른 속도가 필수적인 사항은 아니기 때문이다. 즉 일상에서 백열전구에는 광대역 영화를 볼 만큼의 기능이 필요치 않다.

사물에 인터넷을 구현하는 또 하나의 혁신이 바로 기존 IP에서 새 버전 IP로 전환하는 일이다. 이 작업은 현재 추진 중이다. 'IPv4'라고 부르는 기존 표준의 설계자들은 1981년에 표준을 적용할 당시 32비트(1 또는 0)를 사용했다. 인터넷에 연결된 각 장치의 고유 식별자인 전체 40억 개의 IP 주소를 수용하기 위해서였다. 당시에는 이것이 대단히 큰 숫자로 보였다. 그러나 IP 주소를 지구촌의 모든 인류에게 하나씩 배정하기에는 역부족인 상황이 되었다. 이처럼 IPv4에서는 주소를 다 써버렸기 때문에 이제 새로운 버전인 IPv6로 대체하고 있다. 이 새로운 표준은 128비트의 IP 주소를 사용하면서 밤하늘에 뜬 별보다 많은 식별자를 생성한다. IPv6 덕분에 이제 온갖 사물이 자신의 고유 주소를 소유할 수 있게 되었다.

그러나 IPv6는 여전히 사물인터넷의 독특한 요구 사항을 만족해야 한다. 메모리와 속도, 전력 소모의 한계 때문에 장치들은 네트워크상에서 절전 상태나 이동 중일 때 간헐적으로 나타났다 사라졌다 할 수 있다. 또한 충분히 큰 숫자에서는 심지어 간단한 센서 장치마저도 재빨리 기존의 네트워크 인프라를 압도할 수 있다. 도시에 있는 수백만의 전력계와 수십억의 콘센트가 그 예다. 따라서 우리는 동료들과 협력체제를 구축하고, 이러한 수요를 감당하기 위해 인터넷 프로토콜의 기능을 보완하고 있다.

피할 수 없는 대세, 사물인터넷

현재 사물인터넷이 기술적으로 가능하다 해도, 이처럼 오랜 갈등 끝에 새 버전이 등장하는 바람에 실현하는 데 그만큼 제한을 받고 있다. 1980년대에 인터넷은 메인프레임 컴퓨터와 연결된 중앙 시스템인 비트넷BITNET이라는 네트워크와 경쟁했다. 메인프레임의 구매비용이 비쌌기에 그만큼 비트넷의 성장은 제한되었다. 즉, 개인용 컴퓨터를 인터넷에 연결하는 것이 더욱 이치에 맞는 상황이었다. 그러다가 마침내 인터넷이 성공을 일궈냈고, 비트넷은 1990년대 초가 되자 더는 사용하지 않게 되었다. 오늘날 비슷한 양상의 전투가 사물인터넷과 소위 사물비트넷Bitnet of Things이라는 방식 간에 벌어지고 있다. 주요한 차이점은 정보가 저장되는 위치에 있다. 즉 고유 IP 주소가 스마트 기기에 저장되는 것인지, 아니면 인터넷으로 사설 표준 제어기에 연결된 간단한 기기에 저장되는 것인지에 따라 차이를 보인다. 혼란스러운 점은 후자의 구현이 그 자체로 사물인터넷의 일부분을 차지하는 특성으로 자주 거론된다는 점이다. 인터넷과 비트넷에서 본 경우와 마찬가지로, 두 모델 사이의 차이점은 결코 의미론적인 부분이 아니다. IP를 네트워크의 최종단으로 확장하는 작업은 네트워크의 끝단인 사물에 일대 혁신을 가져오는 일이다. 그러나 장치를 인터넷에 간접적으로 연결하게 되면, 장치를 활용하는 데 걸림돌이 될 수 있다.

전기를 발생시키고, 제어하며, 소비하는 모든 것을 네트워킹으로 연결하는 '스마트 그리드smart grid'란 용어의 사용에서도 상반되는 의미가 나타난다. 스마트 그리드의 목표는 최대 사용 시간대의 사용량을 지능적으로 제어하는 것이다. 또한, 에너지의 효율적 사용을 유도하기 위해 차등 요금을 적용하는 것이다. 그뿐만이 아니라, 다수의 작은 재생 가능 자원에서 얻은 전력을 스마트 그리드로 환원해 결국 발전설비의 수요를 줄이는 것이기도 하다. 이처럼 그다지 '스마트'하지 않은 공공설비 중심의 이러한 기능들은 모두 중앙에서 제어하는 체계다. 그러나 반대로 인터넷 중심의 접근방식에서는 중앙에서 제어하지 않는다. 그리고 스마트 그리드 장비의 분산 특성이 주는 장점 덕분에, 인터넷 개발자는 전력 절감 애플리케이션을 설계할 수도 있을 것이다.

이러한 파워 그리드power grid의 온라인화 추진에는 사이버 보안에 대한 우려도 분명 제기된다. 그런데 중앙 제어는 오히려 이러한 문제를 한층 극대화할 수 있다. 인터넷의 역사를 통해 알 수 있는 사실은 폐쇄형 보안이 실효성이 없다는 것이다. 보안을 빌미로 내부에서 벌어지는 일에 대해 비밀에 부치는 시스템은 외부자가 점검하고 비판하도록 허용하는 시스템보다 취약한 것으로 드러났다. 인터넷 통신을 보호하기 위해 사용된 개방형 프로토콜과 프로그램은 많은 전문가 커뮤니티가 참여한 개발과 테스트의 산물이다.

과거에서 얻는 또 하나의 교훈은 보안의 가장 보편적인 약점이 기술에 있지 않고 사람에게 있다는 점이다. 시스템이 아무리 안전해도 그 시스템에 접근하는 사람은 고의든 우연히든 항상 오류를 일으키게 마련이다. 이처럼 중앙 제어 방식은 분산 시스템에서는 나타나지 않는 취약성을 지닌다.

보안의 반대편에는 프라이버시가 있다. 프라이버시는 사물인터넷에서 보호될 수 있다. 오늘날 사물 영역을 제외한 인터넷의 프라이버시는 암호화를 통해 보호되며, 실제 효과를 보고 있다. 또한 최근 개인정보의 대량 유출은 기업들이 자신들의 고객 데이터를 암호화하는 데 실패한 탓이지, 해커가 강력한 보호망을 뚫은 탓은 아니다. 암호화가 개인 장치의 수준까지 확장되면서, 이러한 장치의 소유자들은 자신의 개인정보에 대한 새로운 종류의 제어를 할 수 있게 될 것이다. 절대적인 기준에 따라 무조건 비밀을 유지하기보다 공유된 정보의 가치에 따라 등급을 매길 수도 있다. 즉 사용자는 자기 집의 사물에서 나오는 인터넷 데이터에 대해 그 데이터를 사유화하기 위해 방화벽을 설치할 수도 있고, 남과 공유할 수도 있다. 가령 식기세척기를 전력 사용이 뜸한 시간대에만 사용할 때 할인해주는 전력 공공기관에 데이터를 공유하도록 허용할 수도 있다. 또는 사용자가 건강보험사에 데이터 공유를 허용하는 대신, 건강보험사는 사용자에게 건강한 라이프스타일 서비스를 할인가에 제공할 수도 있다.

인터넷이 최초로 등장한 이후에 그 규모와 속도는 10의 9승만큼 성장했다. 이러한 성장은 개발자들의 예상을 훨씬 웃도는 수준이다. 그러나 인터넷이 이만큼 성장했다는 자체가 개발자들의 통찰력과 비전이 적중했다는 증거다. 이러한 성장을 주도해온 인터넷의 폭발적인 사용은 훨씬 놀랄 만하다. 이는 원래부터 계획했던 일이 아니다. 그러나 예상할 수 없는 용도에 대해 닫아두지 않고 여지를 남겨둔 개방 아키텍처가 일궈낸 결과다. 마찬가지로, 오늘날 사물인터넷의 차후 비전도 현재의 모습에 확실히 가려져 있다. 그러나 인터넷의 역사를 통해 알 수 있는 사실은 사물인터넷이 확장성 있고, 견고하고, 안전하며, 혁신을 독려하는 방향으로 발전해야 한다는 점이다.

인터넷을 정의하는 속성은 네트워크 간 연동이다. 이것은 지리적이고 기술적인 경계를 뛰어넘는 정보의 전달을 의미한다. 사물인터넷 덕분에 이제 정보가 데스크톱과 데이터 센터에 머무르지 않고, 세계의 모든 사물을 한데 모으는 역할을 하고 있다. 역설적이게도, 기술이 일상과 정교하게 통합될수록 눈에는 더 잘 보이지 않을 것이다. 인터넷의 미래는 문자 그대로 인터넷이 현실로 녹아들어 둘을 구분할 수 없을 정도로 보이지 않게 되는 것이다.

모바일 금융 혁명
휴대전화는 어떻게 경제개발을 추동하는가

제이크 켄들 빌&멀린다 게이츠 재단 빈민 금융서비스 책임자
로저 부어하이즈 빌&멀린다 게이츠 재단 빈민 금융서비스 이사

전 세계에서 하루 2달러 이하로 사는 인구가 약 25억 명인데, 이들이 늘 만성 빈곤에 처해 있으리라는 법은 없다. 몇 년마다 전 세계 빈민 가구의 10~30퍼센트 정도가 전형적으로 안정된 일자리를 찾거나 사업을 키우거나 농업 수확량을 개선하는 등의 사업 활동으로 가까스로 빈곤을 벗어난다. 그러나 같은 기간 거의 같은 수의 가구가 빈곤선$^{poverty\ line}$(빈곤의 기준이 되는 선으로 절대적 빈곤선과 상대적 빈곤선이 있다. 여기서는 절대적 빈곤선을 의미하며 세계은행$^{World\ Bank}$은 1.25달러를 그 기준으로 삼고 있다 - 옮긴이) 아래로 떨어진다. 건강이 악화되는 등의 위급 상황이 이러한 빈곤의 가장 일반적인 원인이다. 그러나 여기에는 흉작을 비롯해 가축의 죽음, 농기구의 고장, 심지어 결혼비용까지 훨씬 많은 이유가 포함되어 있다.

많은 경우에 이처럼 심각한 타격을 줄여줄 완충 장치는 개인 저축이나 보험, 신용 거래 또는 가족과 친구가 보내주는 현금 송금과 같은 금융 수단이다. 그러나 그들에게는 이러한 도구도 무용지물이나 다름없다. 전 세계 빈민 대부분은 가장 기본적인 은행 서비스마저 이용할 수 없기 때문이다. 세계적으로 이러한 빈민의 77퍼센트는 저축예금 계좌가 없다. 가령 사하라 사막 이남의 아프리카에서는 이 수치가 85퍼센트에 달한다. 훨씬 많은 수의 빈민이 공식 신용 거래나 보험 상품을 이용할 수 없는 실정이다. 주요 문제는 빈민에게 저축할 돈이 없다는 것이다. 그러나 관련 연구에 따르면, 빈민은 저축할 돈이 없는 것이 아니라 수익성 있는 고객이 아니라는 이유로 은행 등 금융 서비스의 혜택에서 멀어져 있다. 결과적으로, 빈민은 그때그때 자질구레한 비정규직 일자리로 연명하며 위태로운 생계를 꾸려가고 있다.

지난 수십 년 동안 빈민들에게 수백만 건의 소액대출을 제공한 소액대출 프로그램은 이러한 문제를 다뤄왔다. 2006년에 노벨 평화상을 받은 그라민은행Grameen Bank과 같은 기관에서는 주별로 대출금을 상환하는 집단대출group loans(대출을 받으려는 사람들을 집단으로 만들어 공동 책임으로 연대해 운영하는 대출 – 옮긴이)과 같은 신규 금융 서비스를 운영해 인상적인 결과를 도출해냈다. 오늘날 소액금융 산업은 약 2억 명에게 대출을 제공한다. 이것은 확실히 괄목할 만한 성과다. 그러나 이러한 서비스도 공공 금융 서비스를 이용하지 못하는 20억 빈민의 수를 단지 조금 줄여줄 수 있을 뿐이다.

소액금융은 성공을 거두었으나 주요 장애물에 부딪혔다. 너무 많은 소액금융 건을 관리하느라 간접비가 상승하는 바람에 소액융자와 관련된 이자율과 수수료가 가파르게 상승한 것이다. 상승률이 때로는 연 100퍼센트에 육박하기도 했다. 더욱이 정확한 수치를 보이는 많은 현장 조사에 따르면, 대출 프로그램이 돈을 빌리려는 자에게 성공적으로 대출을 이행해도, 이에 따른 사업 활동의 증가는 제한적일 뿐이며 빈곤율도 별다른 감소치를 보이지 못했다. 수년간 개발 커뮤니티는 대출과 기업가 정신이 상당히 많은 사람을 가난에서 구제했다고 홍보해왔다. 그러나 실상을 보면 허울에 불과했음을 알 수 있다.

그러나 다음에서 볼 두 가지 전망은 차세대 금융 관련 노력에 밝은 전망을 제시해준다. 첫째, 모바일 기술이 개발도상국에 진출해 놀라운 속도로 확산되었다. 세계은행에 따르면, 이제 전 세계 빈민의 약 90퍼센트가 모바일 통신 서비스를 이용하고 있다. 그리고 개발도상국에 사는 100명 중 평균 89명 이상이 휴대전화 계좌를 개설했다. 이것은 실로 엄청난 기회로 연결된다. 모바일을 토대로 한 금융 수단은 빈민들에게 은행 서비스를 제공하는 비용을 급격히 낮출 수 있다.

둘째, 최근 경제학자와 연구원들은 앞으로 금융 상품을 공표하려는 목표로 정밀한 연구에 바탕을 둔 훨씬 더 풍부한 사실을 축적해왔다. 초반에 빈민용 소액금융 프로그램의 실제 가치를 전망한 두 논점은 대체로 '입증되지 않은 관측'이라는 논점과 '직감에 따른 판단'이라는 논점으로 점철되었다. 그러나 지금은 이용할 수 있는 조사 자료 수가 수백 건이나 된다. 따라서 모바일 기술이 가져온 저비용의 유연한 금융 모델과 금융 서비스 계획의 지침이 되는 조사증거 덕분에 빈민에게 실제 가치를 제공할 중대한 기회를 창출했다.

먼저 돈을 보여줘라

모바일 금융은 기존 금융 모델보다 적어도 세 가지의 주요 장점을 가지고 있다. 첫째, 디지털 거래의 비용이 원칙적으로 무료라는 점이다. 직접 서비스와 현금 거래는 일반적인 은행 업무 비용의 대다수를 차지한다. 그러나 모바일 금융 고객들은 자신의 돈을 디지털 형태로 유지하기 때문에 은행이나 모바일 서비스 제공자에게 상당한 거래비용을 물리지 않으면서도 원격 거래 상대방에게 수시로 송금하고 수취할 수 있다. 둘째, 모바일 통신이 은행을 비롯한 서비스 제공자가 활용할 수 있는 풍부한 정보를 제공한다는 점이다. 이 풍부한 정보로 더욱 수익성 있는 서비스를 개발할 수 있을 뿐 아니라, 공식 신원 정보나 금융 이력이 없어 신용 등급이 낮은 고객에게도 금융 서비스를 제공할 수 있다. 셋째, 모바일 플랫폼이 실시간으로 은행과 고객을 연결한다는 점이다. 은행이 즉시 계좌 정보나 독촉장을 보낼 수 있음은 물론, 고객 스스로도 신속하게 서비스를 신청할 수 있다.

다시 말해서 모바일 금융은 엄청난 잠재력을 가지고 있다. 물론 기존의 신용과 저축, 보험이 주는 혜택은 명확하다. 그러나 대부분 빈민 가구에서는 돈을 송금하는 이 간단한 기능이 못지않게 중요하다. 가령 최근 갤럽이 11개 사하라 사막 이남의 아프리카 국가에서 시행한 여론 조사에 따르면, 50퍼센트가 넘는 성인이 30일 이내에 원격 수취인에게 적어도 한 건의 송금을 했다. 그리고 그들 가운데 83퍼센트는 현금 송금을 했다. 이러한 송금의 목적이 공납금이든 아니면 가족 생활비든, 이전에는 상당수가 이런 돈을 운전기사나 친구에게 부탁하거나 스스로 전달해왔다. 문제는 이런 방법이 치러야 할 대가가 너무 크다는 점이다. 물리적으로 현금을 옮기는 일이 특히 사하라 사막 이남의 아프리카에서는 위험천만하고, 믿을 수 없으며, 느려터진 방법이기 때문이다.

빈민에게 좀 더 나은 선택권이 있다면 어떤 일이 벌어질지 상상해보자. 최근 케냐에서 실시한 한 조사에 따르면, 고객들이 엠페사 M-Pesa(모바일 결제 서비스로 'M'은 모바일, 'Pesa'는 스와힐리어로 돈을 의미한다 - 옮긴이)라 불리는 모바일 머니 상품을 이용하면서 돈을 전송하는 네트워크의 크기와 효율성이 증대되었다. 엠페사를 소지한 고객은 자신의 휴대전화상 모바일 계좌에 돈을 보관할 수도 있고, 버튼만 누르면 송금할 수도 있다. 이러한 모바일 머니는 입원이나 주택 화재와 같은 예기치 않은 사건이 발생해 경제적으로 충격을 받을 때 아주 유용하다. 엠페사를 이용하는 가구들은 좀 더 크게, 좀 더 멀리 커버하는 가족과 친구의 네트워크를 활용해 더욱 많은 금융 지원을 누렸다. 결과적으로 그들은 끼니를 규칙적으로 해결하고 아이들을 계속 등교할 수 있게 하면서도, 어려운 시기를 어느 때보다 잘 버텨

탄자니아 이링가 지역의 상점가. 사하라 사막 이남에서 모바일 금융은 엄청난 잠재력을 가지고 있다.

낼 수 있었다.

소비자 입장에서 엠페사가 주는 혜택은 자명하다. 오늘날 케냐의 금융산업심화기금Financial Sector Deepening Trust이 실시한 한 조사에 따르면, 케냐 성인 62퍼센트가 실제 계좌를 보유하고 있다. 케냐가 엠페사를 성공시킨 이후에 다른 국가들도 저마다 자국 버전의 모바일 머니 상품을 출시했다. 탄자니아에서는 가족 구성원 중 모바일 머니 상품에 등록한 사람이 있는 가구가 47퍼센트 이상이었고, 우간다에서는 26퍼센트의 성인이 모바일 머니 사용자다. 이처럼 모바일 머니의 가입률은 가히 놀라웠다. 이와는 반대로, 소액대출은 해당 프로그램이 있는 지역에서 10퍼센트를 넘지 못했다.

모바일 머니는 긴급 송금 이상의 가치가 있다. 가령 다른 지역에서 일하는 가족이 보내주는 정기적 송금은 많은 빈민 가구 수익에서 상당한 몫을 차지한다. 최근 남아시아에서 실시한 한 갤럽 조사에 따르면, 송금을 받은 가구 중 72퍼센트가 현금 송금이 자신들의 경제 상황에 '매우 중요한' 자금이라고 밝혔다. 또한 소기업주에 대한 조사에 따르면, 효율성을 높이고 고객 토대를 넓히기 위해 대부분이 모바일 결제를 활용하고 있었다.

더욱이 이러한 기술은 특히 정부 서비스에 대한 이용률을 높이면서 사람들이 규모가 큰 공공기관과 소통하는 방식을 완전히 바꾸어 놓았다. 터프츠대학교의 한 연구원이 니제르에서 실시한 한 조사에 따르면, 가뭄 동안에 사람들이 휴대전화로 긴급 정부 지원을 요청할 수 있도록 했을 때 직접 현금 보조금을 받은 사람들보다 휴대전화로 긴급 정부 지원을 요청한 사람들이 좀 더 나은 식생활을 누렸다. 연구원들은 현금 송금과는 반대로 여성이 남성보다 디지털 송금을 사용할 가능성이 크며, 양질의 식품에 돈을 소비할 가능성이 크다고 결론 내렸다.

정부 역시 소비자만큼 이득을 볼 것으로 전망된다. 인도에서 시행한 매킨지McKinsey 연구에 따르면, 정부는 모든 결제를 디지털화함으로써 연간 220억 달러에 이르는 돈을 절약할 수 있다. 국가들에 전자 결제 시스템을 도입하도록 도와주는 비영리단체 베터댄캐시얼라이언스Better Than Cash Alliance의 연구에 따르면, 멕시코 정부가 전자 결제 (1997년에 서비스 시작) 시스템으로 전환하면서 임금과 연금, 사회복지에 드는 지출이 연 3.3퍼센트씩 거의 13억 달러가 절감되었다.

휴대전화로 어디서든 예금한다

선진국에서 은행가들은 비교적 간단한 넛지^{nudge}(부드러운 개입을 통해 타인의 선택을 유도한다는 의미로, 행동경제학자 리처드 탈러 시카고대 교수와 카스 선스타인 하버드대 로스쿨 교수의 공저인 《넛지》에서 소개된 표현 - 옮긴이)가 장기적인 고객 행동에 큰 영향을 미칠 수 있다는 사실을 오래 전부터 인지하고 있었다. 은행은 정기적으로 고객들에게 퇴직연금 401K(미국 근로자 퇴직소득보장법의 401조 K항 때문에 붙여진 이름으로, K항은 퇴직연금에 대한 세제 혜택을 규정하고 있는 조항이다 - 옮긴이)에 자동 가입을 승인하도록 권한다. 또한 봉급에서 보통예금 계좌로 자동 입금을 설정하도록 권한다. 그뿐만 아니라 특정 목적을 위해 저축하는 특별 계좌를 개설하도록 권한다.

개발도상국에서 실시한 여러 조사에 따르면, 오히려 빈민들은 급전을 써야 하는 압박을 수시로 받기 때문에 부자들보다 이러한 넛지 같은 의사 결정 지원 도구가 훨씬 많이 필요하다. 게다가 휴대전화는 넛지를 쉽게 이용할 수 있게 해준다. 가령 일련의 연구에 따르면, 고객들은 자신의 저축예금 계좌에 규칙적인 입금을 하도록 촉구하는 문자 메시지를 받을수록 입출금의 균형을 더 잘 맞춰나간다. 또한 상당한 과태료와 더불어 금융 규율을 부과하는 이른바 약정 계좌와 같은 좀 더 엄격한 방식도 효과적인 것으로 드러났다.

많은 빈민은 저축을 권장하는 금융 메커니즘에 대해 이미 관심을 표명했다. 아프리카에서는 여성들이 흔히 자신들의 주별 모임 참여와 입출금 일정을 엄격하게 관리해주는 '순번제 저축 및 대출조합

ROSCAs'이라는 조직에 가입한다. 조사에 따르면 카메룬과 잠비아, 나이지리아, 토고 같은 나라들에서 모든 성인의 반 정도가 순번제 저축 및 대출조합의 회원이며, 이와 유사한 계 조직이 아프리카 전역에 퍼져 있다. 또한 조사는 계원들이 정기적 지급에 대한 규율과 공동체 사회 규범에 매력을 느끼고 있다는 사실을 보여준다.

모바일뱅킹 앱은 훨씬 효과적으로 금융 원칙을 촉진해주는 잠재력을 지닌다. 표면적으로는 금융 원칙을 장려하기 위해 설계된 미미한 특징들이 사실상 사람들을 금융 번영의 길로 안착시키는 데 많은 역할을 할 수 있다. 한 실험에서 연구원들은 말라위에 사는 일부 소규모 농부의 수확물 수익이 곧장 약정 계좌로 입금될 수 있도록 했다. 이 옵션을 제공받아 참여하기로 한 농부들은 그렇지 않은 농부들보다 비료나 농기계 등 영농 재료에 30퍼센트를 더 투자했다. 결국 이러한 결정은 수입에서 22퍼센트의 증가와 수확 후 가계 소비에서 17퍼센트의 증가를 끌어냈다.

부유한 가구와 마찬가지로, 가난한 가구들에도 별개의 간단한 대출은 실효성이 없다. 즉 그들에게는 위험을 줄이고, 투자금을 조성하고, 저축을 늘리며, 송금을 하는 등 각 분야의 협력체제로 돌아가는 종합금융 수단이 있어야 한다. 가령 보험은 돈을 빌리는 사람이 어떻게 사업에 투자하느냐에 상당한 영향을 미칠 수 있다. 최근 가나에서 실시한 한 현지 조사에서는 개별 농부 집단에 영농 투입금이나 작물보험, 또는 둘 다에 투자할 수 있도록 보조금을 지급했다. 작물보험에 가입된 농부들은 보험에 가입되지 않은 농부보다 경작에

평균 266달러를 더 썼다. 영농 투입금 중에서도 특히 화학비료, 땅 고르기, 농부 채용에 좀 더 투자했다. 보험에 가입한 사람이 투자를 더 많이 한 것을 볼 때, 이것은 보험에 가입하지 않은 농부들이 보조금이 없어서 투자를 못 한 것이 아니라 보험 가입에 따른 리스크를 줄일 수 없어서 투자를 못 한 것임을 알 수 있다.

모바일 앱 덕분에 은행은 엄청나게 많은 고객에게 즉각적으로 이러한 서비스를 제안할 수 있다. 2012년 11월에 아프리카상업은행 Commercial Bank of Africa과 통신회사 사파리콤Safaricom은 엠페사 사용자에게 이자가 붙는 저축예금 계좌를 휴대전화로 개설하고 단기 대출에 가입할 수 있도록 한 엠스와리M-Shwari라는 상품을 내놓았다. 상품의 수요는 가히 폭발적이었다. 사용자가 직접 가입할 때 걸리는 시간을 효과적으로 제거한 덕에 상품 출시 후 석 달 만에 약 100만 계좌가 개설되었다.

모바일 플랫폼은 많은 고객을 유치하고 고객 습성을 실시간으로 추적하여 많은 양의 유용한 데이터를 생성하고 있다. 가령 사람들의 통화와 거래 유형을 보면, 특정 고객군의 행동 양상에 대한 유용한 지식을 얻을 수 있다. 즉 소득수준이나 근무 상태, 사회적 유대감이나 결혼 상태, 신용도 등의 편차를 보면 해당 고객이 어떤 행동 양상을 보일지 알 수 있다. 많은 연구에서 이미 특정 상품이 지닌 특성이 그룹별 차이를 나타냈다. 케냐에서 실시한 한 연구에서 연구원들은 고객에게 낮은 수수료로 현금을 인출할 수 있도록 하고, 업무시간 후와 주말에 저축예금 계정을 이용할 수 있도록 하는 현금 ATM 카드를 제공했다. 이러한 변화는 케냐에 사는 남편들에게 유리하게 작용했고, 아내들에게는 불리하게 작용했다. 즉 남편들이 부부 명의의 공동 예금 계좌에 저축한 돈을 더욱 쉽게 인출할 수 있었기 때문이다. 이러한 ATM 카드가 나오기 전에 아내들은 높은 인출 수수료나 은행 이용 시간의 제한이라는 이유를 내세워 남편들이 인출을 못 하게 할 수 있었다. 더욱이 직접 은행 지점을 방문해 돈을 인출하는 일은 남편들이 일하는 동안 대개 아내들의 몫이었다. 그러나 ATM 카드가 나온 후로는 남편들이 ATM에서 직접 현금을 뽑으며 행동 양상에 변화를 보였다.

물리적인 지점은 여전히 중요하다

기본적인 은행 기반시설의 높은 비용은 금융 서비스를 빈민에게 제공하는 데 가장 큰 걸림돌이 될 수 있다. 은행들은 대부분 ATM과 지점을 빈국의 좀 더 부유하고, 밀집되어 있으며, 안전한 장소에 둔다. 이러한 기반시설 비용이 때로는 더 가난한 지역과 더 시골인 지역에서 발생하는 잠재적 수익의 성장을 위축시킨다. 이와는 반대로, 모바일뱅킹에서는 은행들이 훨씬 낮은 비용으로 밀접한 거래 지점 망을 창출하면서 기존 상점은 물론 시장 가판대에서도 거래가 가능하도록 할 수 있다.

그러나 고객들이 모바일 금융 서비스에서 충분한 이득을 얻으려면 현금 거래를 위해 실제 지점에 가는 일이 여전히 중요한 문제다.

케냐의 엠페사 프로그램 조사원들이 엠페사 가맹점의 위치와 엠페사를 이용하는 가구의 위치를 상호 비교한 결과에 따르면, 각 가구는 현금 및 고객 서비스의 이용이 가능한 엠페사 가맹점과 가구의 거리가 가까울수록 서비스의 혜택을 좀 더 잘 누렸다. 즉 엠페사 금융 서비스가 아무리 필요한 고객이라도 그 거리가 일정 범위를 넘어서면 서비스의 이용 자체가 어려워진다는 것이다.

한편 많은 조사에서 밝혀진 내용에 따르면, 금융 시스템의 물리적인 지점이 많을수록 지역 경제를 살리는 데 도움이 되었다. 인도 조사원들은 은행이 더욱 수익성 있는 도시에서 개업하도록 하는 운영 허가 대신에 지방에서 지점을 열도록 하는 규제의 효과에 대해 기록한 바 있다. 이 정보에 따르면, 인도에서 시행된 프로그램 덕분에 은행 지점이 개설된 지역의 대출과 농업 생산이 상당히 증가했을 뿐 아니라, 빈민의 수도 4~5퍼센트 감소했다. 멕시코에서 실시한 유사 조사에 따르면, 은행 지점이 개설된 지역의 비공인 개인 사업가의 수가 7.6퍼센트나 증가했다. 이에 따른 파급 효과도 나타났다. 즉 고용에서는 약간의 증가세를, 수입에서는 7퍼센트 상승률을 기록했다.

이처럼 금융 수단에 접근할 수 있게 되면 서비스가 낙후된 경제에 자극이 될뿐더러, 위기 시에 이 금융 서비스를 빈민 가구의 구제 도구로 활용할지 아니면 금융 쇼크의 완화책으로 활용할지 결정할 수 있다. 새로운 조사 덕분에 어떤 특징을 갖는 금융 서비스가 고객의 삶을 가장 많이 향상시키는지 폭넓은 시야를 갖게 되었다. 또한 휴대전화 사용이 급증하면서 이제 이런 모바일 금융 서비스를 전보다 더욱 많은 사람에게 제공할 수 있게 되었다. 이러한 두 흐름은 필요한 사람에게 삶을 바꾸는 금융 서비스를 제공하는 역할을 톡톡히 해내고 있는 은행과 휴대전화 기업, 소액대출 기업, 기업가들이 더 폭넓은 혁신을 주도하도록 하나의 터전을 마련했다.

합성생물학
생물학의 거침없는 신세계

로리 개릿 미 외교협회 글로벌 헬스 부문 선임연구원

2010년 5월, 최고 갑부이자 생명공학 분야 최대 거물이 새로운 인공 생명체의 탄생을 알렸다. 바로 제이 크레이그 벤터J. Craig Venter로, 그는 7년 전 유전자 코드 정보로 정상 기능하는 생명체를 만든 최초의 인물이었다. 벤터와 그의 팀은 DNA를 이용해 뉴클레오타이드nucleotide라는 100만 개가 넘는 코드화된 유전자 정보의 새로운 유전자 염기서열을 조합했다. 일명 박테리아를 잡아먹는 '파이 – 엑스174Phi-X174'라는 바이러스의 DNA 염기서열을 바라보며, 그는 내심 '컴퓨터상의 이 코드 정보를 토대로 진짜 DNA를 만들 수 있겠다'고 생각했다. 그리고 파이 – 엑스174의 게놈 코드를 바탕으로 바이러스 제조에 착수했다. 나중에 그는 같은 방법으로 좀 더 크고 복잡한 생명체의 DNA를 만들었다. 벤터가 이끄는 팀은 인공 박테리아

세포의 제조법을 알아내 자신들이 만든 인공 DNA 게놈을 박테리아 세포 안에 삽입하고, 자신들이 합성한 유기 생명체가 드디어 움직이고, 섭취하며, 스스로 복제하는 모습을 지켜봤다.

벤터는 이 과정을 지켜보며 다가올 일을 인식하지 못하는 대다수 인류에게 경종을 울리려고 했다. 이를테면 그는 2009년 인터뷰에서 다음과 같이 주의를 환기시켰다. "일단 우리가 승인받은 게놈을 활성화하면 이 일은 아마도 사람들의 생명관에 영향을 줄 겁니다." 벤터는 자신의 신기술을 '합성게놈학Synthetic Genomics'이라고 정의했다. "합성게놈학은 디지털생물학이라는 컴퓨터 디지털 세계로 시작해 매우 특수한 목적을 지닌 새로운 DNA 구성체를 만드는 일입니다. …… 이를테면 생명 법칙을 알아낼수록 우리가 자기학습 로봇공학과 자기학습 컴퓨터 시스템을 개발할 수 있게 될 거란 의미죠. 그야말로 매우 빨리 학습하는 신시대의 서막이 열리는 겁니다." 그는 말을 이었다. "미래에 이런 기술은 인간의 모든 일상을 완전히 바꿔놓을 겁니다."

오늘날 일부에서는 벤터가 진행한 새로운 박테리아 생성을 가리켜 '4D 프린팅4-D printing'이라고 한다. 2D 프린팅은 우리가 매일 하는 일이다. 즉 컴퓨터 키보드상에서 '출력' 명령을 내려 구식 잉크젯 프린터에서 기사 등을 출력하는 일을 말한다. 근래에는 제조업자와 건축가, 예술가 등 많은 사람이 3차원 제품의 제조를 위해 컴퓨터 생성 디자인을 이용한 3D 프린팅에 나서고 있다. 그들이 3D 프린터 장치에 장전하는 재료는 플라스틱에서부터 탄소, 흑연, 심지어 식자재에 이르기까지 다양하다. 4D 프린팅에서 제조업체는 다음의 중요한 단계를 밟는다. 이른바 자기조립self-assembly 또는 자기복제라고 하는 과정이다. 이는 인간에서 시작된 아이디어를 컴퓨터상에서 처리해 완료하고, 이것을 3D 프린터로 보내 스스로 복제와 변환이 가능한 결과물을 얻는 과정을 말한다. MIT의 스카일러 티비츠Skylar Tibbits는 고체 재료를 사용해 자칭 '스스로 증식하는 프로그램화한 물질'이라는 복잡한 물질을 만든다. 벤터를 비롯한 수백 명의 합성생물학자는 이러한 4D 프린팅의 가장 좋은 사례가 생명체의 구성 요소인 DNA를 이용해 생명체를 만드는 일이라고 주장한다.

벤터가 이끄는 팀이 처음으로 파이 – 엑스174 바이러스 게놈을 만들 당시, 그는 합성된 게놈이 국가안보와 국민건강에 미치는 영향에 대해 대규모 분석을 의뢰했다. 결과 보고서는 새로운 과학의 적절한 관리에 걸림돌이 되는 다음의 두 가지 문제를 지적했다. 첫째, 합성생물학 연구가 너무 저렴해지고 쉬워진 탓에 정통적 훈련을 받은 생물학자가 더는 일선에서 근무하지 않고 있었다는 점이다. 이는 새로운 분야의 윤리, 전문적 기술 표준, 안전 문제에 대해 공유된 합의점이 없다는 사실을 의미했다. 둘째, 미국과 선진국 정부기관이 규제하는 일부 사례에서 기존 규제 기준이 너무 오래된 터라 실정에도 맞지 않고, 상당수 젊은 실무자에게도 알려지지 않았다는 점이다.

벤터의 연구진은 합성생물학의 비용이 계속 하락하면서 이 분야에 대한 관심이 고조되는 것은 물론, 자신들이 제기한 윤리적이고 실리적인 현안이 갈수록 수면으로 떠오를 것으로 내다봤다. 예측은 생각보다 더 잘 들어맞았다. 생물학의 또 다른 분야로 유전자 기능을 활성화하는 방법인 '기능획득GOF' 연구에서 새로운 돌파구를 마련하는 동시에 합성게놈학 분야에서는 많은 새로운 가능성, 도전, 국가안보 위협이라는 당면 과제도 더불어 떠안았다. 과학계는 이른바 '인간 중심의 진화human-directed evolution'와 상대적으로 양성 세균에 질병을 퍼뜨릴 위험한 능력을 부여하는 실험의 장점을 둘러싸고 논쟁을 벌이기 시작했다. 이러한 상황에서 글로벌 생물학 테러와 생물보안 수립은 여전히 불투명한 상태로 남아 있고, 중대한 위협과 그에 따른 최선의 대응 방안도 구태의연한 개념에 사로잡혀 있다.

미국에서는 의회와 행정부가 병원체와 독소로 알려진 한정 목록을 만들고, 이 목록에 대한 감독·감시·대응 체계를 마련하기로 각오를 다졌다. 그러나 국제연합UN과 생물무기금지협약Biological Weapons Convention 같은 대외 기구와 다국적 제도는 온건한 입장을 유지했다. 요컨대 관리 방식의 초점이 구舊생물학에 있었다. 즉 생물학의 구세계에서 과학자들은 실험실 외부에서 얻은 생물을 대상으로 실험 환경을 이리저리 바꿔가며 무슨 일이 일어나는지 들여다보는 식으로 생물의 세부 특징과 습성을 관찰하고 궁리했다. 그러나 생물학의 신세계에서 과학자들은 이제 생명체를 스스로 만들 수 있을 뿐 아니라 생명체를 내부에서부터 알아갈 수 있다. 2009년 당시 벤터가 한 말을 떠올려보면 감이 올 것이다. "우리가 지금껏 일궈온 일을 보면 완전히 놀라 자빠질 겁니다."

새로운 생명체를 코드화하다

벤터의 판도를 바꾸는 실험이 발표된 직후, 국립과학아카데미 산하 의학연구소에서는 전 세계 윤리와 과학, 국가안보 차원에서 이처럼 거침없는 새 생물학의 점검에 목표를 두고 특별 패널을 불러들였다. 텍사스 오스틴대학교의 앤드루 엘링턴Andrew Ellington과 재러드 엘렙슨Jared Ellefson은 새로운 혈통의 생물학자들이 과학의 미개척 영역을 넘겨받고 있다고 주장했다. 이 혈통은 IBM과 시스코, 애플을 낳은 기술 마법사가 한때 기본적인 전자공학, 트랜지스터, 회로를 바라봤던 것과 같은 방식으로 생명체와 DNA를 바라본다. 최고 민간 부문과 학계로 구성된 컴퓨터공학과 생물학 분야는 컴퓨터 과학자가 'DNA를 토대로 한 계산DNA-based computation'이라고 언급했고, 합성생물학자가 '생명의 유전자 회로 기판life circuit boards'이라 언급했듯이 두 학문 간에 상호 충돌과 융합을 거치며 변형해가고 있다. 생물학자들은 이제 바라던 대로 새로운 생명체를 코드화하는 공학자로 자리매김했다.

캘리포니아 주 라호야에 있는 스크립스연구소Scripps Research Institute의 제럴드 조이스Gerald Joyce는 이처럼 컴퓨터공학과 생물학 간의 경계가 희미해지면서 이제 생물학자들이 진화를 진두지휘하게 된 상황과 우리가 '진화론의 종말end of Darwinism'을 지켜보게 된 상황에 대해 우려를 내비친다. 조이스는 다음과 같이 언급했다. "지구 생명체Life on Earth가 매우 이질적 영역에 적응하면서 엄청난 복원력과 독창성을 입증했습니다. 아마도 생명체의 가장 귀중한 발명은 독창성을 확장할 만한 역량을 지닌 유전 시스템일 겁니다. 이 시스템은 합성생물학 체계에서는 당장 성취될 가능성이 적죠. 그러나 다윈의 진화론에서 말하는 환경에 적응하고 살아남는 과정을 통해, 일단 유전정보를 지닌 고분자가 생존에 유리한 유전적 변이를 물려받을 수 있다면, 결국 스스로 살아남을 수도 있습니다.”

이 말은 궤변이 아니다. 그동안 생물학은 적어도 원리증명proof-of-principle을 바탕으로 바이러스와 박테리아의 인위적 합성에 맞서는 온갖 주요 걸림돌을 제거해왔다. 2002년에 수니스토니브룩SUNY Stony Brook의 연구원들은 유전자 코드를 활용해 살아 있는 폴리오 바이러스polio virus를 만들었다. 그로부터 3년 후, 유행성 인플루엔자를 우려하던 과학자들은 연구 목적으로 1918년에 발병했던 치명적 스페인 독감 바이러스를 ‘재생성’하기로 하고 여기서 바이러스성 유전자의 핵심 요인을 발견했다. 당시 이 바이러스성 유전자는 2년도 채 안돼 스페인 독감 바이러스에 최소 5,000만 명을 죽이는 능력을 부여했었다. 이는 100년 전 화학 분야를 강타했던 ‘이중용도dual-use’ 연구의 딜레마가 한 세대를 보낸 후 물리학을 강타하더니, 이제 현대 생물학에서 중요한 화두로 등장하는 현실을 반영한다.

1898~1911년에 독일 화학자인 프리츠 하버Fritz Haber는 암모니아를 대량 생산하는 방법을 발견했다. 이 발견은 근대 화학비료 산업의 태동을 이끌며 농업혁명을 촉발했다. 그러나 같은 연구가 제1차 세계대전 동안에는 독일의 화학 무기 제조에 도움을 주었다. 이처럼 하버는 생물학에서 긍정과 부정을 오가는 노력을 모두 논할 때 중요

한 인물이었다. 하버가 노벨 화학상을 받은 지 3년 후, 알베르트 아인슈타인은 물리학에 대한 공로를 인정받아 노벨 물리학상을 받았다. 아인슈타인의 일대 혁신적인 이론, 즉 상대성·중력·질량·에너지에 관한 이론은 신비한 우주의 베일을 벗기고, 핵에너지를 활용하는 터를 닦았다. 그러나 아인슈타인의 이론도 원자폭탄이라는 상반된 결과를 낳았다.

그러므로 '이중용도 연구에 대한 우려DURC: dual-use research of concern' 문제, 즉 혜택을 가져올 수 있는 동시에 위험한 결과를 초래할 수 있는 문제는 이미 오래전에 화학과 물리학에서 확인된 사항이었고, 이는 각 분야에서 가장 우려스러운 연구의 응용을 제한하고자 하는 여러 국제협약을 촉발했다. 그러나 생물학은 적어도 이러한 관점에서 훨씬 뒤처졌다. 미국과 구 소비에트 연방은 물론 많은 국가가 비교적 제한이 없는 생물무기를 계속 개발했기 때문이다. 이러한 무기 개발 노력은 아직 많은 군사적 결실을 얻진 못했다. 생물무기를 긴히 사용하려는 쪽에서 세균을 재빨리 퍼 나르거나 목표물에만 피해를 주는 법을 발견하지 못했기 때문이다. 그러나 이 양상은 이제 변할 수 있다.

생물학에서 이중용도의 우려는 기능획득 연구로 지난 몇 년간 광범위한 언론의 주목을 받았다. 이러한 기능획득 연구는 실험실에서 인공 생물체를 먼저 만들어 잠재적 공포에 선제적으로 대응해나가고 있다. 2011년 9월 12일에 네덜란드의 로테르담에 있는 에라스뮈스메디컬센터Erasmus Medical Center의 바이러스학자 론 푸히르Ron Fouchier는 몰타에서 개최된 유럽 과학자실무위원회의 인플루엔자 콘퍼런스에서 발표자로 나섰다. 그는 거의 조류에게만 감염되는 조류인플루엔자 바이러스 H5N1을 인간에서 인간으로 전염될 수 있는 인플루엔자로 전환하는 법을 알아냈다고 발표했다. 그 시기에 때마침 조류인플루엔자에 걸린 인원이 565명뿐이라는 사실이 알려졌다. 이들은 아마도 새와 접촉해 발병한 것으로 보인다. 그런데 이들 중 331명이 사망하여 치사율이 무려 59퍼센트에 육박했다. 1918년 스페인 독감이 대유행했을 때 치사율이 겨우 2.5퍼센트였지만 무려 5,000만 명이 넘는 사람의 목숨을 앗아간 것으로 미루어볼 때, H5N1의 치사율은 잠재적으로 참사를 일으킬 만한 수준으로 보인다. 그나마 불행중 다행인 사실은 이러한 인플루엔자가 직접 인간에서 인간으로 쉽사리 퍼질 만한 계통으로는 아직 진화하지 않았다는 점이다. 푸히르는 몰타에 있는 과학자들에게 미국 국립보건원에서 기금 지원을 받는 자신의 네덜란드 에라스뮈스메디컬센터에서 조류인플루엔자를 족제비(인간 대용 실험용)에 전염시킬 수 있는 '변종 H5N1 바이러스'로 변이시켰다고 전했다. 그러나 그다음에 푸히르는 '매우 어리석은 짓'을 저질렀다. 바로 변이시킨 바이러스를 코를 통해 족제비에게 감염시키고 그 족제비에서 분리해 얻은 바이러스를 연속적으로 다른 족제비에 감염시켜, 포유동물에서 포유동물로 공기를 통해 감염될 수 있는 H5N1을 얻었던 것이다.

"이 바이러스는 매우 위험합니다." 푸히르는 〈사이언티픽 아메리칸Scientific American〉에 이처럼 밝히며 다음과 같은 질문을 던졌다. "이러한 실험을 끝까지 진행해야 할까요?" 그의 대답은 '그렇다'였다. 그 이유는 이러한 실험이 가져올 수 있는 실익 때문이었다. 우선 현실적으로 고위험 인플루엔자 유형을 식별할 수도 있었고, 백신을 투여할 대상을 만들 수도 있었다. 더욱이 H5N1의 공기 감염 가능성에 대해 세계에 경종을 울릴 수도 있었다. 한편 푸히르의 폭탄선언이 세상에 나오자마자, 국립보건원에서 기금 지원을 받는 또 한 명의 바이러스학자인 위스콘신대학교 가와오카 요시히로河岡義裕가 다음과 같은 사실을 밝혔다. 즉 자신도 같은 연구 끝에 족제비들 사이에 공기를 통해 전염될 수 있는 조류인플루엔자 형태를 얻었다는 것이다. 이 과정에서 가와오카는 인간에 대한 위험성을 줄이려고 실험용 H5N1 계통을 변경하는 식의 예방책을 취했다. 또한 두 연구자는 애초 최고치 바로 아래 등급인 생물안전등급 3등급BSL-3 연구실에서 실험을 진행했다.

그러나 푸히르와 가와오카는 이와 같은 예방책을 마련해두었음에도 많은 국가안보 및 공중위생 전문가들의 노여움을 피할 수 없었다. 전문가들은 잠재적인 대유행 인플루엔자의 계통을 고의로 만드는 일이 어떻게 정당화될 수 있는지 규명하라고 요구했다. 이에 따라 국립보건원의 사실상 익명 자문위원회인 국가생물안전자문위원회가 발족되었다. 국가생물안전자문위원회는 2011~2012년에 걸쳐 일련의 열띤 회의를 소집했다. 우선 2011년 12월에는 이처럼 포유동물에게 감염될 수 있는 새로운 형태의 조류인플루엔자 제조법을 절대 공개하지 않도록 주문하는 동시에 H5N1 조류인플루엔자 바이러스 실험이 초래할 만약의 사태에 만반의 대비를 했다. 또한 〈사이언스〉와 〈네이처〉에 서한을 보내, 두 사람의 논문 정보가 테러리스트의 실험에 악용될 가능성에 우려를 표하며, 푸히르와 가와오카의 논문에서 세부 방법과 관련된 정보를 편집할 것을 요청했다.

미네소타대학교의 공중보건 전문가이자 자문위원회 위원인 마이클 오스터홀름Michael Osterholm은 이 상황에 특별한 우려를 내비쳤다. 그는 현 상황이 티핑 포인트tipping point(작은 변화들이 어느 정도 기간을 두고 쌓여, 이제 작은 변화가 하나만 더 일어나도 갑자기 큰 영향을 초래할 수 있는 상태가 된 단계-옮긴이)에 다다랐다고 느꼈고, 과학자들이 이제 하던 일을 멈추고 장래에 선의로 이 일을 할 사람들이 안전하게 작업할 수 있게끔 적절한 전략을 수립해야 한다고 생각했다. "이 일은 실제로 많은 당사국이 국제적인 수준에서 고려해야 할 문제입니다." 오스터홀름은 이어서 기자들에게 다음과 같이 이야기했다. "인플루엔자는 그런 면에서 단연 타의 추종을 불허합니다. 생물안전 4등급 연구실에서 작업하는 많은 다른 병원체가 우리가 인플루엔자에서 보는 것과 같은 그런 전파력을 지니고 있지는 않습니다. 이런 병원체들 중에는 그리 위험하지 않은 병원체들도 많지요. 그러나 인플루엔자는 그 잠재 전파력이 세계적인 수준인 병원체입니다."

국립생물안전자문위원회의 의장이었던 북애리조나대학교의 미생물학자 폴 케임Paul Keim은 지난 2001년 FBI가 탄저균anthrax 우편테러 배후의 범죄자를 추적하는 데 중추적 역할을 담당한 인물이다. 케임은 우편 봉투에 담겨 언론사와 정치 지도층에 보내진 탄저 포자의 근원을 추적하기 위해 새로운 유전자 지문 분석법을 개발했다. 그는 공공 안전에 대한 오스터홀름의 우려에 많은 부분 공감했으며, 탄 저균을 몸소 경험하면서 특히 테러리즘에 대해 난색을 표했다. "이 와 같은 특별한 실험이 세계를 파괴할 뭔가를 만들어냈는지는 분명 치 않습니다. 아마도 예의 주시해야 할 것은 다음번에 진행될 일련 의 실험들일 겁니다." 케임은 기자들에게 말을 이어나갔다. "그것이 야말로 세계가 논의해야 할 과제입니다."

그러나 마침내 2011년 12월에 '아무것도 공개하지 말자'던 그 결 정은 어떤 해결책도 끌어내지 못한 채 자문위원회의 주도로 4개월 만에 번복되었다. 푸히르와 가와오카가 성공적으로 무마시킨 셈이 었다. 결국 두 사람의 논문은 2012년에 모든 것을 담은 완본 그대로 〈사이언스〉와 〈네이처〉에 실렸고, 이로써 인플루엔자 바이러스에 대 한 이중용도 연구에 대한 일시적인 정지도 해제되었다. 이후 2013 년 초에 미국 국립보건원이 독감 바이러스 기능획득 연구에 대한 생 물학적 안정성과 제거지침을 잇달아 발표하긴 했으나, 이러한 제한 은 인플루엔자 작업에만 국한된 것이었다. 또한 오스터홀름과 케임 그리고 대체로 이러한 작업을 공공연히 반대하던 사람들이 물러나 자, 자문위원회는 다시금 모호한 태도로 돌아섰다.

글로벌 해결책의 향방은?

지난 2년간 세계보건기구^{WHO}는 H5N1 조류인플루엔자 바이러스 실험이 개봉한 판도라 상자의 글로벌 해결책을 모색하려고 두 번의 정상회담을 개최했다. 세계보건기구가 애초 역점을 둔 부분은 이 점이었다. 즉 독감 과학자들이 질병 감독과 유행병 발생 정보의 공유 문제를 풀어갈 때, 국가들 사이에 민감하게 유지되는 협정을 위반하지 않도록 하는 점이었다. 이것은 아주 실질적인 문제였다. 통상 2005년에 제정된 국제보건규칙에서는 유행병 발병 시에 세계보건기구에 권위를 두어 강제적으로 모든 국가가 전염병을 감시하도록 했다. 또한 어떤 전염병이라도 발생하는 즉시 보고하도록 했다. 그런데 이러한 국제보건규칙은 그 협상 기간만도 14년이나 걸렸고, 승인 첫날부터 인도네시아와 같은 일부 개발도상국의 반대로 진통을 앓았다.

인도네시아는 바이러스 표본의 공유에 반대했다. 서방 제약사들이 자사 제품에 전매특허를 얻으려 할 것이기 때문이다. 또 그렇게 되면 서방 제약사들은 결국 빈국에 고가 백신과 약을 팔아 거대한 이익을 챙길 것이 불을 보듯 뻔했기 때문이다. 따라서 인도네시아 국경 내부에서 퍼지고 있던 H5N1 조류인플루엔자 바이러스의 표본을 공유하는 데 대해 거절 의사를 밝혔던 것이다. 인도네시아는 세계 보건 커뮤니티, 특히 미국에 대해 대체로 근거 없는 비난을 퍼부었다. 심지어 그 이슈에 대해 애써온 미국 협상가들을 자국에서 추방하기까지 했다. 마침내 특별 대유행방지pandemic-prevention 협약이 타결되고, 2011년에 세계보건기구의 의사 결정 기구인 세계보건총회에서 승인을 받으며 이 협약은 국제보건규칙의 동반자 역할을 담당하게 되었다. 그러나 2012년까지 이러한 규칙에서 안전과 감독, 연구라는 필수 항목에 응한 국가는 35국이 채 안 되었다. 또한 H5N1 조류인플루엔자 바이러스의 많은 표본과 위험의 우려가 있는 다른 병원체도 아직 전 세계 당국과 데이터베이스에 공유되지 않았다. 공중보건 전문가들은 전 세계적인 유행병이 닥치고 나서야 각 당국이 당면한 위험을 알게 될 것을 우려하고 있다.

세계보건기구는 2011년 초 무바라크^{Mubarak} 정권을 무너뜨린 폭동이 일어났을 당시 이집트 카이로의 주요 공중보건연구소가 급습당했다는 사실을 알고 있었다. 그때 H5N1 조류인플루엔자 바이러스 표본을 비롯한 세균 용기들이 사라졌다는 사실도 알고 있었다. 인간에게 발생하는 질환이 세계에서 두 번째로 많은 이집트는 H5NI 문제 역시 기승을 부리는 나라다. 물론 폭도는 시험관에 담긴 내용물이 무엇인지 몰랐을 수 있고, 실험실의 전자 장치와 냉동 장비를 훔치는 데에만 관심을 쏟았을 수 있다. 그러나 급습 당시 독감 유리병이 파괴되었는지, 아니면 도난당했는지에 대해 누구도 확실히 말할 수 없는 상태다.

세계보건기구의 관점에서 볼 때 이집트의 사례에서 알 수 있는 사항은 다음과 같다. 네덜란드가 푸히르 연구의 확실한 보안을 위해 취했던 광범위한 보안 대비책은 다른 많은 국가의 생물학 연구실에서는 지켜지지 않았을 것이다. 이 점은 미국이 가와오카의 연구에 대해 고수했던 계획에서도 마찬가지로 작용했을 것이다. 세계보건기구 사무총장 마거릿 챈^{Margaret Chan}과 사무처장 케이지 후쿠다^{Keiji}

Fukuda는 2003년 발병했던 사스SARS의 기억을 떠올렸다. 당시 중국 지도자들은 사스의 발병 사실을 몇 달 동안 숨겼고, 그 결과 29개국으로 전염되는 결과를 초래했다. 세계보건기구는 국제보건규칙의 모든 규정을 준수한다고 주장한 여러 국가에서조차 이중용도에 관한 일관된 보안규칙이 없다는 사실을 알고 있었다. 대부분 아시아에서는 이러한 바이오 안정성에 대한 개념은 신개념이자 혼돈의 원천이었다. 유럽에서도 생명과학의 이중용도 연구나 생물안전biosafety, 생물보안biosecurity에 대해 일관된 규정이나 정의가 전혀 없었다. 유럽 국가들은 병원체와 세균보다는 유전자 재조합 식품에 훨씬 많은 우려를 나타냈다. 즉 그들은 생물안전에 관해 2000년에 채택된 카르타헤나 의정서Cartagena Protocol를 집행하는 데에 사로잡혀 있었다. 그러나 카르타헤나 의정서는 사실상 테러리즘이나 국가안보, 이중용도 연구에서 제기한 어떤 문제와도 관련이 없었다. 이 의정서의 집중 분야는 유전자재조합생물체genetically modified organisms이기 때문이다.

2012년 2월에 이중용도에 관한 세계보건기구의 첫 번째 정상회담이 열렸고, 여기서 푸히르와 가와오카는 실험 절차와 결과의 세부 사항을 과학계 동료들에게 밝혀야 한다는 압박을 받았다. 푸히르는 자신의 변종 바이러스에서 내비쳤던 자부심은 이 실험에 합성생물학 기술을 사용하지 않았고, 자신이 만든 바이러스가 갇힌 족제비 사이에서만 전염될 뿐 족제비를 죽인 일은 없다고 주장했다. 그가 이런 말을 하던 때만 해도 크게 우려할 사항 같아 보이지 않았다. 더욱이 당시 독감 바이러스학자들이 좌지우지하던 H5N1에 대한 기술적 자문의 영향을 받은 과학자들은 푸히르의 작업이 생각보다 위험성이 적다고 단정했다. 또한 이 작업에 대한 일시적 정지도 곧 해제되리라고 단정했다.

오스터홀름은 이러한 결정에 대해 격분했다. 그는 〈뉴욕 과학학회 연보〉에 미국과 세계보건기구가 '이중용도 연구에 대한 우려'에 대해 분명한 의정서가 없다고 제기했다. 나아가 보안을 결정할 만한 명확한 기준도 없으며, 글로벌 반응을 조율할 계획도 갖추지 못했다고 언급했다. 그러나 이 논쟁에 참여했던 많은 과학자들은 이에 대해 관심이 적었다. 오히려 그들은 잠재적 위험에 대한 과도한 걱정 때문에 기능획득 연구의 잠재적 공중보건 혜택이 위축된다고 볼멘소리를 늘어놨다. 또한 과학자들은 계속 진행된 미팅을 통해, 세균 무기 테러리즘이나 기능획득 연구, 합성생물학 연구에서 그 위험을 규명하거나 위험 정도를 측정할 실질 능력이 FBI와 CIA를 비롯한 정보국들에는 없는 것이 드러났다고 주장했다.

아이들이 미래의 주역이다

스탠퍼드대학교의 드루 엔디Drew Endy와 최근 성장세를 보이는 DIY 국제 생물학 운동의 리더 중 한 명인 우드로윌슨센터의 토드 쿠이켄Todd Kuiken 같은, 열려 있는 급성장 합성생물학 연구 분야 주창자들은 합성생물학이 지닌 어두운 면뿐 아니라 밝은 면에 대해서도 주의를 기울여야 한다고 주장한다. 엔디는 미국 경제의 2퍼센트를 이미 매년 12퍼센트씩 성장하는 유전공학과 합성생물학이 견인하고 있다고 평가한다. 그는 자신이 이끄는 스탠퍼드대학교 생체공학 부서가 매년 5억 달러의 예산으로 운영되고 있으며, 합성생물학이 가까운 장래에 경제와 기술의 호황을 이끌 주역이라고 예견한다. 금세기 초반 인터넷과 소셜 미디어 기술이 그랬던 것처럼 말이다.

요즈음 생물학을 공부하는 많은 학생이 기존 생명체의 유전공학과 새로운 생명체를 만드는 일이 이 분야의 최첨단 학문이라고 생각한다. 학생들은 과학전람회에서 경쟁을 하든 실험실에서 실험을 하든, 이런 활동 외에 이중용도 연구를 둘러싼 논쟁에 참여할 시간적 여유가 거의 없다. 그들은 그저 앞으로 나아갈 뿐이다. 대학생이 팀을 이뤄 새로운 생명체를 만들기 위해 경쟁하는 국제 대학생 합성생물학 대회는 2004년에 MIT에서 처음 개최되었다. 이 대회는 최근 고등학교 팀도 참가할 수 있도록 문턱을 낮췄다. 작년 대회에는 34개국에서 무려 190명여 명의 젊은이가 대거 참여했다. 이처럼 한 세대에서 공상과학으로 여겨지던 것이 또 다른 세대에서는 표준으로 자리매김하고 있다.

단 몇 년 사이에 합성생물학 연구는 비용이 저렴해지는 것은 물론 수행 방식도 수월해졌다. 그리하여 2003년에는 인간 게놈 프로젝트Human Genome Project에서 인간 게놈을 구성하는 모든 유전자의 염기서열을 밝혀 마침내 유전자 지도를 완성해냈다. 이 프로젝트는 비용만 해도 수십억 달러가 들었고, 참여 인원도 160개 이상의 연구실에서 수천 명의 과학자와 기술자가 대거 참여해 그야말로 문전성시를 이뤘다. 또한 프로젝트 기간도 무려 10년이 넘게 소요되었다. 그로부터 10년 후, 이제는 가정에서도 몇천 달러만 내면 직접 염기서열 분석 장비를 구매할 수 있는 환경이 되었다. 즉 집에서 24시간이 채지나기 전에 생명체의 전체 게놈에 대한 염기서열을 분석할 수 있게된 것이다. 이제 훨씬 짧은 시간 안에, 민간 기업이 우리의 게놈 염기서열을 분석해줄 것이며, 가격 또한 계속해서 낮아지고 있다. 염기서열 분석 비용은 지금까지 가파르게 하락했다. 그 때문에 선진국에서는 수익성 문제로 중국에 대규모 아웃소싱을 줘왔다. 이제 베이징과 상하이, 선전 지역 외곽의 방대한 창고형 연구실에서 자동화 염기서열 분석 장비가 유전자 정보를 해독하고 있으며, 가히 어마어마한 양의 정보를 대형 컴퓨터에 매달 저장하고 있다. 이 정보량은 제임스 왓슨James Watson과 프랜시스 크릭Francis Crick이 1953년에 DNA를 처음 발견한 이후부터 벤터가 2003년에 파이-엑스174 게놈을 합성할 때까지 축적해놓은 정보량의 총량보다 많은 양이다.

합성생물학 분야가 어떻게 운영되는지 이해하려면 실제 사례가 도움이 된다. 우선, 지하수가 오염된 지역의 식수에서 비소를 감지하는 법과 같은 합법적인 공중보건 문제를 떠올려보자. 그 해결책이 물 표본에 퇴적된 상태로 있다가 비소가 발견될 때 반짝이는 무해한 박테리아의 유전적 생성이라고 상상해보자. 사실상 자연계에 이런 생명체는 존재하지 않는다. 다만 개똥벌레와 일부 물고기와 같이 정말로 빛을 발하는 생물이 있기는 하다. 이러한 생명체들은 짝짓기를 하거나 위협을 감지했을 때만 반짝이므로 생물학적 점멸 스위치를 달고 있는 셈이다. 그리고 비소의 존재를 감지할 수 있는 다른 미생물도 있으며, 인간에게 해가 없고 실험실에서 다루기 쉬운 박테리아도 셀 수 없이 많다.

실험실에서 이러한 '비소 채취 박테리아'를 생성하기 위해 그 구성 요소를 결합하려면, 우선 컴퓨터에 적절한 소프트웨어 프로그램을 설치해야 한다. 또한 발광과 점멸 스위치는 물론 비소 감지 기능에 대해 코드화하는 적절한 DNA를 구입해야 한다. 이러한 DNA는 관련 기업들의 데이터베이스를 검색하면 된다. 다음으로는 무해한 박테리아를 구입해야 한다. 이때 DNA 구성 요소를 적절한 서열로 배열하고, 산출한 DNA 코드를 박테리아의 DNA에 삽입해야 한다. 이제 마지막으로 박테리아가 건강하고 자신을 복제할 능력이 있는지를 알아보는 검사가 필요하다. 여기서는 물이 든 병에 비소를 약간 떨어뜨린 다음 인조 박테리아를 약간 추가해 섞자. 물이 빛나기 시작하면, 제대로 된 것이다(약간 지나치게 단순화한 이 시나리오는 2006년, 국제 합성생물학 공모전에서 한 팀이 실제로 수행한 실험을 토대로 한 것이다).

이제 가장 난해한 작업인, DNA 구성 요소를 적절한 염기서열에 넣는 일이 남았다. 그러나 이 작업은 오랜 기간 작업 성공 확률이 그리 높지 않았다. 생합성의 세계는 3D 프린팅과 떼려야 뗄 수 없을 만큼 긴밀한 관계다. 따라서 과학자들은 이제 게놈을 생산하는 3D '바이오프린터bioprinter'에 뉴클레오타이드를 실을 수 있다. 그리고 그들은 한 도시에 있는 과학자들이 한 컴퓨터에서 유전자 염기서열을 디자인하고, 그 코드를 인터넷이 연결된 곳이면 어디든 그곳의 프린터로 보내는 방식으로 전 세계적인 협력체제를 구축할 수 있다.

그러나 이 코드는 구명용 의약품이나 백신을 생성하는 수단이 될 수도 있다. 또는 이 코드에는 10년 전 벤터의 파이－엑스174 바이러스를 인간 세포 살인 도구로 변형하는 정보를 담을 수도 있다. 아울러 항생물질에 저항하는 더러운 박테리아를 만드는 방법을 담을 수도 있으며, 완전히 새로운 바이러스 계통을 만드는 방법을 담을 수도 있다.

정보가 관건이다

이러한 생물학혁명을 추적하는 데에 그 핵심 요소가 정보뿐이라는 사실을 깨닫는 일은 이를 추종하는 자들에게는 무척이나 낙심되는 일이다. 바로 생물학혁명을 추적하는 극소수 국가안보 전문가와 법 집행 전문가를 두고 하는 말이다. 실제로 이 분야의 국내법과 세계법은 모두 현재 우려되는 에볼라 바이러스Ebola virus 같은 유기체를 제한하고 추적하는 일을 한다. 그러나 그 정보를 추적하는 일은 거의 불가능하다. 정보가 담긴 코드는 어디에나 삽입될 수 있기 때문이다. 가령 알카에다al Qaeda 단원은 포르노 비디오 안에 공격 지령을 숨기기도 했다. 또 외관상 평범한 트윗이 게놈 코드가 담긴 무명 사이트로 연결되고, 아울러 3D 프린터로 출력될 수도 있다. 어느새 생물학 문제였던 것이 정보 보안 문제가 된 것이다.

2013년 2월에 세계보건기구가 두 번째 이중용도에 관한 정상회의를 소집했을 때, 참석자 중 약 3분의 1에 해당하는 과학자들과 정부 관료들은 미국에서 온 참가자들이었다. 이들은 FBI와 질병통제예방센터, 국방성, 무역대표부 등 적어도 15개에 이르는 기관을 대표해서 온 이들이었다. 다른 국가들도 강력한 파견단을 데려오긴 했으나, 오바마 행정부의 메시지가 단연 돋보였다. 즉 우려를 표명하고 있었다.

생물무기금지협약은 각국 당사국이 협약 조항을 확실히 준수할 수 있도록 책임 정보국을 지명해야 한다. 미국에서 그 정보국은 FBI다. 이제 최근 의회의 예산 삭감과 연방 정부의 시퀘스트레이션 sequestration(백악관과 미국 의회가 재정 적자를 줄이려고 일정한 기준에 따라 연방 예산을 자동으로 삭감하는 것 – 옮긴이) 때문에 그 규모가 훨씬 작아진 FBI의 사무실에서 과학계에 '이중용도 연구에 대한 우려'를 재조명하려 애쓰고 있다. 그러나 FBI에는 생물학자들 같은 과학적인 전문 식견이 전혀 없어 실제로는 단속 대상인 연구원에게 의지함으로써 연구원이 스스로 단속하는 것과 같은 웃지 못할 상황이 벌어지고 있다.

그 외 국가들에서는 다른 방법을 동원해 문제 해결에 나서고 있다. 가령 덴마크는 공공과 민간 부문에 걸쳐 모든 연구에 허가 절차를 두고 있다. 덴마크에서는 연구원들이 실험을 시행하기 전에 그 목적을 기록해야 한다. 또한 연구실과 연구 인력은 발생 가능한 보안 문제와 작업 허용 범위를 명시한 라이선스에 대해 검사를 받고 있다. 일부 신청서와 라이선스는 민간 부문 협약의 비밀엄수를 약속하는 기밀문서다. 그러나 이러한 노력이 가능한 것은 단지 덴마크의 생물학 연구 규모가 아주 작기 때문이다. 가령 덴마크에서 현재 감시 대상인 라이선스는 100개가 채 안 된다.

네덜란드 정부는 푸히르가 H5N1 바이러스의 변형에 대해 기술한 논문을 수출규제법으로 통제하려 했다. 즉, 문제의 정보가 수출하기에는 너무 민감한 정보로 여겨진다는 것이다. 세계보건기구의 첫 번째 정상회의 이후에 네덜란드 정부는 논문 게재의 금지조치를 풀었다. 그러나 나중에 연방지방법원은 푸히르의 출간이 EU법을 위반했다고 판결했다. 푸히르는 이 판결이 유럽에서 자신의 연구와 유사 연구 간 교류에 중대한 영향을 줄 수 있다고 보고, 판결에 항소했다. 그러나 최근 미국의 정보 유출에 대한 교훈에서 알 수 있듯이, 아무리 당사국들이 단호하고 창의력이 있다 해도 디지털 정보 전송 기밀을 통제할 수 없다는 사실은 어찌 보면 당연한 노릇이다.

유망 공학 기술이 제시한 대로, 이제 많은 생물학자는 자신의 유전체 작업을 가리켜 '바코딩bar-coding'이라고 언급한다. 마치 제조업자가 해당 제품이 스캔될 때 제품 정보와 가격을 나타내려고 슈퍼마켓에 진열된 상품에 바코드를 부착하듯이, 생물학자들도 이러한 '바코드'를 부착하는 일을 추진하고 있다. 즉 전 세계에 식물·동물·물고기·새·미생물을 유전적으로 서열화하고, 개별 종의 DNA 염기서열에 해당하는 이름표를 부착하는 것이다. 또한 바코드 식별자를 합성된 유기체나 기능획득으로 수정된 유기체에 삽입하는 일이 가능해지면서 경찰이나 보건 공무원이 인공 및 변형 생명체의 활용 상황이나 우연한 유출 상황을 추적할 수 있게 되었다. 이러한 방식은 이미 유전적으로 수정된 종자와 농산물에서 사용됐으며, 잠정적으로 우려가 되는 이중용도 연구에 내용 표시 라벨을 부착하라고 강제하는 일이 타당하지 않을 사유는 없다. 그러나 바코딩은 최초 연구자가 반영해야 하는 일이며, 그래야 악의적 연구를 막을 수 있다. 사실상 이 문제를 논할 때 신속하거나 손쉬운 기술 해결책은 어디에도 없는 셈이다.

이중용도 연구의 문제

2013년 세계보건기구 정상회의는 이중용도 연구 문제를 놓고 의미 있는 해법을 도출해내지 못했다. 재정적으로 궁핍한 세계보건기구는 정상회의에서 언급된 어떤 제안도 완수할 만한 자원을 댈 수 없었다. 설상가상으로 참가국들은 해당 문제를 논의할 기본적인 골격마저 마련하지 못했다. 아프리카 대표들은 자국에 생물안전지침biosafety guidelines을 실행할 만한 자원이 없다고 불만을 터트렸으며, 빈국들은 이 일을 우선순위의 최말단으로 여겼다. 익명을 요구한 한 대표는 이렇게 말했다. "우리야말로 실제로 이런 모든 질병으로 고통받는 나라이며, 이런 연구가 필요한 당사국입니다. 그러나 우리는 이 일을 할 수 없습니다. 우리에겐 그럴 만한 설비도, 자원도 없기 때문입니다. 더욱이 이제 이중용도 연구에 대한 우려와 보안 때문에 우리 국민은 미국이나 유럽에서 작업하는 실험실에 들어갈 수도 없습니다. 의도가 있든 없든 간에 이런 이중용도에 대한 우려 문제는 그저 우리를 꼼짝달싹 못 하게 붙들어둘 뿐입니다."

브라질과 중국, 인도, 남아프리카 등과 같이 덩치 큰 개발도상국 대표들은 사흘 동안 진행된 콘퍼런스에서 유독 눈에 띌 정도로 입을 다물었다. 그들 중 한 사람이라도 입을 열 때는 누가 이중용도 연구로 만들어진 제품 특허권을 거머쥘지에 대한 관심사를 강조하거나, 기술 이전 필요성을 강조하거나, 이미 엄격한 감시하에 운영되는 자국 연구자들에 대한 상투적 발언을 내뱉는 게 전부였다. 특히 중국 대표단은 결연해 보일 정도였다. 그들은 생물학적인 안전도를 확인하는 데 필요한 모든 것이 중국에 갖춰져 있다고 장담했다. 그러나 정상회의가 끝난 지 두 달 후, 중국 하얼빈 수의연구소^{Harbin Veterinary Research Institute}의 국립 조류인플루엔자 표준 실험실 소속 과학자들은 기능획득기법을 이용해 127개 유형의 인플루엔자 바이러스를 제조했다. 모두 H5N1 조류인플루엔자 바이러스에 토대를 둔 이 바이러스들은 수십 개에 달하는 서로 다른 종류의 독감에서 발견된 유전적 특성을 결합한 것이었다. 과학자들은 푸히르와 가와오카의 연구 방식을 바탕으로 여기에 일부 합성생물학의 스핀을 추가하면서 실험을 반복해나갔다. 더욱이 그들이 만든 인공 슈퍼독감 5개 계통은 애완용 쥐를 죽일 정도로 쥐들 사이에서 공기를 통한 감염이 가능한 것으로 드러났다.

불과 10년 전만 해도, 미국 과학자들이 바이러스를 빨리 식별하고자 비축해둔 천연두 바이러스에 용액이 감염되면 녹색으로 변하는 유전자를 삽입하려 했을 때 국제 바이러스학계에서는 일대 소동이 벌어졌었다. 그것이 치명적 바이러스의 추적을 위한 현명한 방법이라는 미국 연구자들의 발상이 '인류에 맞서는 범죄'로 여겨졌던 것이다.

이와는 반대로, 올해 초 'H7N9'라고 불리는 새로운 조류인플루엔자 유형이 중국에서 발병했을 때 바이러스학자들은 공중보건의 긴급 사안으로 기능획득 연구를 요청했다. 이에 따라 해당 바이러스에 대한 유전적 조사가 이루어졌으며, 푸히르와 가와오카는 H7N9를 위험한 바이러스라고 선언했다. 즉 두 사람은 자신들이 H5N1에 가했던 그 유전적 변이가 이미 H7N9 계통에 존재한다고 언급했다. 8월에 푸히르의 연구진은 H7N9 바이러스가 족제비를 감염시킬 수 있으며, 공기를 통해 동물에서 동물로 전염될 수 있다는 사실을 입증하는 실험 결과를 발표했다. 푸히르와 가와오카를 비롯한 20명의 바이러스학자는 H7N9 바이러스에 대한 일련의 광범위한 기능획득 실험을 요청했다. 이는 H7N9가 유전변이를 일으킬 수 있고, 이 유전변이로 조류인플루엔자가 인간에서 인간으로 전염 가능한 병원체로 얼마든지 전환될 수 있으므로 대책 마련을 위해 취한 조치였다.

한편에서는 관련국 보건 연구 당국이 H7N9 바이러스를 조작하자는 과학자들의 요청을 곰곰이 생각하고 있을 때, 다른 한편에서는 또 다른 바이러스가 출현해 기능획득 연구가 과연 해결책이 될 수 있을지에 의문을 던지고 있었다. 중동호흡기증후군Middle East respiratory syndrome 또는 메르스MERS는 2012년 6월까지 사우디아라비아 어디에서도 나타나지 않았다. 그러나 2013년 9월에 132명을 감염시키며

역학조사를 위해 H7N9 조류인플루엔자 검사용 샘플을 채취하고 있다. 2014년 1월 중국 광둥성 둥관시.

거의 과반수에 달하는 치사율을 보였다. 이 바이러스는 사스와 비슷하지만, 이 병의 원인에 대해서는 많은 부분이 알려지지 않은 상태다. 분명 메르스가 인간에서 인간으로 전염된다는 것을 보여주는 사례는 많다. 특히 병원 내에서 감염된 사례가 그렇다. 사우디의 보건공무원들은 이슬람 세계에 퍼질 가능성에 대해 우려를 표명했다. 메르스는 백신도 없고, 치료제도 없기 때문이다. 만약 H7N9의 전염성 여부를 결정하기 위한 연구가 허용된다면, 메르스가 우연히 전염되는 형태, 가령 메카 순례자들 사이에서도 퍼질 수 있는 그런 형태로 변형되는 데 필요한 요소를 파악하기 위해 유사한 연구를 진행해야 하지 않을까?

인체 면역 결핍 바이러스HIV: Human Immunodeficiency Virus가 1980년대 초반

에 출현했을 당시만 해도 아무도 이 바이러스가 어떻게 전염되는지 확신하지 못했다. 또한 많은 보건의료 직원들은 환자와 접촉하다 행여나 이 99퍼센트 치사율을 지진 질병에 걸릴까 봐 우려했다. 미국 전역의 학교들은 HIV 양성 판정이 나온 아이들의 등교를 금지했으며, 대부분 스포츠연맹은 감염된 운동선수의 출전을 금지했다(이러한 관행은 NBA 스타 매직 존슨^{Magic Johnson}이 용감하게도 자신이 감염된 사실을 드러내며 이 금지에 맞서 판도를 바꾼 후에야 잠잠해졌다). 만약 기술적으로 가능했다면, 바이러스를 고의로 변형해 그 바이러스에 공기나 일상 접촉으로 전염시킬 능력을 부여하는 일이 현명한 일이었을까?

현주소에 대한 진단

과학자들과 보안 전문가들은 절대로 합성생물학의 이중용도 연구의 위험에 대한 합의를 끌어내지 못할 것이다. 천연두가 근절된 지 약 35년이 흘렀지만, 마지막 남은 바이러스 표본의 폐기를 놓고 여전히 격렬한 논쟁이 이는 상태다. 합성생물학 연구의 혜택은 단정하기 어렵다. 합성생물학의 옹호자들은 정보 기술에서 현재 진행되는 혁명만큼이나 합성생물학이 세계를 변혁할 것이라고 믿지만, 다른 사람들은 이에 대해 회의적이다. 이중용도 연구의 부정적 측면을 떠안은 채 공격 일변도로 연구를 진행하다 보면, 과학 발전을 저해할 수 있다. 만일 이런 모습이 실제로 포착된다면, 가령 미국 정부는 기존에 확립된 체계보다 훨씬 과한 관료주의적 규제망과 감시망을 구축할 수 있다. 이는 과학과 관련하여 자국이 추진하는 일들이 지연되고 최첨단 연구가 해외로 내몰리는 상황만 초래할 뿐이다. 어떤 정부든 일방적인 조치는 실패하기 마련이다.

이는 정치 지도자들이 명확하고 완벽한 정보를 마냥 기다리거나, 허둥지둥 서둘러 규제와 단속을 마련하거나, 과학계 자체가 스스로 규제하도록 하는 데에 의존해서는 안 된다는 의미다. 이런 자세를 취하는 대신에 정치 지도자들은 합성생물학혁명이 우리 생활의 일부라는 사실을 받아들이고, 이를 면밀히 감시하며, 위험한 유기체의 우연 또는 고의 유출 같은 명실공히 위험한 상황을 방지하기 위해 적절한 조치를 취해야 한다.

이러한 맥락에서 첫째로 전염병 감시 체계에 대한 국내외 역량을 강화해야 한다. 미국에서 이러한 감시는 예산 삭감과 연방·주·지역 수준에서 행해지는 관료주의적 과잉 행동으로 약화되었다. 즉 미국 농무부Department of Agriculture 와 질병통제예방센터는 미국 미생물이 인간의 건강과 식물 및 가축에 미치는 위협에 대한 최전방 기지를 대표함에도, 두 기관 모두 지출은 최대한 줄여왔다. 질병통제예방센터의 예산은 2010년 이후 25퍼센트 삭감되었으며, 주와 지역·시·군에 근무하는 공중보건 공무원 5만 명의 지원 자금을 비롯한 연방예산의 자동 삭감 때문에 최근 5퍼센트가 추가로 떨어졌다. 이런 상황에서 의회가 국가의 공중보건 단체에 기금 제공을 비롯하여 여러 지원을 회복하는 일은 간단한 문제가 아닐 것이다.

둘째로 질병통제예방센터와 농무부는 기존 업무를 좀 더 잘 수행해야 한다. 다가올 새로운 미생물 시대에 에볼라 바이러스나 탄저균, 보툴리누스균botulinum 같은 특별 병원체와 독소의 근시안적 목록에만 초점을 맞추는 일은 안전에 대한 그릇된 판단을 가져오기 십상이다. 잠재적으로 위험한 병원체나 독소를 추적하는 국립생물작용제등록부National Select Agent Registry에 H5N1을 추가하도록 한 최근 제안도 요지에서 벗어난 듯하다. 가령 모든 인간의 소화기관에서 사는 박테리아인 대장균처럼, 어디에든 존재할 뿐 아니라 간단한 구조로 돼 있는 세균이 이제 그 등록부의 어떤 바이러스보다 훨씬 참혹한 피해를 가할 살인 세균으로 변형될 수 있다. 이제 무엇을 그리고 어떻게 감지할지에 대한 수수께끼 같은 현안을 해결하려면, 국가와 전문 영역 간에 경계를 넘나드는 협력적 사고가 필요할 것이다. 미국 내에서 질병통제예방센터와 FBI, 보건복지부, 국방성, 정보국과 같은 조직의 지도자들은 협조체제를 갖추고 자신의 정보력과 전문성을 끌어올려야 할 것이다. 그리고 세계보건기구, 유엔 식량농업기구FAO와 같은 다국적 기구들은 인터폴Interpol과 동남아시아국가연합ASEAN, 미주보건기구PAHO, 아프리카연합AU: African Union과 같은 기관 및 단체와 상호 협력체제를 구축해야 할 것이다.

생물무기금지협약의 과정은 이중용도 연구의 우려와 관련된 대화를 이끌어갈 다자 간 대화의 장이 될 수 있다. 생물무기금지협약은 전 세계 거의 모든 정부가 이용할 수 있는 중립적 플랫폼을 제공하고 있다. 그러나 현재로써는 진척이 더뎌 아직 화학 및 핵무기 관련 국 간에 확립된 것과 같은 유사한 검증을 도출해낼 수는 없다. 사실상 국제기관들은 이처럼 자신들의 당면 문제 탓에 현재 이중용도 연구를 다루는 데 준비가 턱없이 부족한 상태다. 이를테면 세계보건기구는 3년 연속 가혹한 예산 제약을 해결하려고 몸부림치는 동안 규모나 영향력이 모두 감소했으며, 전염병의 식별력과 대응력이 특히 쇠퇴했다.

국제보건규칙의 규정으로 운영되는 세계보건기구 내에 전 세계적으로 발병하는 유행병에 대한 폭넓은 대응력을 갖추는 일은 미국 자국은 물론 타국에도 이익을 주는 일이다. 미국의 질병수색팀이 세계 전역에서 환영받지는 못할 수 있다. 그러나 세계보건기구 대표단은 적어도 원칙상으로는 거의 모든 국가에 입국할 수 있다. 그러므로 의회는 세계보건기구의 유행병 감시와 대응 시스템을 직접 지원하기 위해 5년간 매년 1억 달러를 충당해야 한다. 미국의 비용 부담에 대한 동의가 겉치레에 불과한 지원이 되지 않도록, 미국 정부는 세계보건기구의 세계보건총회에 다음의 사실을 분명히 해둘 수 있다. 즉 개발도상국이 국제보건규칙을 따를 수 있도록, 미국 재정 지원의 일부가 개발도상국의 토착 유행병 감시 기능을 구축하는 데 사용되어야 한다는 것이다. 만약 미국 입법자들이 세계보건기구에 대한 자국의 이런 지원이 다년간에 걸친 사회 보장 계획으로 변할 것을 우려한다면, 그들은 우선 미국 정부의 금융 원조를 2014년에 시작해 2019년까지 영(제로)으로 떨어뜨리도록 요청할 수 있다. 즉 그사이 다른 원조국이 원조에 가세하고, 수령국이 지속 가능한 자립 상태에 도달하기를 기다린다는 것이다. 또한 의회는 새로운 질병 위협을 식별하는 과제를 떠안고, 지금까지 전 세계 1,500명을 교육하고 200개에 달하는 밝혀지지 않은 바이러스를 발견한 미국의 국제개발기구 USAID를 존속해나가야 한다.

모든 글로벌 감시 노력에는 통일된 기준이 있어야 할 것이다. 그러나 현재 다양한 측면의 생물보안이나 연구, 심지어 이중용도 연구에 대한 우려를 놓고 생물안전실험실의 기준이나 정의에 대해 어떤 사전 협의도 끌어내지 못한 상태다. 따라서 주요 미국 기관들은 이러한 기준과 정의를 도출해내고 공표할 수 있도록 해당 외국 상대국과 긴밀히 협업해나가야 한다. 전 세계 모든 식품안전지침food-safety guidelines의 규격화를 염두에 둔다면, 1963년에 유엔 식량농업기구와 세계보건기구가 공동으로 설립한 국제식품규격위원회CAC: Codex Alimentarius Commission를 참고 모델로 삼을 수도 있다.

유전자 염기서열을 이메일로 전달하므로 시험관에 담아 옮기는 일은 쓸모없게 된 세상에서 수출과 수출 규제에 대한 적절한 경계는 갈수록 모호해지고 있다. 이중용도 연구 문제의 핵심은 미생물 자체보다는 정보에 있고, 이러한 정보 흐름을 과하게 규제하다 보면 과학은 경직되고 국제 협력 연구는 휘청거리게 된다. 따라서 이러한 문제에 대응하려면 미국 상무부, 미국 농무부의 동식물검역소 그리고 미국 무역대표부가 이중용도 연구에 대해 적절히 규제할 수 있는 골격을 마련해야 한다. 이제 이러한 규제에 대한 모델이 국제식물보호협약의 경험과 미국 동식물검역소의 참여를 토대로, 미국 무역대표부의 서비스투자국을 통해 도출될 것으로 보인다. 인터넷상에서 전송되는 게놈 정보에 대해 여러 뉴클레오타이드 공급센터가 이미 '우려가 되는 서열'을 감시하고 있다. 그리고 이에 따라 병원체 관련 유전적 상세 정보를 얻으려는 개인에게 특별 정보를 요구하고 있다. 정부는 이러한 행보를 앞장서서 이끌어나가야 한다.

그러면 정부와 기관은 무엇을 감시해야 하는가? 창조물을 더욱 위험한 개체로 바꾸는, 즉 생명체를 은밀하게 고의로 변경하는 증거를 감시해야 한다. 정부가 이런 연구를 허용하거나 지원할 경우 생물무기금지협약을 위반한 데 대한 비난을 피할 수 없을 것이다. 미국은 자타 공히 세계 최대의 기초과학 투자국이자 생물학 연구의 산실이다. 따라서 이런 비난을 받을 위험성이 가장 큰 나라일 것이다. 그러나 어떤 연구라도 투명하게 설명하고 변호하도록 요구하는 일은 마땅히 진행해야 한다. 우선 국무부는 보건복지부의 국제교류본부와 공조체제로 외교 인적 자원에 대한 브리핑 자료를 개발해야 한다. 아울러 합성생물학, 기능획득 연구 작업, 우려되는 이중용도 연구를 설명해야 한다. 이를 통해 인공 병원체 생성에 관한 우려를 불식시키는 생물의학 연구의 핵심 센터로서 미국이 균형 잡힌 이미지를 잡아나가도록 해야 한다. 국무부는 이중용도 연구에 대한 우려를 감지하고 제어할 뿐 아니라, 부적절한 합성 병원체의 방출로 전 세계가 떠안을 위험을 관리하도록 상호 협력의 분위기를 조성해야 한다. 또한 국무부는 전 세계 실험실의 안전 강화와 감시에 목표를 둔 지원 프로그램을 후원해야 한다.

새로운 DNA와 생명체를 추적하는 일은 자발적이든 강제든 즉시 실행되어야 한다. DNA 구성 요소를 만들고 공급하는 생물공학 민간 기업과 공급회사는 감시할 수 있는 생물보안 이름표를 자신들이 만든 모든 인공 제품에 달아야 한다. 유전체 염기서열의 거래는 감지할 수 있는 뉴클레오타이드 이름표를 달아 투명하게 추적할 수 있도록 해야 한다. 게놈 산업은 감시와 실행 표준의 강화에 드는 비용을 스스로 부담해야 하며, 생물안전이나 연구실 보안에 문제가 생기면 정부가 제한 없이 검사할 수 있도록 허용해야 한다.

작년에 지구의친구들Friends of the Earth, 국제기술영향평가센터International Center for Technology Assessment, ETC 그룹은 인공 및 기능획득 유전자 변형 생물체에 자살 유전자suicide genes의 삽입을 촉구하는 '합성생물학에 대한 감시 원칙'이라는 보고서를 공동으로 발간했다. 자살 과정은 유전자 변형 생물체 주변에 간단한 변화를 주어 생물체의 기능을 중지시키는 과정이다. 지금은 이런 자살 신호의 기술적 시행이 어렵다 해도 이중용도 연구에서는 이러한 자살 기능을 포함하도록 노력해야 한다. 또한 세 조직은 외관상 명확하고 현명한 예방책으로서, 업계가 모든 합성생물학 연구와 제품에 적용하는 손해보험과 책임보험에 가입하도록 요청했다.

한편 바이오브릭재단BioBricks Foundation은 오늘날 합성생물학계의 가장 영향력 있는 옹호재단이다. 바이오브릭재단은 자사의 미션을 다음과 같이 밝혔다. "미션은 생물공학을 통해 열린 자세와 윤리적인 태도로 인류와 지구촌에 혜택을 주는 것입니다. …… 우리는 생물학을 이 세상에서 선한 편으로 작용하는 힘이라고 봅니다." 윤리에 토대를 둔 이와 같은 과학 조직은 현장과 현장의 문제에서 깨달음을 얻을 수 있도록 할 뿐 아니라, 연구자들이 대중의 알 권리를 더욱 세심하게 인식하도록 할 수 있다. 따라서 연구자들의 연구 활동이 더욱 활성화되고 확대될 수 있다.

합성생물학에서 이중용도 연구를 둘러싼 논란과 우려가 촉발된 것은 4년이 채 되지 않는다. 즉 그 시작은 벤터가 자신의 팀이 진행한 새로운 생명체의 생성을 두고 '부모가 컴퓨터인 지구에서 최초로 자가재생하는 종'이라고 공표하던 2010년 당시로 거슬러 올라간다. 이렇게 생명체의 생성이라는 신의 영역에 이르기 전에 벤터의 연구진은 오바마의 백악관에 가서 그 프로젝트 때문에 제기된 정책과 윤리에 대한 일련의 이슈를 백악관 측에 브리핑했다. 얼마 동안 행정부는 그들의 연구가 중대한 위험을 초래할 수 있다고 걱정하면서도 그들의 노력을 기밀로 할지에 대해 심사숙고하는 입장을 취했다. 그러나 백악관은 모든 것을 담은 완전한 논문을 있는 그대로 발간하는 편을 택했다. 벤터에게는 매우 흡족한 결정이었을 것이다. 벤터는 백악관 기자 회견에서 어깨를 으쓱하며 이렇게 말했다. "아마도 이번 연구는 생명을 바라보는 우리의 인식에 대한 중대한 철학적 변화일 겁니다." 그다지 확신하지는 못하는 말투였다. 그러나 벤터는 자신이 '매우 강력한 인공 생명체 제조 도구'라고 부르던 것이 하루아침에 독감 백신을 만들어내고, 어쩌면 AIDS 바이러스 백신을 만들어내며, 아마도 이산화탄소를 소비하고 화석연료의 대안으로 안전한 에너지를 생성하는 미생물을 만들어낼 것이라는 사실에 대해서는 확신했다. 이제 합성생물학은 우리 생활의 일부다. 앞으로 과제는 어떻게 장래 세대가 이러한 합성생물학의 출현을 골칫거리가 아닌 요긴한 것으로 볼 수 있게 하느냐다.

05

로봇이 온다
우리의 일상은 어떻게 바뀔 것인가

다니엘라 러스 MIT 컴퓨터과학-인공지능연구소 소장

로봇에는 가정과 직장, 여가생활에서 우리 삶의 질을 크게 향상시키는 잠재력이 있다. 맞춤 로봇이 인간과 협업하면서 새로운 일자리가 생겨나고 기존 일자리의 질이 높아질 뿐 아니라 전보다 재미있고, 소중하며, 흥미로운 일에 집중할 수 있는 시간이 더욱 늘어날 것이다. 사람들은 자율주행차량을 타고 출근하는 차 안에서 책을 읽을수도 있고, 이메일에 회신할 수도 하고, 비디오를 볼 수도 있으며, 심지어 낮잠을 잘 수도 있을 것이다. 승객을 내려준 후에는 무인자동차가 교통량과 대기시간을 최소화하도록 고안한 시스템상에서 다른무인자동차와 협업하는 것은 물론, 시종일관 사람보다 안전하고 효율적인 운행으로 다음 승객을 맞이할 것이다.

로봇공학의 목표는 업무를 기계화하고 자동화해 인간의 일을 빼

앗는 데 있는 것이 아니다. 오히려 기계가 효과적으로 인간을 돕고 함께 일하는 방안을 찾는 데 있다. 로봇은 숫자를 계산하고, 무거운 물체를 들어 올리며, 특정 환경에서 정밀하게 작업하는 면에서 사람보다 우세하다. 사람은 추론하는 능력, 과거 경험에서 도출하는 능력, 상상하는 능력을 지닌 덕에 추상화, 일반화, 창의적 사고에서 로봇보다 앞선다. 이처럼 로봇과 인간은 더불어 일하면서 상호 간의 기술을 향상시키고 보완할 수 있다.

그런데 로봇의 현주소와 장래의 이른바 어디에나 존재하는 '편재형 로봇공학pervasive robotics'의 전망 사이에는 커다란 격차가 존재한다. 즉 미래에는 로봇이 일상생활의 일부가 되면서 오늘날 컴퓨터나 스마트폰과 같이 보편화되고, 여러 전문적인 일을 수행할 뿐 아니라 인간과 수시로 협업하게 될 것이다. 현재 연구의 목표는 로봇을 만드는 방식은 물론 로봇이 스스로 움직이고 물건을 조작하는 방식, 상황을 판단하고 주변을 인식하는 방식, 그리고 로봇 상호 간 및 로봇과 인간 사이에 협업하는 방식을 향상시키는 것이다.

맞춤 로봇이 대중화되는 세상을 만드는 일은 커다란 도전이지만, 이러한 상황은 컴퓨터 전문가들이 약 30년 전에 직면했던 상황과 별반 다르지 않다. 당시 그들은 컴퓨터가 인간사회에 없어서는 안 될 중요한 부분으로 자리매김하는 세계를 꿈꿨다. 1990년대에 제록스 팔로알토연구소Palo Alto Research Center에서 수석 과학자로 근무했고, 이른바 유비쿼터스 컴퓨팅의 아버지로 불리는 마크 와이저Mark Weiser는 이렇게 말했다. "가장 심오한 기술은 보이지 않게 되는 기술입니다.

이러한 기술은 일상으로 녹아들어 기술과 일상을 구분할 수 없게 됩니다." 이미 컴퓨터는 언제 어디서나 사용할 수 있는 상황이 되었고, 미래에는 로봇도 그러할 것이다.

나만의 로봇

로봇의 능력은 몸체가 수행할 수 있는 동작과 두뇌가 계산하고 제어할 수 있는 업무에 좌우된다. 오늘날의 로봇은 육상, 공중, 수중에서 기본적인 동작을 수행할 수 있다. 즉 물체를 인식하고, 새로운 환경을 측정하며, 조립 공정 라인에서 물체를 집고 놓을 수 있는 '픽 앤 플레이스pick-and-place'를 수행할 수 있다. 그뿐만 아니라 인간의 간단한 동작을 흉내 내고, 단순한 기술을 익히며, 한 단계 더 나아가 로봇 상호 간과 로봇과 인간 사이에 어우러져 일할 수도 있다. 이러한 로봇 기술을 선보이는 장이 바로 해마다 열리는 로봇 월드컵인 로보컵RoboCup이다. 로보컵이 열리는 동안에 경기로봇들은 팀을 이뤄 서로 드리블과 패스는 물론 슛도 하고, 골도 넣는다.

이런 기능을 구현하는 데에는 로봇이 감지하고, 추론하고, 제어하며, 협력할 수 있도록 이끌어준 알고리즘의 발전과 로봇 디자인의 혁신이 한몫을 톡톡히 했다. 로봇공학은 많은 영역(계산과 정보 저장, 인터넷의 확장과 성능, 무선 통신, 전자공학, 디자인과 제작 도구)에서 일궈낸 수확으로 엄청난 수혜를 누렸다. 더욱이 로봇 장치에 사용되는 전기 기계 부품의 신뢰도가 높아지고 인터넷의 도움으로 지능형 기계에 활용할 수 있는 지식 기반이 풍부해지면서 하드웨어의 비용도 낮아졌다. 개인 컴퓨터에서 이른바 개인 로봇으로 한 단계 도약하는 큰 그림을 그릴 수 있게 된 것이다.

최근에 로봇공학에서 말하는 공약은 특히 운송 부문에서 가시화되었다. 많은 주요 자동차 제조업체가 자율주행차량 생산계획을 발표했으며, 2020년에는 자율주행차량이 시판될 것으로 내다보고 있다. 구글의 자율주행차량은 지금까지 320만 킬로미터가량을 주행하면서 고작 열한 번의 가벼운 사고만 냈으며, 대부분 사고는 사람의 실수로 일어난 것이었다. 올여름 구글은 공공도로에서 첫 번째 차량 운행 시험을 할 예정이다. 전 세계 여러 대학에서도 잇따라 자율주행차량 프로젝트에 착수했다. 미국 캘리포니아·플로리다·미시간·네바다 주에서는 해당 주의 도로에서 자율주행차량의 운행을 허용하는 법안을 통과시켰으며, 상당수 다른 주 의회에서도 이러한 대책을 마련하고 있다. 최근에 싱가포르 국토교통청이 발표한 연간 리포트에 따르면, 여러 맞춤 여객 자율주행차량으로 구성된 '공유형 무인운전' 덕분에 도로의 차량 수를 약 80퍼센트까지 줄여 차량 이동시간과 매연도 아울러 감소시킬 수 있을 것으로 전망했다.

자율주행차량은 개인용 고급차량에만 국한되지는 않을 것이다. 생산과 유지에 드는 비용이 하락하면서 자율주행차량이 확산되고, 이에 따라 대중교통의 질도 크게 향상될 수 있기 때문이다. 두 가지 계층으로 이루어진 대중교통 시스템을 생각해볼 수 있다. 하나는 장거리 여행을 위한 기차나 버스 같은 대형 차량 네트워크이고, 다른

구글의 자율주행차량. 상용화까지 시일이 더 걸릴 수도 있다.

하나는 그와는 상호 보완적으로 운행하면서 주 환승지와 승객 요청이 있는 곳은 어디든 태워다주는 단거리 맞춤 소형 자율주행자동차들이다. 2014년에는 싱가포르-MIT 공동연구기술Singapore-MIT Alliance for Research and Technology팀이 골프 카트처럼 생긴 자율주행사륜차에 시민들을 초청해 태우는 미래도시 이동성 프로젝트Future Urban Mobility project를 추진했다. 수목으로 둘러싸인 구불구불한 오솔길 곳곳에 긴 의자가 있고 사람들이 거니는 싱가포르 차이니즈 가든 공원에서 치러진 이 행사에는 무려 500명에 달하는 인원이 참가했다. 로봇 자동차는 보행자를 피해 운행하거나 길에 정차하기도 하면서 승객을 정해진 목적지까지 태워다주었다.

지금까지 이러한 자율주행은 주행 구간이 복잡하지 않고 주행 속도가 느린 도로에서만 가능했다. 로봇 자동차는 아직 궂은 날씨와 번잡한 교통 상황 같은 이른바 '야생'의 모든 복잡한 환경에는 대처할 수 없다. 이러한 문제는 앞으로 연구에서 집중할 영역이다.

내게 맞춘 로봇

로봇을 폭넓게 활용하려면 사람을 기계의 방식에 맞추기보다 지능형 기계를 사람의 방식에 맞추어야 할 것이다. 최근에 이러한 목표를 달성하는 데 상당한 진전을 보이기는 했지만, 세 가지 주요 영역에서 해결해야 할 과제가 남아 있다. 첫째, 아직까지는 새로운 로봇을 만드는 데 너무 많은 시간이 소요된다. 둘째, 오늘날의 로봇은 여전히 자신의 주변 환경을 감지하고 추론하는 데 상당한 한계를 지닌다. 셋째, 로봇의 커뮤니케이션 능력이 매우 취약한 상태다.

오늘날 다양한 로봇이 속속 등장하고는 있지만, 이들은 모두 생산하는 데 상당한 시간이 걸린다. 오늘날 로봇의 몸체는 환경에 따른 요구에 맞게 적응하고 확장하는 것이 어려워 그 성능과 효용에 한계를 보인다. 디자인과 조립, 프로그래밍 과정이 워낙 길고 번거롭기 때문에 새로운 로봇에 추가모듈과 부속품을 신속히 조립하고, 나아가 관련 전문 장비를 갖추는 일은 아직도 시기상조다. 지금은 맞춤 로봇의 제작 속도를 향상시킬 디자인과 조립 장비가 절실히 필요한 상태다. 나는 지금 하버드대학교와 MIT, 펜실베이니아대학교 출신의 연구원들로 구성된 팀과 함께 '로봇 컴파일러robot compiler'를 만들기 위한 연구에 한창이다. 이러한 컴파일러는 "로봇이 내 방을 말끔히 정돈해주었으면 좋겠습니다"와 같은 세부 주문을 받을 수 있을 뿐 아니라 로봇을 활용하는 데 초점을 둔 로봇 디자인, 조립 계획, 맞춤형 프로그래밍 환경을 도출할 수 있다.

　좀더 맞춤화된 로봇들은 광범위한 영역에서 업무를 자동화해줄 것이다. 제조업을 한번 떠올려보자. 현재 공장 자동화의 활용도는 산업마다 천차만별이다. 자동차 업계는 동작이 수없이 반복되는 조립 공정의 약 80퍼센트를 자동화하고 있다. 이와는 반대로 휴대전화와 같은 전자 제품은 신제품 출시 주기가 짧고, 제품 주문에 따라 공정도 매우 달라 조립 공정의 10퍼센트 정도만 자동화한다. 맞춤 로봇은 맞춤 주문과 짧은 제품주기에 의존하는 산업 분야에서 자동화 설비를 갖추는 시간을 줄여 이러한 격차를 해소할 수 있다. 특수로봇은 데이터를 어디에 저장하는지, 제품을 어떻게 조립하는지 알고 있을 것이다. 또한 사람들과 어떻게 상호작용하는지도 인지하고 있을 것이다. 그뿐만이 아니라 부품을 어떻게 한 장소에서 다른 장소로 운반하는지, 제품을 어떻게 포장하는지, 제조 공정 라인을 어떻게 바꾸는지에 대해서도 잘 알고 있을 것이다. 이러한 로봇을 갖춘 공장에서 인간 노동자들은 여전히 통제권을 쥐고 있을 것이며, 로봇은 이러한 인간을 도울 것이다.

계산보다 추론하는 로봇

로봇이 일상생활의 일부가 되도록 하는 두 번째 도전은 로봇의 추론 능력을 향상시키는 일이다. 오늘날 로봇은 세부적으로 프로그래밍된 대로 연산하므로 제한된 추론만 수행할 수 있다. 로봇이 하는 모든 동작은 간단한 명령에 따라 수행된다. 또한 로봇이 추론할 수 있는 범위는 전부 로봇 프로그램 안에 담겨 있다. 더욱이 로봇이 센서를 통해 환경을 인식하는 능력은 상당히 제한돼 있다. 가령, 인간에게는 너무도 쉽고 당연한 "제가 전에 여기 왔었나요?"와 같은 질문에 답하는 일이 로봇에게는 상당히 어려운 일이다. 로봇은 카메라나 스캐너와 같은 센서를 사용해 자신이 방문했던 장소의 특징을 기록한다. 그러나 이미 관찰한 장소에서 본 물건이 우연히 새로운 장소에도 있을 때 그 특징을 구별하기는 어렵다. 일반적으로, 로봇은 과도한 양의 하위 레벨 데이터를 수집한다. 머신러닝^{machine learning}(인공지능의 한 분야로 컴퓨터가 학습할 수 있도록 하는 알고리즘과 기술을 개발하는 분야 – 옮긴이)에 대한 최근 연구는 방대한 데이터에서 로봇에게 유용한 정보를 추출하게 해주는 알고리즘을 개발하는 데 초점을 두고 있다. 이러한 알고리즘 덕분에 로봇은 과거에 했던 작업을 요약할 수 있으며, 앞에서 언급한 "제가 전에 여기 왔었나요?"와 같은 질문에 답하기 위해 떠올려야 하는 장면 개수를 상당히 줄일 수 있을 것이다.

또한 로봇은 예기치 않은 상황에 대처할 수 없다. 즉 사전에 프로그래밍되지 않은 상황에 직면하거나 능력 밖의 상황에 내몰리면, 이러한 상황을 '오류'로 인식하고는 작동을 멈춰버린다. 로봇은 때로는

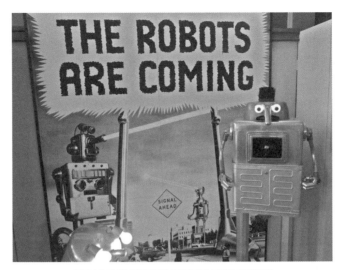

로봇이 우리 일상생활의 일부가 되려면 무엇이 필요할까?

문제의 원인을 전달할 수 없다. 로봇이 자신의 환경에 적응할 뿐 아니라 사람들, 환경, 다른 기계들과 원활하게 상호작용하려면 스스로 자신의 프로그램을 이러한 주변 환경에 맞추는 법을 배워야 한다.

오늘날 로봇을 비롯해 인터넷에 접속하는 모든 사람은 엄청난 양의 정보를 손쉽게 얻을 수 있다. 로봇도 이러한 정보를 발판 삼아 더 나은 결정을 할 수 있다. 이를테면 개를 산책시키는 로봇은 온라인상에서 일기예보를 찾을 수 있으므로, 자신이 저장한 정보를 참고해 이상적 산책 거리와 최적 노선을 정할 수 있다. 만약 날씨가 덥거나 비가 온다면 거리를 줄일 수 있고, 날씨가 좋다면 개를 산책시키는 사람들이 주로 모이는 인근 공원까지 거리를 늘릴 수 있다.

로봇에게 필요한 작은 조력자

로봇이 일상의 일부로 자리매김하기 위한 세 번째 도전은 로봇 상호 간에, 그리고 로봇과 인간 상호 간에 더욱 신뢰할 만한 커뮤니케이션을 쌓는 일이다. 오늘날 무선 기술이 발전하긴 했지만, 여전히 로봇 상호 간의 커뮤니케이션을 가로막는 장애물이 있다. 로봇이 어떠한 환경에서도 원활하게 커뮤니케이션할 수 있도록 모델링하고 예측하는 일은 여전히 어려운 상황이다. 더욱이 현 수준의 커뮤니케이션 기술에 의존하는 로봇 제어 방식을 사용하면, 외부 신호와 데이터가 일으키는 잡음 때문에 명령을 보내거나 받기가 어려워진다. 로봇이 원할 때 해당 대역폭을 확보해줄 신뢰할 만한 커뮤니케이션이 필요하다. 한 가지 유망한 해결 방안은 모델링으로 예측하려 하는 일보다 로봇 주변의 커뮤니케이션 질을 측정하는 일이다.

더욱이 현재 로봇과 인간 상호 간의 커뮤니케이션은 상당히 제한적이다. 오디오 센서와 음성인식 소프트웨어 덕분에 로봇이 "문으로 가"와 같은 기본적인 음성 명령은 알아듣고 응답도 할 수 있지만, 이러한 상호작용에서 커뮤니케이션할 수 있는 범위와 어휘는 매우 협소하다.

인간과 로봇 상호 간에 커뮤니케이션이 더욱 광범위해지면, 로봇이 인간에게 도움을 요청할 수 있을 것이다. 인간이 작업을 수행하고 있는 로봇에게 아주 조금만 개입해도, 로봇이 이전과는 완전히 다른 방식으로 문제를 해결할 뿐 아니라 더욱 많은 일을 할 수도 있다는 사실이 판명되었다. 최근 MIT 컴퓨터과학 및 인공지능 연구소에서 우리 연구진은 로봇들이 이케아 가구를 조립하도록 하는 시스템을 개발했다. 로봇은 조립품을 만드는 데 필요한 부품이 손에 닿을 만한 위치에 있을 때는 서로 협업했다. 그리고 책상 다리와 같은 부품이 가까운 곳에 없을 때는 로봇이 이런 상황을 인식하여 인간에게 그 부품을 전달해달라고 영어 문장을 써서 요청했다. 부품을 받은 후에 로봇은 조립 작업을 재개할 수 있었다. 이처럼 오류를 이해하고 인간에게 협력을 구하는 로봇의 능력을 보면, 인간과 로봇이 상호 협력 관계를 구축하는 데 한 단계 더 나아갔음을 알 수 있다.

고마워요, 로봇 씨

로봇공학에서 현재 진행되고 있는 연구의 목표는 다음과 같다. 우선, 로봇이 할 수 있는 일의 경계를 확장하는 일이다. 둘째, 로봇의 제조와 제어 능력 그리고 추론과 조율, 협동 능력을 위한 좀 더 나은 해결책을 모색하는 일이다. 이러한 도전에 능히 응한다면 우리는 일상 어디에나 존재하는 로봇공학의 비전을 실현할 수 있을 것이다.

로봇으로 넘치는 세상에서 아침에 일어난 사람들은 쇼핑 로봇을 슈퍼마켓에 보내 아침으로 먹을 과일과 우유를 사 오라고 시킬 수도 있다. 그러면 슈퍼마켓에 도착한 로봇은 쇼핑하러 온 사람들과 맞닥뜨릴 것이다. 어떤 사람들은 무인자동차를 타고 쇼핑하러 올 것이고, 어떤 사람들은 무인자동 쇼핑카트를 이용할 것이다. 이러한 무인자동 쇼핑카트는 저마다 사고 싶어 하는 제품이 있는 곳으로 사람들을 직접 안내해줄 것이다. 그다음에는 사람들이 신선도와 원산지, 영양가에 대한 정보를 확인할 수 있도록 해줄 것이다. 그뿐만이 아니다. 시각 장애를 지닌 쇼핑객이라도 있으면 무인자동 쇼핑카트는 그들이 안전하게 슈퍼마켓을 돌아다닐 수 있도록 해줄 수도 있다. 어디에나 존재하는 로봇공학이 형성한 소매 유통 환경에서 사람들은 인간적인 손길을 가미해 고객 자문과 서비스를 제공하면서 로봇을 관리하고 지원할 수도 있다. 결과적으로 로봇은 육체적으로 어렵거나 지루한 작업을 자동화하여 사람들을 도울 것이다. 가령 선반에 물품을 채우고, 창문을 닦고, 바닥을 청소하고, 고객이 주문한 물품을 배달하는 일이 그런 작업이다.

개인용 컴퓨터와 무선 기술, 스마트폰과 쉽게 다운로드할 수 있는 애플리케이션은 사람들이 정보와 계산을 자유롭게 이용할 수 있는 환경을 열었으며 사람들이 살아가고 일하는 방식을 바꾸어놓았다. 앞으로 몇 년 후에 로봇은 이러한 디지털혁명을 실제 왕국으로 더욱 확장할 것이며, 일상생활에 더욱 파고들어 우리 삶에도 그만큼 깊은 영향을 미칠 것이다.

2부

4차 산업혁명의 파급 효과

The Fourth Industrial
Revolution

세계를 지배할 새로운 질서
멱 법칙이 적용되는 경제에서
노동, 자본, 아이디어

에릭 브리뇰프슨MIT 슬론경영대학원 경영학과 교수
앤드루 맥아피MIT 디지털경제연구소 공동창립자
마이클 스펜스NYU 스턴경영대학원 경제경영학과 교수

최근 기술 발전으로 노동과 자본 시장이 전 세계적으로 통합 시장을 형성해왔다. 노동과 자본이 위치와 관계없이 최상의 가치를 창조할 수 있는 곳으로 자유롭게 흐르게 되면서 전 세계에 걸쳐 노동과 자본의 가치가 같아지고 있다. 최근 몇 년 동안 이런 요소 가격 균등화가 광범위하게 이루어져서 많은 나라가 풍부한 저가 노동력을 이용할 수 있는 혜택을 누리고 저렴한 자본에 접근할 수 있게 되었다. 어떤 학자들은 현재의 빠른 기술 진보가 노동에 도움이 된다고 했고, 또 어떤 학자들은 자본에 이바지한다고 주장했다. 그러나 양 진영 모두 기술이 노동과 자본의 기존 원천을 통합할 뿐만 아니라 새로운 원천을 생성한다는 사실을 간과했다.

기계가 어느 때보다 더 많은 인간 노동을 대체하고 있다. 기계는

또 자기복제를 통해 더 많은 자본을 만들어낸다. 이는 미래의 진정한 승자는 저가 노동을 제공하는 사람이나 일반 자본을 소유하는 사람이 아님을 의미한다. 노동과 자본 모두 점점 자동화의 압박을 받게 되며, 운명의 여신은 제3의 집단을 선호하게 될 것이다. 새로운 제품과 서비스, 비즈니스 모델을 창조해낼 수 있는 혁신적인 사람들이 그 행운의 주인공이다.

이 독창적인 부류에 대한 소득 분배는 전형적으로 멱 법칙Power Law(한 수가 다른 수의 거듭제곱으로 표현되는 두 수의 함수관계. 파레토 법칙이나 롱테일 법칙이라고도 한다 - 옮긴이)의 양상을 띤다. 소수의 승자가 대부분의 보수를 차지하고 나머지 참가자들이 롱테일long tail(파레토 법칙을 그래프에 나타냈을 때 꼬리처럼 긴 부분을 형성하는 80퍼센트의 부분 - 옮긴이)을 이룬다. 따라서 미래에는 아이디어가 노동과 자본보다 더 희소한, 진정 희소가치 있는 투입 요소가 될 것이며 좋은 아이디어를 제공하는 소수의 사람이 엄청난 보상을 받게 될 것이다. 미래에는 나머지 사람들이 만족할 만한 생활수준을 보장하고 포용적 경제inclusive economy와 통합사회를 구축하는 것이 점점 더 중요한 문제로 대두할 것이다.

노동의 진통

아이폰을 뒤집어보면 '캘리포니아에서 애플이 설계하고, 중국에서 조립했음Designed by Apple in California. Assembled in China.'이라는 영어 여덟 단어로 된 애플의 사업계획을 읽을 수 있다. 시가 총액 5,000억 달러가 넘는 애플은 오늘날 세계적으로 가장 가치 있는 기업이 되었다. 이 전략의 변형 전략들은 애플과 기타 거대한 글로벌 기업들뿐만 아니라 중견 기업들 그리고 심지어 '마이크로 다국적기업micro multinational(핵심 역량을 유지하기 위한 최소한의 인력만 두고 나머지 업무는 아웃소싱을 통해 해결하는 다국적기업 – 옮긴이)'들에도 효과가 있었다. 점점 더 많은 기업이 기술과 세계화라는 우리 시대의 두 위대한 힘에 편승해서 이익을 내고 있다.

기술은 세계화를 가속하고 통신과 거래비용을 극적으로 낮추어왔다. 그리고 전 세계가 노동과 자본, 그리고 기타 생산 투입 요소에 대한 하나의 거대한 세계 시장에 한 발짝 더 다가서게 했다. 노동은 이동이 완전히 자유롭지는 않지만, 다른 생산 요소들은 점점 더 이동이 자유로워지고 있다. 그 결과, 글로벌 공급체인을 구성하는 다양한 요소가 커다란 마찰을 빚거나 비용을 들이지 않고 노동력이 있는 곳으로 이동할 수 있게 되었다. 선진국 상품과 서비스의 약 3분의 1이 교역 가능하며 이 숫자는 계속 증가하고 있다. 세계적인 경쟁의 효과가 선진국과 개발도상국 모두에서 비교역 부문으로 스며들고 있다.

이 모든 변화는 효율을 더 높이고 더 많은 수익을 창출할 기회를 만드는 한편으로, 커다란 혼란을 초래할 수도 있다. 중국이나 인도의 노동자가 미국의 노동자와 똑같은 일을 할 수 있다면, 국가 간 생산성의 차이는 조정하더라도 결국 같은 임금을 받게 된다는 것이 경제학 법칙이다. 이것은 전반적인 경제 효율과 소비자, 그리고 개발도상국 노동자들에게는 희소식이다. 그러나 저가 경쟁에 직면한 선진국 노동자들에게는 그렇지 않다. 연구에 따르면 수십 년 동안 선진 산업국가의 교역 부문이 순고용을 창출하지 못한 것으로 나타난다. 이는 현재 대부분 일자리가 거대한 비교역 부문 내에서만 창출되고 있음을 의미한다. 비교역 부문은 교역 부문에서 쫓겨난 노동자들로 경쟁이 치열해져서 임금이 떨어지고 있다.

세계화가 계속 화제가 되고 있지만, 이보다 더 큰 이야기가 전개되기 시작했다. 인공지능과 로봇공학, 3D 프린팅 등을 포함하는 자동화 이야기다. 그리고 상대적으로 숙련도가 낮은 개발도상국의 노동자들이 자동화에 가장 큰 타격을 입게 될 것으로 예상되면서 이두 번째 이야기가 첫 번째 이야기보다 더 관심을 모으고 있다.

예를 들어, 중국 광둥 성에 있는 한 공장에 가보면 수천 명의 젊은이가 허구한 날 키보드 두 부분을 연결하는 등의 일상적이고 반복적인 일을 하는 광경을 볼 수 있다. 이런 일들은 미국이나 다른 선진국에서는 이제 거의 찾아볼 수 없다. 그러나 중국과 나머지 개발도상국에서도 이런 단순 노동이 사라질 날이 머지않았다. 로봇으로 대체하기 쉬운 일이기 때문이다. 지능형 기계가 더 저렴해지고 성능이 향상되면서 점점 더 많은 인간 노동을 대체하게 된다. 이런 대체는 특히 공장 등과 같이 상대적으로 구조화된 환경과 가장 일상적이고 반복적인 일에서 일어난다. 달리 말하면, 생산시설의 국외 이전 offshoring 은 자동화로 가는 과정에 있는 중간 기착지에 불과하다.

이런 현상은 노동비용이 낮은 지역에서도 발생한다. 실제로 아이폰과 아이패드를 조립하는 중국 기업 폭스콘Foxconn은 100만 명이 넘는 저임금 노동자를 고용하고 있다. 그러나 지금 이 회사는 이들을 점점 늘어나는 로봇 군단으로 보충하고 대체해가고 있다. 따라서 많은 제조업 일자리가 미국에서 중국으로 이동한 이래 중국에서도 사라지기 시작하는 것으로 나타났다(이러한 변화에 관한 신뢰성 있는 자료를 구하기는 어렵다. 중국의 공식 통계 자료는 1996년 이래 제조업 생산이 70퍼센트 이상 치솟았지만, 일자리는 3,000만 개 또는 전체 일자리의 25퍼센트가 감소한 것으로 보고하고 있다. 그러나 그런 감소의 일부는 자료 수집 방법이 바뀐 데 따른 것이기도 하다). 게다가 저임금을 좇을 필요가 없게 됨에 따라 이제는 최종 시장이 있는 곳으로 일이 몰리리라 예상된다. 납기를 단축하고 재고비용을 절감하는 등을 통해 부가가치를 올릴 수 있기 때문이다.

자동화 가능성이 커지면서 가난한 나라들이 외부 투자를 끌어들이는 데 가장 의지해왔던 한 가지 전략을 위협하고 있다. 바로 낮은 생산성과 기술 수준을 보상하기 위해 저임금 노동을 제공하는 전략이다. 그리고 이러한 동향은 제조업을 넘어 확대되는 추세다. 예를 들어, 선진국에서는 쌍방향 음성 응답 시스템이 등장하면서 사람과 사람이 직접 대화하거나 콜센터에 전화해서 이름을 또박또박 말해야 하는 불편이 줄어들고 있다. 마찬가지로, 컴퓨터 프로그램의 신뢰성이 점차 높아짐에 따라 현재 개발도상국에서 주로 하는 필사 transcription(구술된 내용을 글로 옮기는 작업 – 옮긴이) 작업도 컴퓨터가 대신하게 될 것이다. 다른 나라들에서 저임금 인간 노동자를 고용하는 것과는 달리 선진국에서는 점점 더 많은 영역에서 지능적이고 유연한 기계가 가장 비용효율적인 '노동'의 원천이 될 것이다.

자본의 종말

저렴하고 풍부한 노동력이 이제 경제 발전에 대한 명확한 해답이 아니라면, 다음은 무엇인가? 한 학파는 한 경제에서 노동과 결합해서 상품과 서비스를 생산하는 유·무형의 자산(장비와 건물, 특허와 상표 등)인 자본의 기여도가 증가하는 데 주목한다. 경제학자 토마 피케티Thomas Piketty는 《21세기 자본Capital in the Twenty-first Century》에서 자본수익률이 일반적인 경제 성장률보다 높으면 경제에서 자본이 차지하는 몫이 증가하는 경향이 있는데, 앞으로의 사회가 이렇게 되리라고 예측했다. 피케티 교수가 예상하는 경제에서 이러한 '자본의 심화capital deepening' 현상은 자본의 한 형태라 할 수 있는 로봇과 컴퓨터 그리고 소프트웨어가 점점 더 인간 노동력을 대체함에 따라 더욱더 가속화할 것이다. 바로 이런 자본에 기반을 둔 기술 변화가 미국을 비롯한 전 세계에서 일어나고 있음이 입증되고 있다.

지난 10년 동안 미국에서 전체 국민소득에서 인적 자본인 노동이 차지하는 비중과 물적 자본이 차지하는 비중 사이에 역사적으로 일관성을 유지해오던 부문에 큰 변화가 있었던 것으로 보인다. 2011년 경제학자 수전 플렉Susan Fleck과 존 글레이저John Glaser 그리고 숀 스프레이그Shawn Sprague가 미국 노동통계국Bureau of Labor Statistics의 〈월간 노동 리뷰Monthly Labor Review〉에서 밝힌 바에 따르면, "1947년부터 2000년까지 노동 점유율은 평균 64.3퍼센트였다. 노동 점유율은 지난 10년 동안 계속 감소해서 2010년 3분기에 가장 낮은 57.8퍼센트까지 떨어졌다." 텍사스에서 새로운 맥 프로Mac Pro를 생산하기로 한 애플의 결정을 포함해서, 해외로 이전했던 생산을 본국으로 되돌리려는 최근의 '생산시설 국내 회귀reshoring' 움직임도 이러한 추세를 반전시키기에는 역부족이다. 경제적으로 존립하기 위해서는 이 새로운 국내 생산시설들도 고도로 자동화해야 하기 때문이다.

다른 나라들도 비슷한 경향을 보이고 있다. 경제학자 루카스 카라바부니스Loukas Karabarbounis와 브렌트 니만Brent Neiman은 중국과 인도, 멕시코를 포함한 조사 대상 59개국 가운데 42개국에서 GDP에 대한 노동 점유율이 상당히 감소한 것으로 기술했다. 자신들의 조사 결과에 관한 설명에서 저자들은 디지털 기술의 발전이 이러한 현상의 주요 동인임을 밝히면서 다음과 같이 말했다. "주로 정보 기술과 컴퓨터 시대의 발전에 따른 투자 상품의 상대 가격 하락이 기업들로 하여금 노동에서 자본으로 이동하게 했어요. 낮은 투자 상품 가격이 노동 점유율 하락의 절반가량을 설명해줍니다."

그러나 국민소득에 대한 자본 점유율이 계속 증가해왔다고 하더라도 자본에 대한 새로운 도전이 나타나면서 미래에는 이러한 경향이 계속될 수 없는 위험에 놓일 수도 있다. 이런 새로운 도전은 되살아난 노동 부문이 아니라, 자본 부문 내에서 점점 더 중요성을 띠는 디지털 자본digital capital 으로부터 오는 도전이다.

자유 시장에서 가장 큰 프리미엄은 가장 희소한 생산 투입 요소의 몫으로 돌아간다. 소프트웨어와 로봇 등의 자본을 싸게 복제할 수 있는 세계에서는 전체적으로 이런 요소들을 더 많이 사용하더라도 한계비용이 떨어지는 경향이 있다. 그리고 더 많은 자본이 낮은 한계비용으로 추가됨에 따라 기존 자본의 가격도 실제로 내려가게 된다. 말하자면, 기존 공장들과는 달리 많은 유형의 디지털 자본은 매우 저렴하게 추가할 수 있다. 소프트웨어는 추가 비용을 거의 들이지 않고 복제해서 배포할 수 있다. 그리고 무어의 법칙Moore's Law (컴퓨터 마이크로 칩의 용량이 18개월마다 끊임없이 두 배로 증가할 것이라는 예측 – 옮긴이) 변형 이론이 지배하는 많은 컴퓨터 하드웨어 요소가 시간이 지남에 따라 계속해서 빠르게 더 싸지고 있다. 요컨대, 디지털 자본은 풍부하고 한계비용이 낮아서 거의 모든 산업에서 그 중요성이 증가하고 있다. 따라서 생산이 더 자본 집약적으로 된다 하더라도 자본가들이 전체적으로 얻는 보수는 항상 노동보다 계속 늘어난다고 볼 수는 없다. 그 몫은 생산과 유통 그리고 관리 시스템의 구체적인 내용에 따라 달라진다.

무엇보다도, 보수는 어떤 생산 투입 요소가 가장 희소한가에 달려 있다. 디지털 기술이 늘어나는 일자리를 위한 저렴한 대체재를 만들어낸다면 노동자가 되기에 적합한 시기가 아니다. 그러나 디지털 기술이 점점 자본도 대체한다면 모든 자본주 역시 커다란 이익을 기대할 수 없을 것이다.

테크크런치 디스럽트

《제2의 기계 시대^{The Second Machine Age}》에서 우리가 '제2의 기계 시대'라고 부른, 디지털 기술과 이러한 기술이 관련된 경제적 특성이 주도하는 시대에는 무엇이 가장 희소하고 따라서 가장 가치 있는 자원일까? 이것은 일반적인 노동이나 일반적인 자본이 아니라 새로운 아이디어를 창출하고 혁신할 수 있는 사람들이다.

물론 이런 사람들은 항상 경제적인 가치를 인정받았고, 자신들의 혁신 결과에 대해 후한 보상을 받는 경우도 많았다. 그러나 자신들의 아이디어가 시장에 나오는 데 도움을 준 노동자 및 자본가와 수익을 나눠 가져야 했다. 디지털 기술은 일반적인 노동력 상품과 일반적인 자본재를 점점 더 많이 만들고 있다. 따라서 아이디어에서 나오는 보상의 더 많은 몫이 창조자와 혁신가, 기업가에게 가게 된다. 노동자나 투자자가 아니라 아이디어를 가진 사람이 가장 희소한 자원이기 때문이다.

경제학자들이 기술의 영향을 설명할 때 사용하는 가장 기본적인 모델은 기술의 영향을 모두를 위해 전반적인 생산성을 균등하게 향상시키는, 다른 모든 것에 대한 단순승수^{simple multiplier}(한계소비성향, 즉 추가 소득 중 저축하지 않고 소비되는 금액의 비율이 1 이하로 일정하면, 정부 지출이나 수출 또는 투자의 자율적인 증가가 지출보다 많은 소득의 증가를 가져오는 것을 의미한다 – 옮긴이)로 취급하는 것이다. 많은 입문 경제학 수업에서 사용되는 이 모델은 최근까지도 매우 합리적이면서 공통되는 직관의 기반을 제공한다. 밀물이 모든 배를 똑같이 뜨게 하듯이 기

CeBIT 2012에서 소개된 로봇 팔

술 진보가 모든 노동자를 더 생산적이고, 따라서 더 가치 있게 만들리라는 것이다.

약간 더 복잡하고 현실에 부합하는 모델은 기술이 모든 투입 요소에 균등하게 영향을 미치지 않고 다른 요소보다 일부 요소를 더 선호할 가능성이 있다고 한다. 예를 들어, 기술 숙련도 중심의 기술 변화는 숙련되지 않은 노동자들에 비해 숙련된 노동자들에게 유리하게 작용하고, 자본 중심의 기술 변화는 노동력보다 자본을 선호하게 된다. 과거에는 이 두 가지 유형의 기술 변화가 중요했지만, 점점 제3의 유형이 세계 경제를 일으키고 있다. 우리는 이러한 변화 유형을 '슈퍼스타 기반의 기술 변화'라 부른다.

오늘날에는 많은 주요 상품과 서비스, 프로세스를 체계화할 수 있다. 일단 체계화하면 디지털화할 수 있고, 디지털화하면 복제할 수 있다. 디지털 사본은 사실상 거의 비용을 들이지 않고 만들 수 있으며, 원본과 똑같은 복제품을 거의 동시에 전 세계 어디에나 전송할 수 있다. 이러한 세 가지 특성(매우 저렴한 비용과 빠른 보급, 그리고 완벽한 충실도)을 조합하면 불가사의하고 멋진 경제학으로 이어진다. 이것은 뮤직비디오 같은 소비재뿐만 아니라 일정 유형의 노동력이나 자본과 같은 경제적 투입 요소가 부족했던 분야도 풍요롭게 만들 수 있다.

이런 시장에서 수익률은 일반적으로 독특한 패턴을 따른다. 멱법칙 또는 파레토 곡선이다. 여기서는 소수가 과도한 보수를 받는다. 어떤 상품을 더 많은 사용자가 가질 때 그 상품의 가치가 더 올라가는 네트워크 효과가 이러한 승자독식제도winner-take-all 또는 승자절대다수 배분제도winner-take-most가 적용되는 시장을 만들 수도 있다. 디지털·네트워크 경제의 경제학 사례로 사진 공유 플랫폼인 인스타그램Instagram을 생각해보자. 이 회사를 만든 14명은 많은 비숙련 인력의 도움이나 물적 자본이 필요하지 않았다. 그들은 디지털 제품을 만들어 이것이 네트워크 효과 덕분에 빠르게 유행하자 불과 일 년반 뒤에 회사를 7억5,000만 달러 가까이에 매각할 수 있었다. 아이러니하게도 이때가 다른 사진 회사인 코닥이 파산한 수개월 뒤였다. 코닥은 전성기에 14만5,000명을 고용하고 수십억 달러의 자본을 보유했다.

인스타그램은 일반적인 규칙의 극단적인 사례다. 대개 디지털 기술이 발달함에 따라 제품이나 프로세스를 디지털화하는 것이 매력적인 경우, 2등이나 후발 주자들은 경쟁하느라 어려운 시간을 보내지만 슈퍼스타들의 소득은 증가한다. 1980년대 이후 음악과 스포츠, 그리고 그 외 영역에서 최고의 성과를 내는 사람들도 능력과 소득이 향상되고 있으며 직접 또는 간접적으로 같은 상승 추세를 타고 있다.

그러나 변하고 있는 것은 비단 소프트웨어와 미디어뿐만은 아니다. 디지털화와 네트워크화는 유통과 금융 서비스에서 제조업과 마케팅까지 경제 전반에 걸쳐 모든 산업과 기능에 더 널리 파급되고 있다. 이것은 슈퍼스타 경제학superstar economics이 어느 때보다 더 상품과 서비스 그리고 사람들에게 영향을 미치고 있다는 것을 의미한다.

심지어 최고 경영진도 록 스타급 연봉을 받기 시작했다. 1990년 미국에서 CEO의 평균 급여는 노동자 급여의 70배였다. 2005년에는 이것이 300배로 늘었다. 국가별로 상당한 차이가 있긴 하지만, 일반적으로 임원들의 보수는 전 세계적으로 같은 방향으로 움직이고 있다. 여기에는 세금과 정책 변화, 문화와 조직 규범의 진화, 그리고 평범한 운을 포함하는 많은 힘이 작용한다. 그러나 우리 중 한 사람(브리놀프슨)과 김희경 교수가 진행한 연구조사에서 밝혀진 바와 같이, 성장의 일부는 더 많은 정보 기술의 사용과 직결된다. 기술은 의사 결정자의 힘이 미치는 잠재적 범위와 규모, 관찰 능력을 확장한다. 그리고 그들 선택의 잠재적 결과를 확대함으로써 훌륭한 의사 결정자로서 가치를 높인다. 디지털 기술을 통해 직접 관리가 가능해지면서 훌륭한 관리자를 예전보다 더 빛나게 한다. 예전에는 임원들이 장황한 보고 체계를 통해 부하들과 나눠서 관리해야 했으므로 활동들의 작은 부분에 대해서만 영향을 미칠 수 있었다. 오늘날 시장 가치가 큰 기업일수록 가장 훌륭한 임원이 조직을 이끌어야 한다는 논의가 강하게 대두한다.

소득이 멱 법칙에 따라 분배되면 대부분 사람의 소득은 평균 이하가 된다. 그리고 전반적인 국가 경제가 점점 더 이러한 역학에 종속됨에 따라 국가 차원에서는 이러한 패턴이 쓸모없어진다. 아니나 다를까, 오늘날 미국은 1인당 실질 GDP에서는 세계 최상위에 속하는 국가 중 하나이지만 중간 소득median income은 20년 동안 근본적으로 정체되었다.

영구적 혁명에 대한 준비

제2의 기계 시대에 작용하는 원동력은 강력하고, 쌍방향이며 복잡하다. 미래를 멀리 내다보고 이러한 힘들이 궁극적으로 어떤 영향을 미칠지 정확하게 예측하는 것은 불가능하다. 그러나 개인과 기업, 정부가 무슨 일이 일어나고 있는지를 이해한다면 적어도 조정하거나 적응하는 노력을 할 수 있다.

예를 들어, 애플의 기술과 제조 부문이 다시 한 번 미국 국경 안에서 이루어지게 되어 애플의 여덟 단어로 된 사업계획의 후반부(해외 생산 전략)가 뒤집혔다. 이에 따라 미국은 일부 사업을 국내로 다시 가져오게 될 것이다. 그러나 애플 사업계획의 전반부(국내 설계 전략)

가 어느 때보다 더 중요해질 것이다. 현상에 만족하기보다는 염려해야 하는 이유가 여기 있다. 불행하게도 미국을 세계에서 가장 혁신적인 나라로 만든 그 역동성과 창의성이 무너질 수 있기 때문이다.

끊임없이 진보하는 디지털혁명에 힘입어 설계와 혁신은 이제 세계 경제에서 교역 부문의 일부가 되었고, 이미 제조업을 바꿔놓은 것과 똑같은 경쟁에 직면하게 될 것이다. 설계 부문의 주도권은 교육받은 노동력과 기업가적 문화에 좌우되는데, 이런 분야에서 미국의 전통적인 강점이 약화하고 있다. 미국이 한때는 노동력 중 적어도 전문학사 학위를 소지한 졸업생 비율에서 세계를 선도했지만, 지금은 12위로 떨어졌다. 그리고 실리콘밸리의 기업가 정신에 관한 이야기에도 불구하고, 데이터에 따르면 1996년 이래 한 명 이상을 고용하는 미국 스타트업의 숫자는 20퍼센트 이상 감소한 것으로 나타났다.

지금 논의하고 있는 동향이 전 세계적인 것이라면, 이런 동향이 지역에 미치는 효과는 각 나라가 특히 교육 부문을 육성하고 혁신 및 경제적 역동성을 더 일반화하는 데 투입하기로 한 투자와 사회정책에 따라 달리 나타날 것이다. 한 세기 이상 동안 미국 교육 시스템은 보편적인 K-12 교육(유치원에서 고등학교 3학년까지의 교육-옮긴이)과 지속적인 경제 성장의 원동력이 되는 세계 수준의 대학들로 전 세계의 부러움을 샀다. 그러나 최근 수십 년 동안 미국 초등 교육과 중등 교육은 교육의 질이 그 지역 소득수준에 비례하거나 암기 학습 위주로 되는 등 점점 균형을 잃어가고 있다.

다행히, 제품과 노동 시장을 바꾸고 있는 디지털혁명이 교육을 바꾸는 데에도 도움을 줄 수 있다. 온라인 학습은 위치와 관계없이 학생들에게 최고의 교사와 내용, 학습 방법을 제공할 수 있다. 그리고 새로운 데이터 중심의 교육 현장 접근방식은 학생들의 강점과 약점, 발달 상태를 쉽게 측정할 수 있도록 해준다. 이 방식은 이미 과학적 발견과 유통 및 제조업을 바꾼 피드백 기술을 사용해서 맞춤형 학습 프로그램과 지속적인 개선을 위한 기회를 제공할 것이다.

세계화와 기술 변화는 국가, 크게는 세계의 복지와 경제적 효율을 높인다. 그러나 적어도 단기와 중기적으로는 모든 사람에게 이익이 되는 방향으로 작동하지는 않을 것이다. 특히 일반 노동자들은 계속 변화의 예봉을 감내해야 하며, 소비자로서는 혜택을 받지만 생산자로서는 항상 혜택을 받지는 못할 것이다. 이는 시장에 대한 추가 개입 없이는 경제적 불평등이 계속 심화하여 다양한 문제가 발생하리라는 것을 의미한다. 소득 불평등은 기회 불평등으로 이어지고, 국가가 인재를 기용할 기회를 박탈하며, 나아가 사회계약을 훼손할 수 있다. 그런 한편으로 종종 정치권력이 경제권력을 따르게 되는데, 이때는 민주주의를 훼손하게 된다.

이러한 도전 과제는 공공 부문이 교육과 건강관리 그리고 은퇴 뒤 보장 등을 포함하는 고품질의 기본 서비스를 제공함으로써 해결할 수 있고 또 해결해야 한다. 이러한 서비스는 급변하는 경제 환경에서 진정한 기회 평등을 실현하고 소득과 복지, 미래 전망에서 세대 간 계층 이동성intergenerational mobility을 높이기 위해 매우 중요하다.

일반적으로 경제 성장에 박차를 가하는 데 필요한 여러 정책에 관해 진지한 경제학자들 사이에 거의 합의가 이루어졌다. 기본 전략은 정치적으로는 어려울지라도 지적으로는 간단하다. 단기와 중기적으로 공공 부문 투자를 활성화하고, 장기적으로는 이러한 투자를 더 효율적으로 만들고 재정 건전화 계획을 시행하는 것이다. 공공투자는 건강·과학·기술 분야의 기초 연구와 교육에서, 그리고 도로·공항·공공용수·위생 시스템에 대한 인프라 지출에서 높은 수익을 창출하는 것으로 알려져 있다. 이런 분야에서 정부 지출의 증가는 나중에 다음 세대를 위한 진정한 부를 창조함과 동시에 현재 경제 성장도 북돋울 것이다.

최근 강력하게 일어난 디지털혁명이 미래에도 계속된다면, 현대 경제의 구조와 일 자체의 역할에 관해 다시 생각해야 할 수도 있다. 전체적으로 우리 후손들은 더 적은 시간 일하고 더 잘살 수 있을 것이다. 그러나 일과 보수는 더 불평등하게 분배될 수 있고 여러 가지 바람직하지 않은 결과가 발생할 수 있다. 지속 가능하고 공평하고 포용적인 성장inclusive growth을 이루기 위해서는 어느 때보다 더 많은 노력을 해야 한다. 사물이 얼마나 빨리, 그리고 어디까지 진화하는지 올바르게 이해하는 데서 출발해야 한다.

07

제2의 기계 시대의 노동
인간의 운명도 말과 같을까

에릭 브리뇰프슨 MIT 슬론경영대학원 경영학과 교수
앤드루 맥아피 MIT 디지털경제연구소 공동창립자

기술이 일과 직업 그리고 임금에 미치는 영향에 관한 논쟁은 산업 시대 역사만큼이나 오래되었다. 1810년대 러다이트Luddite로 불리는 영국 섬유 노동자 그룹이 방직기 도입을 반대하며 시위를 벌였다. 방직기는 산업혁명 발아기의 기계로서 자신들의 일자리를 위협했기 때문이다. 그때 이후로 새로운 기술 진보가 나타날 때마다 노동을 대규모로 대체하지 않을까 하는 우려로 파문이 일어왔다.

이 논쟁의 한 축은 신기술이 노동자를 대체할 가능성이 있다고 믿는 사람들이다. 증기 시대의 카를 마르크스는 프롤레타리아의 자동화를 자본주의의 필연적인 특징으로 설명했다. 1930년 전기와 내연기관이 도입된 뒤, 존 메이너드 케인스John Maynard Keynes는 이러한 혁신이 물질적 번영을 가져오겠지만, 동시에 '기술적 실업technological unemployment'을 만연시킬 것으로 예측했다. 1964년 컴퓨터 시대의 여명기에 과학자와 사회 이론가 그룹이 린든 존슨 당시 미국 대통령에게 공개서한을 보내서 컴퓨터에 의한 자동 제어가 '거의 무한한 생산 능력을 가진 시스템을 낳게 되고 인간 노동에 대한 요구는 점차 줄어들 것'이라고 경고했다. 최근에는 우리를 비롯하여 여러 사람이 디지털 기술이 경쟁에서 앞서가면서 많은 노동자를 낙오하게 할 수 있다고 주장해왔다.

이 논쟁의 다른 한 축은 노동자들에게는 아무 문제가 없을 것이라고 말하는 사람들이다. 이들은 자신들의 주장에 대한 논거로 역사적 사실을 든다. 기술이 유례없이 발전했지만, 19세기 중반부터 선진국을 중심으로 실질 임금과 일자리 수가 비교적 꾸준히 증가해왔다는 것이다. 1987년 미국 국립과학아카데미 보고서가 그 이유를 뒷받침했다.

이 견해는 주류 경제학 내에서 충분한 동력을 얻었고 반대 견해, 즉 기술 발전이 인간고용을 감소시킬 것이라는 믿음은 '노동 총량의 오류^{lump of labor fallacy}(세상에 필요한 노동의 총량은 정해져 있다는 주장이 오류라는 것 - 옮긴이)'로 무시되었다. 이 주장에 따르면, 해야 하고 할 수 있는 일의 양은 무한하게 증가하므로 고정된 '노동 총량'이란 없다. 따라서 기술 발전이 인간고용을 감소하게 하리라는 생각은 오류라는 것이다.

1983년 노벨상을 받은 경제학자 바실리 레온티예프^{Wassily Leontief}가 기발하게도 사람과 말을 비교함으로써 이 논의의 논점을 분명하게 했다. 수십 년 동안 말의 노동은 기술 변화에 영향을 받지 않을 것처럼 보였다. 전신이 포니 익스프레스Pony Express(서부 개척 시대의 조랑말 속달 우편 – 옮긴이)를 대신하고, 철도가 역마차와 코네스토거 왜건Conestoga wagon(폭이 넓고 포장이 있는 대형 마차 – 옮긴이)을 대체할 때도 미국의 말 사육두수는 끝없이 늘어날 것으로 보였다. 1840년에서 1900년까지 말과 노새가 6배나 증가해서 2,100만 마리나 되었다. 이 말과 노새는 농장에서뿐만 아니라 빠르게 성장하는 미국 도시의 중심부에서도 사람과 화물을 운송하는 전세 마차와 합승 마차에 요긴하게 쓰였다.

그러나 내연기관이 도입·확산되면서 추세가 급격하게 반전되었다. 엔진이 도시에서는 자동차에, 시골에서는 트랙터에 사용되면서 말은 무용지물이 되었다. 1960년에 미국 말 사육두수는 300만 마리로, 불과 반세기 만에 거의 88퍼센트나 감소했다. 1900년대 초반에 새로운 산업 기술에 직면한 말의 운명에 관한 논쟁이 있었다면 그때까지의 말의 회복력에 기반을 두고 '말 노동 총량의 오류'라는 표현을 썼을지도 모른다. 그러나 오류라는 주장 자체가 곧 오류로 밝혀졌을 것이다. 제대로 된 기술이 개발되자 노동력으로서 말의 운이 다했기 때문이다.

비슷한 티핑 포인트가 인간 노동에도 적용될까? 자율주행 차량과 셀프서비스, 창고 로봇과 슈퍼컴퓨터가 궁극적으로 인간을 경제에서 몰아낼 기술 진보 물결의 전조일까? 레온티예프는 이 질문에 대한 답이 '예'라고 생각했다. "가장 중요한 생산 요소로서 인간의 역

수십 년 동안 말이 하는 노동은 기술에 영향을 받지 않는 듯했다.

할은 말의 역할이 처음에 감소하다가 나중에 사라진 것과 같은 방식으로 감소할 것입니다."

그러나 다행히 인간은 말이 아니다. 레온티예프는 인간과 말 사이에는 중요한 차이점이 많다는 사실을 간과했다. 이런 많은 차이점이 인간이 계속 경제의 중요한 부분으로 남으리라는 것을 암시한다. 인간 노동력에 대한 수요가 전반적으로 훨씬 줄게 되더라도 인간은 말과는 달리 자신이 경제적으로 무용지물이 되지 않게 할 수 있다.

인간의 욕구

노동 총량이 정해져 있지 않다는 주장의 가장 일반적인 근거는 끝

없는 인간의 욕구다. 사실 현대 역사를 통해 인당 소비는 꾸준히 증가해왔다. 앨프리드 마셜Alfred Marshall은 1890년 자신의 주저인 《경제학 원리Principles of Economics》에서 "인간의 요구와 욕망은 셀 수 없이 많고 종류도 다양하다"고 했다. 마셜 이래 사람들의 무한한 요구는 완전 고용으로 이어졌다. 결국, 노동자들 외에 누가 그러한 요구와 욕망을 충족할 수 있겠는가?

이러한 주장이 위로가 되기는 하지만, 정확하진 않다. 기술이 무한한 욕망과 완전 고용의 연결 고리를 잘라버릴 수 있기 때문이다. 최근의 발전이 보여주듯이 광산과 농장, 공장, 사람들에게 필요한 모든 음식과 공산품을 공급하는 물류 네트워크를 완전 자동화한다는 생각은 이제 공상과학 소설에서나 볼 수 있는 일만은 아니다. 많은 서비스직과 지식 작업도 자동화할 수 있고, 주문을 받는 일부터 고객 지원과 결제 처리까지 자율 지능 시스템이 할 수 있다. 일부 혁신적인 인간은 앞으로 소비될 새로운 상품과 서비스를 고안해내는 분야에서 여전히 필요하겠지만, 소수일 뿐이다. 2008년 애니메이션 영화 〈월-EWALL-E〉가 이러한 경제의 불안한 미래를 선명하게 보여준다. 대부분 사람이 오로지 소비와 마케팅 대상으로만 존재하고, 너무 비만해져서 자신들의 힘으로는 거의 움직이지도 못하게 된다.

〈월-E〉의 디스토피아Dystopia(현대 사회의 부정적인 측면이 극단화된 암울한 미래상 – 옮긴이)가 보여주듯이, 기술이 충분히 발달한 세계에서 인간의 무한한 경제적 욕구가 완전 고용을 보장하지는 않는다. 결국 수송에 대한 인간의 수요가 무한하게 증가했다고 해도, 그리고 실제 지난 세기 동안 엄청나게 증가했음에도, 말에 대한 수요에는 거의 영향을 미치지 않았다. 요컨대, 예전에 말의 이용에서 그랬듯이, 기술의 진보는 계속 성장하는 소비와 대규모 인간고용의 연결 고리를 끊어놓을 수 있다.

물론, 우리는 로봇이나 인공지능에만 전적으로 의존하고 싶어 하지 않는다. 이것이 완전 자동화된 경제로 가는 가장 큰 장벽이며, 인간의 노동이 곧 사라지지는 않을 것이라는 가장 큰 이유다. 우리 인간은 철저히 사회적인 동물이며, 인간관계에 대한 욕망이 경제생활로 이어진다. 우리가 돈을 쓰는 일의 대부분에 확실히 대인관계와 관련된 요소가 있다. 우리는 연극이나 스포츠 행사에 참석해서 인간의 표현력이나 능력에 대해 함께 찬사를 표한다. 사람들이 특정 바나 레스토랑을 자주 찾는 이유는 단지 음식이나 음료 때문만이 아니라 그들이 베푸는 환대 때문이다. 코치와 트레이너들은 운동에 관한 책이나 비디오에서는 찾을 수 없는 동기를 부여한다. 좋은 교사는 학생들이 배움에 대한 의지를 계속 유지하도록 격려하고, 상담사와 치료사들은 고객과 유대를 형성해서 치료에 도움을 준다.

이러한 경우를 포함해서 기타 많은 경우에 인간의 상호작용은 경제적 거래에 부수적인 것이 아니라 중심이다. 마셜이 인간 욕구의 양을 강조한 것과는 달리, 인간 욕구의 질에 집중하는 것이 좋다. 인간의 경제적 욕구는 오로지 다른 인간만이 충족할 수 있다. 이것이 우리가 말이 걸어간 길을 답습하거나 〈월-E〉의 세계로 추락할 가능성을 줄여준다.

아직 죽지 않았다

그러나 우리의 대인관계 능력이 우리가 경제적으로 무용지물이 되는 것을 방지하는 유일한 수단일까? 적어도 다음 10년 동안은 이 질문에 대한 답은 거의 확실하게 '아니요'다. 최근 기술의 진보가 놀랄 만큼 빠르긴 하지만 앞으로 수년 이내에는 로봇이나 인공지능이 인간보다 모든 일을 잘할 수 있을 정도로 궤도에 오르지 못할 것이기 때문이다. 인간이 곧 말의 길을 가지 않을 다른 이유는 아직 기술의 능력이 미치지 못하는 많은 가치 있는 일을 인간이 할 수 있기 때문이다.

물질세계를 탐색하고 표현하는 일에 관한 한 인간은 많은 장점을 지닌다. 우리는 어떤 기계보다도 훨씬 더 민첩하고 재치 있으며, 상대적으로 가볍고 에너지 효율적이다. 게다가 우리의 감각이 빠르고 다차원적인 피드백을 제공하므로 정밀하게 움직이고 제어할 수 있다. 예를 들어, 그릇에 가득 담긴 동전을 평범한 아이만큼 잘 분류할 수 있는 로봇이나 레스토랑 웨이터 보조만큼 테이블을 잘 치울 수 있는 로봇은 전 세계 어디에도 없다.

우리의 정신적인 장점은 육체적인 장점보다 더 클 수 있다. 2011년 인간 제퍼디!$^{Jeopardy!}$ 챔피언을 IBM이 만든 인공지능 시스템인 왓슨^{Watson}이 이겼을 때 입증되었듯이, 지금 우리는 분명 연산 능력과 일부 패턴 인식에서 컴퓨터에 뒤진다. 그러나 우리는 여전히 훨씬 더 나은 상식을 지니고 있다. 우리는 또한 목표를 수립하고 달성하는 방법을 생각해낼 수 있다. 음악과 과학적 가설을 포함해서 기계가 만든 인상적인 디지털 창의성과 혁신 사례가 있지만, 인간은 여전히 대부분 영역에서 유용한 아이디어를 새로 내는 데 더 나은 재능을 보인다. 1965년 NASA 보고서의 다음과 같은 인용구가 떠오른다. "인간은 비숙련 노동으로 대량 생산할 수 있는, 70킬로그램의 가장 저렴하고 비선형^{nonlinear}인 만능 컴퓨터다."

기술이 인간의 영역을 얼마나 광범위하게, 그리고 빠르게 잠식할지 명확하게 예측하기는 보통 어려운 일이 아니다. 또 과거 예측의 결과가 어떠했는지 살펴보면 그런 시도를 그만두게 된다. 그러나 앞으로 10년 이내에 하드웨어와 소프트웨어 그리고 인공지능이 인간의 노동을 대체할 수 있을 것 같지는 않다. 더군다나 사람들이 대인관계와 사회구조에 관련된 경제적 욕구를 포기할 가능성은 더욱 없어 보인다. 이러한 인간의 경제적 욕구는 여전히 남아서 인간 노동자를 계속 필요로 할 것이다.

그러나 두 가지 유형의 인간 노동, 즉 꼭 사람이 해야만 하는 일과 아직 기계가 할 수 없는 일에 대해 특히 장기적으로 충분한 수요가 있을까? 실제 이 질문에 대한 답이 '아니요'일 가능성이 크다. 예전에 말의 노동이 그랬던 것처럼, 기술 진보로 인해 인간 노동의 유용성은 전반적으로 줄어들 것이다. 그렇게 되면, 세계가 고용이 꾸준히 늘어날 것으로 전망되고 늘어나는 인구를 먹여 살리던 산업 시대의 놀라운 궤적을 유지하지 못할 수 있다는 문제가 제기된다.

로봇과의 싸움

그러나 이야기는 여기서 그치지 않는다. 가치 있는 노동력을 제공하는 것만이 경제적으로 중요한 존재로 남는 유일한 방법은 아니다. 투자하거나 쓸 수 있는 자본이 있어도 계속 유용한 존재로 남을 수 있다. 사람과 말의 중요한 차이점은 말은 자본을 소유할 수 없지만, 사람은 할 수 있다는 점이다. 사실 자본주의 사회에서는 사람들이 공공재산을 제외한 사유재산을 소유한다. 예를 들어, 개인은 기업의 주식을 직접 소유하거나 퇴직연금 등 간접적인 방법으로도 소유한다. 즉, 인간은 로봇에게 잃은 소득을 만회하기 위해 자본을 재분배할 수 있다는 의미다.

여기서 문제는 자본 소유권은 항상 매우 공평하지 못했던 것으로 보이며 최근 점점 더 왜곡되고 있다는 데 있다. 경제학자 토마 피케티가 《21세기 자본》에서 이야기하듯이, "알려진 모든 사회에서 항상 가장 빈곤한 절반의 인구는 거의 아무것도(일반적으로 전체 부의 5퍼센트 남짓) 소유하지 않는다." 극히 소수의 집단만이 지난 몇 년 동안 주식과 도시 부동산, 그리고 몇 가지 다른 형태의 자본 가치가 증가함에 따른 혜택을 받았다. 크레디트 스위스^{Credit Suisse}는 2014년에 가장 부유한 1퍼센트가 전 세계 부의 48퍼센트를 소유한 것으로 추정했다. 한편으로 이런 불균형은 임금과 기타 형태의 보수에서 불평등이 심화하고 있음을 반영한다. 자동화와 디지털화는 모든 형태의 인간 노동을 대체하기보다 기술과 재능, 운에 대한 보상을 급격하게 재조정할 가능성이 크다. 이것이 부와 권력의 편중을 더욱더 심화시

지인과 차량을 공유하는 우버의 서비스에 항의하는 시카고의 택시운전수들

키리라는 것은 쉽게 짐작할 수 있다.

그러나 로봇과 그와 유사한 기술들에 대한 소유권, 또는 적어도 이것이 창출하는 금융 혜택의 일부를 더 널리 보급하는 '로봇 배당robot dividend'을 생각할 수 있다. 미국 알래스카 주가 이에 대해 실현 가능한 본보기를 제공한다. 1976년 설립된 알래스카 영구기금Alaska Permanent Fund 서비스가 그것이다. 알래스카 주에 거주하는 대다수 주민이 매년 상당한 금액의 자본 소득을 받는다. 주에서는 주의 석유 수입 일부를 기금에 예치하고, 매년 10월 거기서 나오는 배당금을 자격이 되는 거주자들에게 나눠준다. 2014년 이 배당금은 인당 1,884달러였다.

영구기금 설립을 정하는 알래스카 주 헌법 개정이 2대 1이라는 압도적인 표차로 민주적으로 통과되었다는 사실에 주목할 필요가 있다. 알래스카 주민들이 자신들에게 보너스를 지급하기로 한 사실이 말과 인간 사이의 또 다른 중요한 차이점을 두드러지게 한다. 오늘날 많은 나라에서 사람들은 투표할 수 있다. 다시 말해서, 사람은 민주적 절차를 통해 임금과 소득 등 경제적 성과에 영향을 미칠 수 있다. 이런 권리는 개헌안에 대한 투표와 국민투표를 통해 직접, 또는 선출된 대표들에 의해 통과된 법률을 통해 간접적으로 행사할 수 있다. 시장이 아니라 유권자들이 최저 임금을 정하고 우버Uber와 에어비앤비Airbnb 같은 공유경제 기업의 적법성을 결정하며, 그 외에 많은 경제 문제를 해결한다.

앞으로 사람들은 말과 같은 경제적 운명을 피할 수 있으리라 기대되는 정책에 투표할 것이다. 예를 들어, 의회는 일자리를 파괴하는 특정 기술 유형을 제한하는 법안을 통과시킬 것이다. 지금까지 이러한 명백한 제한 조처는 많지 않아 보이지만, 이미 자율주행 차량과 기타 상대적으로 노동에 직접적인 영향이 있는 기술과 관련한 법안을 입안하려는 초기 노력이 나타나고 있다. 또 모든 민주주의 사회에는 노동자를 도와야 한다는 신념을 지닌 공직 후보자들이 있기 마련이다. 그들이 그런 충동에 따라 계속 행동하지 않을 이유가 없다.

많은 사람이 자신들의 경제적 전망에 매우 불만스러워하고 정부가 자신들에게 무관심하거나 노골적으로 적대적이라고 느낀다면, 말과 인간의 마지막 차이점이 분명하게 드러날 것이다. 즉, 인간은 들고일어날 수 있다. 최근 몇 년 동안 미국에서 일어난 비교적 평화로운 '월스트리트 점령$^{Occupy\ Wall\ Street}$' 시위와 그리스에서 일어난 폭력적이고 때로는 치명적인 긴축 반대 시위를 포함해서 명백한 경제적 봉기들이 일어나고 있다.

오랫동안 노동자 문제가 발단의 전부 또는 일부가 된 봉기 사례가 많았다. 민주주의도 이러한 봉기에 대한 보장이 될 수 없다. 또 시간이 지남에 따라 대부분의 나라에서 다수에게 삶의 물질적 여건이 전반적으로 개선되고 있다는 사실도 이러한 봉기를 막지는 못한다. 말들은 우리가 알기로는 항의 한마디 없이 경제적으로 무용지물이라는 자신들의 운명을 순순히 받아들였다. 같은 일이 인간 노동자들에게 일어난다면, 인간은 그렇게 온유할 리가 없다.

노동절약형 경제

경제정책에 관한 현재의 논의는 노동자의 일자리와 임금 전망을 개선하는 방법에 초점을 맞추고 있다. 타당하다고 본다. 로봇과 인공지능이 당장 모든 일을 수행하는 방법을 터득하지는 못하기 때문이다. 오늘날과 같은 상황에 처한 노동자들을 돕는 최상의 방법은 노동자들이 가치 있는 기술을 익히게 하고, 전반적으로 경제 성장을 촉진하는 것이다. 따라서 정부는 교육과 이민에 관한 개혁적 법안을 통과시키고, 기업가 정신을 장려하는 정책을 제정하며, 인프라와 기초 연구에 대한 투자를 늘려야 한다. 정부는 또 포상과 경쟁, 금융 인센티브를 결합한 정책을 사용해서 기술 혁신자들이 주로 인간의 노동을 대체하는 솔루션보다 인간의 노동을 장려하고 지원하는 솔루션을 개발하도록 유도해야 한다.

그렇긴 하지만, 인간의 노동이 영원히 가장 중요한 생산 요소로 남으리라 가정하는 것은 상당히 안일한 생각이다. 레온티예프가 지적한 대로, 기술 진보는 말의 경우와 마찬가지로 인간의 노동을 변화시킬 것이다. 이런 사태가 벌어진다면 인간과 말의 또 다른 차이가 중요해질 것이다. 많은 사람의 근로소득이 감소하게 되면 자본 소유권과 수익 분배에 관한 자신들의 견해를 투표나 저항 운동을 통해 표출하게 되고, 이렇게 표출된 견해가 지금보다 훨씬 더 중요해질 것이다.

노동절약형 경제를 중심으로 어떤 사회를 구축해야 할지 논의를 시작할 때다. 이러한 경제의 풍요로움을 어떻게 공유할 것인가? 자원을 효율적으로 할당하고 진취성과 노력에 대해 보상하는 현대 자본주의의 장점을 유지하면서 높은 수준의 불평등을 일으키는 부작용을 어떻게 없앨 것인가? 산업 시대의 일 개념에 더는 초점을 맞추지 않게 될 때, 성취감을 주는 삶과 건강한 지역사회는 어떤 모습일까? 사회 안전망인 교육과 세금 그리고 기타 시민사회의 중요한 요소들은 어떻게 다시 생각해야 할까?

말의 노동에 대한 역사는 이러한 질문에 해답을 주지 못한다. 기계가 아무리 똑똑해진다 한들 기계로부터도 해답을 찾을 수 없다. 우리가 창조하는, 기술적으로 매우 복잡한 사회와 경제를 위해 우리가 세운 목표와 그 안에 담긴 가치에서 해답을 찾아야 한다.

08

기술낙관론에 대한 반박
미래는 과연 황홀하기만 할 것인가

마틴 울프 〈파이낸셜타임즈〉 수석 경제 논설위원

F. 스콧 피츠제럴드F. Scott Fitzgerald가 소설 《위대한 개츠비》에서 말했던 '녹색 불빛, 해마다 우리 뒤로 멀어져 가는 황홀한 미래'에 대한 믿음이 미국의 특징이다. 그러나 더 나은 미래를 꿈꾸는 것은 미국인의 전유물은 아니다. 이것이 오랫동안 다른 어느 곳보다 미국에서 더 강한 세속적인 믿음이 되어오긴 했지만 말이다. 이러한 믿음에는 오래된 뿌리가 있다. 오랜 암흑기에서 더 밝은 미래로 가는 여정에 잠시 있었던 황금기, 당시 일어난 변화의 산물이었다.

이러한 변화는 계몽주의에 따라 잉태되었고 산업혁명으로 실현되었다. 자연력을 더 많이 제어하게 되고 경제가 더 생산적으로 되면서 인간은 자신들의 조상이 상상했던 신과 닮은 삶을 꿈꾸기 시작했다.

사람은 영원히 살 수는 없지만, 건강하게 오래 살 수는 있다. 순간

이동은 할 수 없지만, 먼 거리를 빠르고 저렴하게 이동하거나 물건을 이동시킬 수 있다. 올림포스 산에서 살 수는 없지만, 온화한 기후와 24시간 조명 그리고 풍부한 음식을 즐길 수 있다. 이심전심으로 통할 수는 없지만, 지구상 어느 곳에서도 원하는 사람들과 통화할 수 있다. 무한한 지혜를 누릴 수는 없지만, 수천 년 동안 축적된 지식에 즉시 접근할 수 있다.

이 모든 것은 세계에서 가장 부유한 나라들에서는 이미 일어났고, 세계의 나머지 사람들은 이런 호사를 즐기게 될 날을 기다리고 있다.

더 황홀한 미래가 우리에게 손짓하는가? 오늘날의 개츠비들은 이 질문에 대한 답이 '예'임을 의심하지 않는다. 인류는 지금 정보 기술과 로봇공학, 인공지능 분야에서 기술 혁신의 최첨단에 서 있다. 이런 기술 혁신은 지난 두 세기 동안 이룩한 업적을 보잘것없게 할 것이다. 인간은 아직 더 신처럼 살 수 있다. 신처럼 기계를 창조할 것이기 때문이다. 이 기계는 단지 강하고 민첩할 뿐만 아니라 지능적이고 심지어 자기 창조도 가능하다.

그러나 이것은 낙관적인 버전이다. 메리 셸리Mary Shelley가 사회에 경종을 울리는 소설 《프랑켄슈타인》을 창작한 이래로 지능형 기계에 관한 생각들이 우리를 두렵게 했다. 많은 이들이 치솟는 실업과 불평등을 포함한 커다란 위험을 적절하게 지적했다.

그러나 우리가 다음 10년 또는 20년에 걸쳐 이러한 큰 변화를 경험하게 될 가능성이 있을까? 대답은 '아니요'다.

작은 변화

실제로 경제·사회적 변화의 속도는 최근 수십 년간 빨라지지 않았으며, 오히려 느려지고 있다. 이것은 노동자 1인당 생산량의 증가율에서 가장 명확하게 나타난다. 원로 회의주의 경제학자 로버트 고든Robert Gordon은 다음과 같은 데이터를 내놨다. 1891~1972년 미국 노동자 1인당 생산량의 평균 성장률은 2.3퍼센트였다. 그 후 1996~2004년에 잠시 이 성장률에 근접했다. 그렇지만 1972~1996년에는 1.4퍼센트였고, 2004~2012년에는 1.3퍼센트였다.

이 데이터에 따르면, 과거에 세계 경제의 생산성이 급속하게 향상한 시대가 확실히 있었다. 그러나 최근에는 인터넷과 이메일, 전자상거래가 초기에 영향을 미쳤을 때 반짝 짧은 상승 추세를 보였을 뿐이다.

고든이 '기술낙관론자'로 불렀던 사람들(예를 들어, MIT의 에릭 브리놀프슨과 앤드루 맥아피)은 인터넷에서 사용할 수 있는 무료 엔터테인먼트와 정보가 제공하는 엄청난 가치가 측정되지 않고 GDP 통계에서 빠져 있다고 주장한다. 그들은 저렴하거나 무료로 사용할 수 있는 서비스(스카이프, 위키피디아)가 다양하고, 규모가 큰 DIY 엔터테인먼트(페이스북)도 있으며, 신제품과 신규 서비스는 모두 셀 수 없을 정도로 많다고 강조한다. 기술낙관론자들은 2007년 6월 이전에는 지구상에서 가장 부유한 사람도 아이폰을 손에 넣지 못했다고 지적한다. 그 가격은 무한했다. 무한하던 가격에서 정해진 가격으로 내려가는 것은 가격 지수에 반영되지 않는다. 또한 디지털 제품과 서

The annoying dust that so steadily drifts into the home
and settles upon upholstery and portieres or collects out of

진공청소기는 여성을 가사 노동에서 해방했다.

비스는 '소비자 잉여', 즉 가격과 소비자에 대한 가치의 차이가 크다
고 기술 낙관론자들은 말한다. 끝으로, 그들은 GDP 측정이 무형자
산에 대한 투자를 과소평가한다고 주장한다.

이런 지적은 정확하다. 그러나 새삼스러운 것은 아니다. 이 모든
것은 19세기 이래 계속 사실이었다. 사실 과거의 혁신은 오늘날 상
대적으로 사소한 혁신보다 훨씬 더 큰, 정량화되지 않은 가치를 창
출했다. 전화가 없던 세상에서 있는 세상으로의 변화나 석유 램프를
사용하던 세상에서 전등을 사용하는 세상으로의 변화를 생각해보면
된다. 그것과 비교하면 누가 페이스북이나 아이패드에 관심을 가지
겠는가? 깨끗한 물과 수세식 화장실의 중요성을 생각할 때 누가 정
말 인터넷에 관심을 두겠는가?

지난 두 세기 동안 역사적인 혁신들은 정량화되지 않은 엄청난 가치를 창출했다. 자동차는 도시의 거리에서 방대한 양의 말 배설물을 사라지게 했고, 냉장고는 음식이 상하는 것을 막았다. 깨끗한 수돗물과 백신은 아동 사망률을 급격하게 낮췄다. 수도와 가스, 전기밥솥과 진공청소기, 세탁기가 여성을 가사 노동에서 해방했다. 전화는 경찰과 소방서, 구급차 서비스에 신속하게 연락할 수 있게 했다. 전등의 발견으로 할 수 없이 게으름피우지 않아도 되게 되었고, 중앙 냉난방으로 불편이 사라졌다. 철도와 증기선, 자동차와 비행기가 도입되면서 거리가 사라졌다.

라디오와 축음기, TV만 해도 지난 20년 동안의 기술보다 훨씬 더 홈 엔터테인먼트에 혁명을 가져왔다. 그러나 이러한 것들도 소위 범용 기술general-purpose technology에 기원을 둔 작은 혁신에 불과하다. 공업화학과 전기, 내연기관 등의 범용 기술은 1870년대부터 20세기 초반에 걸쳐 일어난 2차 산업혁명으로 도입되었다. 우리가 상대적으로 사소한 우리 시대의 혁신에 감동하는 이유는 과거의 혁신을 당연한 것으로 여기기 때문이다.

고든은 또한 훌륭한 혁신이 이루어진 기간이 집중되어 있었다는 점도 지적한다. 또 이러한 2차 산업혁명의 혜택에는 "엘리베이터와 전기기계, 가전 제품에서부터 자동차와 트럭, 비행기, 고속도로와 교외, 슈퍼마켓, 폐수를 흘려보내는 하수도까지 부수적이고 보완적인 발명들이 포함되어 있다"라고 고든은 지적한다.

과거일 뿐 서막이 아니다

19세기 후반에 도입된 기술들은 3세대에 걸쳐 상대적으로 높은 생산성 성장을 가져왔다. 이 기술들은 또한 정량화되지 않은 엄청난 경제적, 사회적 가치를 창출했다. 그와 함께 비할 데 없는 사회적, 경제적 변화 역시 일어났다. 고대 로마인도 1840년의 미국 생활 방식은 꽤 잘 이해할 수 있겠지만, 1940년의 생활 방식은 그의 상상을 초월한다는 사실을 발견할지도 모른다.

이렇게 광범위한 변화 가운데 가장 중요한 변화는 수명과 교육 수준에서의 큰 도약과 도시화를 들 수 있다. 1870년대에 미국은 75퍼센트가 농촌이었지만, 20세기 중반에는 64퍼센트가 도시였다. 기대 수명은 20세기 전반에 후반보다 2배 빠른 속도로 늘어났다. 아동 사망률이 낮아진 것은 지난 두 세기의 가장 유익한 사회적 변화다. 이것은 그 자체로도 훌륭할 뿐만 아니라 여성을 잦은 임신의 부담과 트라우마 그리고 위험에서 해방했다. 고등학교 졸업률은 1900년 젊은이의 10퍼센트 이하에서 1970년 약 80퍼센트로 증가했으며, 이는 20세기 경제 성장의 핵심 동력이 되었다.

이런 모든 변화는 그 성격상 일회성에 그쳤다. 여성이 노동 시장에 진입한 비교적 최근의 변화 역시 그렇다. 변화가 일어났지만 반복되지는 않는다.

그러나 19세기에서 20세기 초반까지의 혁신과 20세기 후반에서 21세기 초까지의 혁신을 대비해보면 주목할 만큼 중요한 뭔가가 있다. 첫 번째 혁신은 에너지, 운송, 위생, 식량의 생산·유통·처리, 엔터테인먼트, 그리고 거주의 전반적인 패턴에 영향을 미치는 훨씬 더 광대한 혁신이었다. 물론 컴퓨터와 이동 통신, 인터넷은 매우 큰 의미가 있다. 그러나 근본적인 변화가 없었던 부문을 기억하는 것도 중요하다. 운송의 기술과 속도는 본질적 측면에서는 반세기 전과 같다. 18세기 후반과 19세기 초의 1차 산업혁명 때 석탄과 증기로 도입된 화석연료가 아직도 상업적인 에너지의 지배적인 원천이다. 심지어 원자력도 이제 오래된 기술이 되었다. 프래킹fracking(물, 화학 물질, 모래 등을 혼합한 물질을 고압으로 분사해서 바위를 부숴 석유와 가스를 분리해 내는 공법 – 옮긴이)도 주목할 만한 기술이긴 하지만, 19세기 후반 석유 시대의 개막에 견줄 수는 없다.

최근 가정과 바깥세상을 연결하는 것은 위성 방송 수신 안테나와 초고속 인터넷이 유일하다. 그러나 어느 것도 깨끗한 물과 하수도, 가스, 전기 그리고 전화만큼 중요하지 않다. 건강 부문의 주요 혁신(깨끗한 물, 하수도, 냉동, 포장, 백신, 항생제) 또한 오랫동안 확실히 자리 잡고 있다.

미래는 과거와는 다르다

컴퓨터와 인터넷, 전자상거래로 대표되는 소위 3차 산업혁명도 상당히 오래되었다. 이것은 이미 많은 변화를 가져왔다. 모든 거래를 손으로 기록하던 점원들이 사라지고 컴퓨터로 대체된 지 오래이고, 더 최근에는 비서들도 사라졌다. 이메일이 손편지를 대체한 지도 오래다. 심지어 인터넷과 인터넷을 쉽게 검색할 수 있는 기술도 15년, 또는 더 오래되었다. 인터넷이 만든 전자상거래도 마찬가지다.

그러나 측정할 수 있는 생산성에 대한 이 모든 것의 영향은 그다지 크지 않았다. 1989년 경제역사학자 폴 데이비드$^{Paul\ David}$는 산업 공정이 전기에 적응하는 데 걸린 시간을 기억해야 한다는 유명한 주장을 했다. 그러나 컴퓨터 자체는 나온 지 이미 반세기가 넘었고 데이비드가 그 주장을 편 지도 사반세기가 지났다. 노벨상 수상자 로버트 솔로$^{Robert\ Solow}$가 1987년에 한 유명한 말을 약간 각색하면, 정보 기술 시대가 왔다고 하는데 1996년부터 2004년까지의 반짝 상승을 제외하고는 정보 기술로 '생산성이 높아졌다는 통계는 어디에도 없다.'

한편, 더 최근에 나온 다른 범용 기술(특히, 생명공학과 나노 기술)도 지금까지 경제적으로나 더 넓은 의미로나 거의 영향을 미치지 않았다. 최근 성장의 실망스러운 특징은 경제학자 타일러 코웬$^{Tyler\ Cowen}$이 쓴 영향력 있는 작은 책《거대한 침체$^{The\ Great\ Stagnation}$》의 주제이기도 하다. 이 책에는 '쉽게 따는 현대 역사의 과일을 먹고 탈이 난 미국이 쾌유할 방법'이라는 부제가 달려 있다.

최근 혁신의 실망스러운 영향을 고려할 때 세계 경제의 규모가 예전보다 훨씬 커졌다는 사실에 주목해야 한다. 경제 전반에서 노동 생산성 연간 성장률 2퍼센트를 달성하는 것은 과거보다 훨씬 더 큰 도전일 것이다.

더 중요한 것은 시간이 지남에 따라 생산성을 높이기가 가장 어렵다고 판명된 부문의 총생산 비중은 상승하는 경향이 있는 반면에,

생산성이 가장 빠르게 성장하는 부문의 총생산 비중은 감소하는 경향이 있다는 사실이다. 사실 생산성 성장이 가장 빠른 부문의 경제적 기여가 무시해도 될 정도로 작아서 생산성 성장이 근본적으로 멈출 가능성이 있다. 미국에서 제조 부문의 생산성을 높이는 일은 훨씬 덜 중요하다. 제조 부문이 미국 전체 GDP에서 차지하는 비중이 8분의 1밖에 안 되기 때문이다. 어린이와 노약자를 돌보는 일의 생산성을 올리는 것은 불가능하지는 않지만, 대단히 어렵다.

그러나 역설적으로, 최근의 기술 진보가 경제 규모와 전반적인 생활수준에는 상대적으로 큰 영향을 미치지 못했다 하더라도 경제, 특히 소득 분배에는 큰 영향을 미쳤다고 할 수 있다. 정보 시대는 평균 실질 소득의 정체, 노동 소득과 노사 간 소득 분배에서 불평등의 심화, 장기적인 실업률 상승 등의 부정적인 경제 동향을 가져왔다.

정보 기술은 글로벌 공급체인 형성과 24시간 글로벌 금융 시장 운영, 기술 노하우 전파를 훨씬 더 쉽게 함으로써 세계화를 가속했다. 정보 기술은 신흥 시장 경제, 특히 중국의 따라잡기 과정을 가속화했다. 나아가서는, 인도가 중요한 기술 서비스 수출국으로 부상할 수 있게 했다.

기술은 또 슈퍼스타들이 전 세계 시장에 군림하는 승자독식 시장이 나타나게 했다. '숙련 편향적skills-biased' 기술 변화에 대한 증거도 상당히 존재한다. 소프트웨어 프로그래머 등 고도로 숙련된 노동에 대한 수요와 그들에게 제공되는 보수가 상승함에 따라 사무원과 같은 중간 정도 숙련도를 지닌 노동자에 대한 수요와 보수가 감소했다. 그리고 지적 재산권의 가치도 상승했다. 간단히 말하면, 총생산과 생산성에 대한 영향이 크지 않다는 것을 산업 전반에 걸쳐 영향이 크지 않다는 뜻으로 혼동해서는 안 된다는 것이다.

수정구슬 없이 미래 예측하기

미래는 적어도 어느 정도는 알 수 없다. 그러나 고든이 말한 대로 그렇게 전혀 알 수 없는 것도 아니다. 19세기와 20세기 초반에 많은 사람이 이미 최근의 혁신이 가져올 변화를 깨달았다. 19세기 프랑스 소설가 쥘 베른Jules Verne이 이러한 선견지명을 지닌 유명한 예다.

낙관적인 전망은 우리가 지금 변곡점inflection point에 있다는 것이다. 브리뇰프슨과 맥아피는《제2의 기계 시대》에서 체스를 발명한 사람 이야기를 비유로 들고 있다. 그는 보수를 쌀로 받겠다면서 체스판의 첫 번째 칸에 쌀 한 톨, 두 번째 칸에 두 톨, 세 번째 칸에 네 톨 하는 식으로 체스판을 채워달라고 했다. 절반까지는 그 규모를 관리할 수 있는 수준이지만, 거의 다 채워갈 때쯤에는 산더미처럼 불어난다. 저자들은 인간의 보수도 무어의 법칙, 즉 컴퓨터 마이크로 칩의 용량이 18개월마다 끊임없이 두 배로 증가할 것이라는 예측과 비슷하게 늘어날 것으로 주장한다.

그러나 단기적으로는 널리 언급된 가능성(의학, 비거 데이터bigger data, 로봇, 3D 프린팅, 자율주행 차량 등)이 별로 대수롭지 않아 보인다.

제약회사들이 중요한 혁신을 기록하기 점점 더 어려워지고, 바이

1900년 경 맨해튼의 리틀 이탈리아. 도시화는 20세기 경제 성장의 핵심 동력이었다.

오메디컬biomedical 분야의 발전 영향은 지금까지 미미하다. 이른바 빅 데이터는 분명 의사 결정에 도움을 준다. 그러나 빅 데이터가 만들어낸 산물(예를 들어, 초단타 매매) 가운데 많은 것이 경제, 사회적으로 무의미하거나 유해하기까지 하다. 3D 프린팅은 재미있긴 하지만 제조혁명을 일으킬 것 같지는 않은 틈새 활동에 지나지 않는다.

로봇이 인간의 복잡한 능력을 모사하는 것은 대단히 어려운 것으로 입증되었다. 로봇은 잘 정의된 인간의 일을 잘 정의된 환경에서만 잘할 수 있다. 사실 표준화된 공장 작업은 완전 자동화할 수 있다. 그러나 이런 작업의 자동화는 이미 많이 진행되어 있다. 이것을 제조혁명이라고 할 수는 없다. 예컨대 무인자동차를 생각할 수 있지만, 이것이 차량 자체의 발명에 비견할 바는 아니다.

필연적으로 불확실성이 만연하다. 많은 사람이 앞으로 다가올 일들의 영향이 클 것으로 믿는다. 옥스퍼드대학교의 경제학자 칼 베네딕트 프레이Carl Benedikt Frey와 머신러닝 전문가 마이클 오즈번Michael Osborne은 미국 일자리의 47퍼센트가 자동화의 높은 위험에 처해 있다고 결론을 내렸다. 그들의 주장에 따르면, 19세기에는 기계가 장인을 대체해서 비숙련 노동자들에게는 유리했다. 그러나 20세기에는 컴퓨터가 중간 소득자들을 대체해서 양극화된 노동 시장을 만들었다.

앞으로 수십 년 동안, "운송과 물류 직종에 있는 대부분의 노동자는 많은 사무 및 행정 지원 노동자들, 생산직 노동자들과 함께 컴퓨터 자본에 의해 대체될 가능성이 크다"라고 저자들은 기술한다. 게다가, "가까운 장래에 전산화가 주로 저숙련·저임금 일자리를 대체할 것이다. 반면, 고숙련·고임금 직종은 컴퓨터 자본에 가장 덜 민감할 것이다"라고 덧붙인다. 이것이 이미 진행되고 있는 불평등 추세를 더욱더 악화시킬 것이다. 그러나 예전의 진보도 수백만 개의 일자리를 파괴했다는 사실을 기억하라. 물론 가장 눈에 띄는 예는 농업이다. 농업은 농업혁명이 시작되면서부터 19세기에 이르기까지 인간의 가장 지배적인 고용주였다.

경제학자 제프리 색스Jeffrey Sachs와 로런스 코틀리코프Laurence Kotlikoff는 심지어 다가올 혁명이 일으킬 생산성 향상이 미래 세대의 상황을 전반적으로 더 악화시킬 수 있다고 주장한다. 로봇이 노동자를 대체하면 노동자의 소득이 로봇 소유자로 이동한다. 로봇 소유자 대부분은 은퇴할 것이며, 은퇴자는 젊은 사람들보다 저축을 덜 할 것으로 추정된다. 이는 인적 자본에 대한 투자를 낮출 것이다. 젊은 사람들이 더는 지급 능력이 없기 때문이다. 그리고 이는 또한 기계에 대한 투자도 낮출 것이다. 경제 전체의 저축률이 떨어질 것이기 때문이다.

이 외에도, 사람들은 로봇이 정원 가꾸기 따위를 하는 것보다 훨씬 더 심오한 일을 하는 것을 상상한다. 그것은 바로 '기술적 특이점 technological singularity'이다. 이는 인공지능이 빠른 자기 계발 사이클 속에서 비약적으로 발전해서 인간의 지능을 넘어서게 되는 때를 말한다.

이런 관점에서는, 언젠가는 우리가 신에 필적하는 능력을 지닌 기계를 창조하게 된다는 것이다. 그때가 임박했을까? 잘 모르겠다.

이미 가봤고 다 안다

그렇다면 이런 상상 속 미래에 우리는 지금 어떻게 대처해야 하나?

첫째, 새로운 기술에는 장단점이 있다. 장점은 살리고 단점은 관리할 수 있다고 믿어야만 한다.

둘째, 교육은 요술 지팡이가 아니라는 점을 명심해야 한다. 한 가지 이유는 지금부터 30년 뒤에 무슨 기술이 요구될지 알 수 없기 때문이다. 또한 프레이와 오즈번이 옳다면 많은 저숙련 및 중간 숙련 일자리가 위험에 처해 있으므로, 18세 이상인 사람들과 많은 어린이가 이미 늦었을 수 있다. 마지막으로, 가능성은 매우 희박하지만, 창조적인 기업과 높은 수준의 지식 서비스에 대한 수요가 필요한 규모로 성장한다고 해도 우리를 모두 행복한 소수로 만드는 일은 정말 환상에 지나지 않는다.

셋째, 여가에 대해 다시 생각해야 할 것이다. 오랫동안 부유층은 근로 대중의 희생으로 여가를 즐기는 삶을 살아왔다. 지능형 기계의 부상은 다른 사람을 착취하지 않고도 더 많은 사람이 그런 삶을 살 수 있게 해줄 것이다. 오늘날 의기양양한 청교도들로서는 그런 게으름은 딱 질색이겠지만 말이다. 자, 사람들이 바쁘게 즐기게 두자. 우리가 이룬 광대한 번영의 진정한 목표가 이것 말고 무엇이겠는가?

넷째, 소득과 부를 대규모로 재분배하는 것이 필요할 수 있다. 이러한 재분배는 사람의 생애 모든 단계에서 교육과 훈련을 위한 자금을 지원하는 방안과 함께, 모든 성인에게 기본소득basic income을 제공하는 형태를 띨 수 있다. 이런 방식으로 더 즐거운 삶이 실현될 수 있다. 이를 위한 자금은 나쁜 것들(예를 들어, 공해)이나 임대료(토지와 특히 지적 재산권을 포함)에 대한 세금으로 마련할 수 있다. 재산권은 사회적 산물이다. 소수가 새로운 기술의 혜택을 압도적으로 받아야 한다는 생각은 재고되어야 한다. 예를 들어, 국가가 보호하는 지적 재산권에서 나오는 소득의 지분을 국가가 자동으로 획득하는 방법도 가능하다.

다섯째, 노동의 손실labor shedding이 가속화할 경우, 잠재적 노동 공급이 늘어남과 함께 노동에 대한 수요도 늘어나도록 하는 것이 중요하다. 이것이 성공하면 일자리 부족에 대한 많은 걱정이 사라질 것이다. 지난 7년 동안 이 목표를 달성하지 못했다는 사실을 고려하면 이런 일이 일어나기 힘들 수도 있다. 그러나 우리가 진정으로 원한다면 더 잘할 수 있을 것이다.

진정한 지능형 기계가 부상한다면 이는 참으로 중요한 역사적 순간이 될 것이다. 이것은 세계 경제를 포함해서 많은 것을 바꿔놓게 된다. 그들이 잠재력을 갖췄음은 분명하다. 그들은 원칙적으로 인간이 훨씬 더 나은 삶을 살 수 있도록 하리라 믿는다. 그들이 결국 그렇게 할 것인지 아닌지는 그 이익을 생성하고 분배하는 방법에 달려 있다.

궁극적인 결과가 소수의 거대한 승자와 엄청나게 많은 패자로 나타날 수도 있다. 그러나 이런 결과는 숙명적인 것이 아니라 선택에 달려 있다. 기술봉건주의Technofeudalism는 필요 없다. 무엇보다도 기술 자체가 결과를 규정하지는 않는다. 경제·정치적 제도가 규정한다. 우리가 가진 제도가 원하는 결과를 가져오지 않는다면 제도를 바꿀 필요가 있을 것이다.

기술적 특이점에 관해서는 세계가 이런 상태로 되리라고는 생각하기 어렵다. 기계에 추월당한 인간이 어린아이처럼, 염려하는 기계의 보살핌을 받으면서 행복하게 살 수 있을까? 사람들은 자신들의 지적 자손intellectual progeny이 자신들보다 훨씬 우월한 세상에서 의미를 찾을 수 있을까?

지금 아는 것은 우리가 경험하고 있는 변화에 특별한 것은 아무것도 없다는 것이다. 우리는 이미 다 겪어봤고, 그것도 훨씬 큰 규모로 겪어봤다. 그러나 현재 일어나고 있는 변화와 미래에 예상되는 변화가 여전히 많은 문제를 일으키고 있다. 특히, 저성장과 심화하는 불평등의 문제가 심각하다. 언제나처럼 과제는 이러한 변화를 어떻게 관리하느냐 하는 것이다. 유일하게 비관적인 이유는 우리가 이런 일을 제대로 못 하고 있다는 생각 때문이다.

미래가 항상 실망스러운 것은 아니다. 그러나 개츠비도 교훈을 얻었듯이, 너무 쉽게 그냥 그렇게 될 수도 있다.

09
도시의 미래
만물인터넷이 삶의 방식을 바꾼다

존 **체임버스** 시스코 회장/CEO
윔 **엘프링크** 시스코 산업솔루션 부문 부사장

인터넷이 이미 세상을 바꿔놓았지만, 웹의 다음 단계는 가장 큰 기회를 제공하고 우리 삶의 방식과 일하고 놀고 배우는 방식에 혁명을 불러올 것이다.

이 웹의 다음 단계는 사람과 사물, 프로세스와 데이터의 지능형 연결이다. 이를 어떤 사람들은 사물인터넷Internet of Things이라고 부르기도 하는데, 우리는 만물인터넷IoE: Internet of Everything이라고 부른다. 이것은 한때 한참 먼 생각으로 보였지만, 전 세계 기업들과 정부들 그리고 교육기관들에서 이미 현실이 되고 있다. 오늘날 세계 인구의 절반이 인터넷에 접근할 수 있으며, 2020년에는 3분의 2가 연결된다. 또한 오늘날 135억 개의 기기가 인터넷에 연결되어 있으며, 2020년에는 그 숫자가 500억 개로 늘어날 것으로 예상한다. 이미 연결되어 있거나 앞으로 연결될 사물은 컴퓨터와 태블릿, 전화기 등의 전통적인 기기뿐만 아니라 주차 공간과 알람시계, 철도 트랙과 가로등, 쓰레기통, 제트 엔진 부품 등 다양하다.

이러한 연결은 모두 이미 엄청난 양의 디지털 데이터를 생성하고 있으며, 데이터는 2년마다 두 배로 늘어난다. 이런 데이터를 수집하고 공유하는 데는 새로운 도구가 사용된다(매주 약 1만 5,000개나 되는 응용 프로그램이 개발되고 있다). 이렇게 수집된 데이터들은 분석을 통해 정보와 첩보, 심지어 지혜로 바뀌어 모두가 더 나은 결정을 하고, 더 생산적이 되며, 더 풍부한 경험을 하게 한다.

만물인터넷이 가져올 가치는 실로 방대할 것이다. 사실 만물인터넷은 앞으로 10년 동안 19조 달러의 가치를 창출할 잠재력을 지니고 있다. 전 세계 민간 부문의 경우 이것은 잠재 기업이익 총증가분의 21퍼센트 또는 14조 4,000억 달러에 해당한다. 전 세계 공공 부문도 만물인터넷을 도시와 국가를 디지털화하는 수단으로 사용함으로써 혜택을 받을 수 있다. 공공 부문에서는 효율을 개선하고 비용을 절감함으로써 총 4조 6,000억 달러의 가치를 창출하게 될 것이다. 그뿐만 아니라 세계에서 가장 골치 아픈 문제들을 해결하는 데도 도움이 될 것이고, 이미 도움이 되고 있다. 노령화와 도심으로 이동하는 인구가 급속하게 증가하는 문제, 점점 고갈되어가는 천연자원에 대한 수요 증가, 그리고 활발하게 성장하는 신흥 시장 국가와 둔화하는 선진국 간의 대규모 경제 성장률 재조정 등의 숙제에 도움이 될 전망이다.

물리적 한계

세계 인구의 절반 이상이 지금 주요 도시 지역이나 그 근처에 살고 있으며, 더 큰 도시화를 향한 움직임은 둔화할 조짐이 보이지 않는다. 유엔은 세계 인구가 현재 70억에서 2050년 93억으로 증가할 것으로 예상하는데, 그러면 전 세계의 도시들은 70퍼센트 이상의 주민을 수용해야 한다.

제한된 자원과 공간을 고려하면, 인구 유입에 대해 단순히 물질적인 인프라를 추가하는 전통적인 방식으로는 해결되지 않는다. 도로와 상수도, 전기와 가스, 작업 공간이나 학교, 또는 건강관리 등의 도시 서비스를 제공하는 데 기술을 통합하는 새로운 방식이 필요하다. 미래에는 물리적인 연결보다 가상 연결에 대한 접근에 중점을 두게될 것이다.

도시들은 또한 예산 문제와 직면해서 치솟는 비용 그리고 줄어드는 예산과 싸워야 한다. 세계의 도시들은 온실가스 배출 원인의 70퍼센트를 차지한다. 유엔 인간정주계획UNHABITAT에 따르면 에너지 관련 비용이 가장 큰 시 예산 항목 중 하나다. 그런데 낡은 가로등 시스템을 개량하는 간단한 수정 프로그램을 기술이 제공할 수 있다. 이것은 또한 시민을 더 안전하게 하고 기업 투자에 더 유리한 환경을 조성할 것이다.

세계 상수도 시스템 대부분은 교체가 절실한 낡은 파이프 등 비슷한 문제를 안고 있다. 예를 들어, 미국의 상수도 시설은 거의 수명이 다해서 주요 수도관 파열 사고가 매년 24만 건이나 발생하고 있다. 모든 파이프를 교체한다고 가정할 때 다음 25년 동안 무너져가는 인프라를 수리하는 데 드는 비용이 1조 달러를 넘을 수 있다. 수리하거나 교체할 때 급수 본관과 지하 파이프 시스템에 네트워크 센서를 설치함으로써 도시들이 장차 누출과 인프라 개량에 따른 기타 잠재적인 문제들을 효과적으로 감시하고 예측할 수 있다.

인구가 늘어난다는 것은 그만큼 쓰레기도 늘어난다는 것을 의미한다. 전 세계에서 발생하는 도시 고형 폐기물의 양이 2025년에는 22억 톤에 달할 것으로 예상된다. 이는 2012년 13억 톤에서 두 배 가까이 증가한 양이다. 세계은행의 예측에 따르면 전 세계적으로 고형 폐기물 관리 비용은 2025년에 약 3,755억 달러까지 상승할 것이라고 한다. 다시 강조하지만, 만물인터넷은 더 나은 관리와 이러한 비용을 줄이는 방법을 제공한다. 예를 들어, 주거 및 상업용 쓰레기통에 설치된 센서가 통이 가득 찼을 때 도시 폐기물 관리 시스템에 알려준다. 매일 아침 운전기사들은 가득 찬 쓰레기통을 비우기 위해 최적화된 경로 정보를 받게 된다. 오늘날 고정 경로 시스템에 비해 새로운 시스템은 효율과 작업자의 생산성을 높임으로써 수백만 달러를 절감할 수 있다.

성장하는 도시의 지능적이고 효율적인 관리가 최우선순위로 되어야 한다. 그리고 그런 관리를 위해 만물인터넷이 인터넷 탄생 이래 가장 중요한 기술의 전환을 가져올 것이라고 확신한다. 네트워크화한 프로세스의 지원을 받아 사물과 사람이 연결되면서 누구나 데이터를 실행할 수 있는 정보로 바꿀 수 있으므로 예전에는 불가능했던 일을 하거나 더 잘할 수 있게 된다. 또 패턴과 동향을 더 빨리 발견할 수 있다. 버스 또는 조립설비의 고장에서 자연재해와 제품 수요의 급증에 이르기까지 모든 것을 예측하고 준비할 수 있다.

공익

놀랍게도, 특히 주요 대도시 지역에서 만물인터넷 활용에 관해 공공 부문이 가장 효과적이고 혁신적인 얼리어답터의 역할을 해왔다. 새롭고 혁신적인 솔루션들이 이미 녹지와 쇠락한 도심을 이른바 '스마트 + 커넥티드 커뮤니티smart + connected community' 또는 '스마트 시티smart city'로 바꾸고 있다. 시장조사기관인 IHS 테크놀러지에 따르면 스마트 시티 총수가 2013년과 2025년 사이 21개에서 88개로 네 배나 늘어난다고 한다. 우리 시스코에서는 스마트 시티 발전 단계가 서로 다른 100개 이상의 도시와 관계를 맺고 있다.

정의에 따르면 스마트 시티는 세 개 이상의 기능 영역에 걸쳐 정보통신 기술을 통합하는 도시를 말한다. 더 간단하게 말하면 스마트 시티는 전통적인 인프라(도로, 건물 등)를 시민의 삶을 풍요롭게 하는 기술과 결합한 것이다. 창의적인 플랫폼과 킬러 앱이 교통량과 주차 혼잡, 공해와 에너지 소비, 그리고 범죄를 줄이는 데 이바지하고 있다. 또한, 수익을 창출하고 도시 거주자들과 방문자들의 비용을 줄이고 있다.

예를 들어, 전 세계 가로등의 3분의 1이 1960년대 기술을 사용한

만물인터넷은 전통적인 기기뿐만 아니라 주차장, 가로등, 쓰레기통 등도 연결할 수 있다.

다. 독립적으로 시도하고 있는 전 세계적인 LED 기술을 적용해서 낡은 시스템을 네트워크로 연결된 동작 감지 가로등으로 교체하는 도시들은 전기와 비용을 70~80퍼센트 절약할 뿐만 아니라 행정 및 관리 시간도 줄이고 있다. 이러한 에너지 절약 기술을 사용함으로써 도시들은 시의 전기비용 지출을 대폭 절감할 수 있다. 시스코는 스마트 거리 조명 사업이 더 나은 가시성과 더 만족해하는 시민들 덕분에 지역의 범죄도 7퍼센트나 줄일 것으로 추정하고 있다. 또한, 연결된 가로등 기둥은 무선 네트워크 액세스 포인트access point 역할을 하므로 시민들이나 도시 관리자들이 어디서나 연결되는 이점을 누릴 수 있게 한다. 또 전력선에 통합된 네트워크 센서가 계량기를 원격에서, 그리고 훨씬 더 정확하게 '읽을' 수 있게 해줌으로써 소비자와 공급자 모두 비용을 절감할 수 있게 해준다. 프랑스의 니스 같은 도시들은 이미 램프 강도를 모니터하는 스마트 조명과 교통량 센서를 구현해서 차량 절도와 폭행, 심지어 강도 등의 범죄까지 줄이고 있다. 이러한 조명 사업은 또 도시의 에너지비용을 800만 달러 이상 절감할 것으로 예상한다.

스마트 시티들은 실내에서도 에너지를 절약한다. 지능형 센서와 네트워크로 연결된 관리 시스템이 설치된 건물은 에너지 사용 데이터를 수집해서 분석할 수 있다. 이러한 기술들은 앞으로 10년 동안 전 세계적으로 에너지 소비를 줄여 비용을 1,000억 달러나 절감할 것으로 본다. 도시들은 혼잡한 교통 때문에 온실가스의 67퍼센트 이상을 대기 중으로 배출한다. 전문가들은 이 수치가 2030년에는 74퍼센트로 증가할 것으로 예측한다. 미국에서만 교통 혼잡으로 인한 시간 낭비와 연료비로 한 해 1,210억 달러나 낭비되고 있다. 믿기지 않지만, 주차 공간을 찾아 헤매는 운전자들이 공해는 말할 것도 없고 도시 혼잡을 일으키는 원인의 30퍼센트를 차지한다. 이 문제를 극복하기 위해 미국 캘리포니아 주 샌 카를로스 시는 주차장에 네트워크 센서를 설치해서 운전자들에게 주차 가능한 장소에 관한 실시간 정보와 방향을 알려주고 있다. 이 프로그램은 교통 체증과 공해 그리고 연료 소비를 줄이는 데 도움이 되었다. 또한, 피크타임에는 주차요금을 역동적으로 조정할 수 있어 도시들이 더 많은 수익을 창출할 수 있다.

도시들은 또 대중교통 시스템에 관한 실시간 데이터를 수집하고 공유하는 센서를 설치해서 차량 흐름을 개선하고, 버스와 기차 이용 실태를 더 잘 모니터할 수 있으며, 변화하는 요구에 따라 노선 시간과 정차 빈도를 조정할 수 있다. 이것만으로도 비용을 줄이고 효율을 높일 수 있다. 한편, 교통정보를 모아 제공하는 모바일 앱은 시민들이 지연 상황을 추적하거나 탑승 시간을 확인해서 출퇴근을 더 원활히 할 수 있게 해준다. 스페인의 바르셀로나는 이미 스마트 버스 정류장을 설치해서 버스를 기다리는 지금까지의 경험을 바꿨다. 이 스마트 버스 정류장에서는 시민들이 터치스크린 모니터를 통해 최신 버스 시간표와 지도, 시 소유 자전거 대여 장소, 그리고 지역 기업과 엔터테인먼트 정보 등을 볼 수 있다.

혁신적인 도시 리더들은 만물인터넷의 놀라운 약속을 이해한다. 사실 요즘 가장 혁신적인 도시들에는 최고정보관리책임자CIO: Chief Information Officer나 심지어 최고디지털책임자Chief Digital Officer가 있다.

슈퍼 시티들

만물인터넷을 사용하는 상징적인 도시의 사례가 많다. 이런 도시들은 옛 도시 바르셀로나부터 한국의 신도시 송도까지 매우 다양하다.

바르셀로나는 스페인에서 두 번째로 큰, 인구 160만 명의 도시다. 이 도시는 만물인터넷을 채택해서 다음 10년 동안 약 36억 달러의 가치를 거둘 것으로 예상한다. 이 가운데 약 10억 달러가 생산성을 개선한 데서 나온다. 기타 수익은 운영비용과 환경비용 절감, 자원 절약에서 나오고, 더 많은 것이 혁신에 초점을 맞춘 신규 사업 수익을 통해 나온다.

도시 리더들은 물 관리와 폐기물 관리, 주차장과 대중교통 시스템은 물론이고, 시장 집무실과 시의회에도 커넥티드connected 기술을 도입했다. 이러한 기술들은 바르셀로나의 수익성에 크게 이바지했고 시민 삶의 질을 개선했다(바르셀로나는 유럽에서 몇 안 되는 흑자 도시 중 하나다). 예를 들어, 이 도시는 무료 와이파이를 설치하고 풍부한 시민 및 정부 앱을 만들었다. 바르셀로나는 또 만물인터넷을 사용해서 물 관리 시스템을 개선하고(매년 5,800만 달러 절약), 스마트 가로등을 설치하고(4,700만 달러 절약), 주차장에 센서를 설치해서 운전자들에게 주차 가능한 공간을 알려준다(6,700만 달러 절약).

3월 초 유럽연합이 바르셀로나를 유럽에서 가장 혁신적인 도시로 지명했는데, 이는 당연한 일이다. 같은 달, 〈포춘〉도 바르셀로나 시장 사비에르 트리아스Xavier Trias를 세계 50대 '위대한 지도자' 가운데 한 사람으로 인정했다. 이 잡지는 다음과 같이 적었다. "바르셀로나에는 지중해 항구와 가우디의 보물이 있으며, 2011년부터 스페인 카탈루냐 지역의 문화적 보석을 지구상에서 가장 똑똑한 '스마트 시티'로 바꾸는 데 여념이 없는 시장이 있다. 그는 시스코와 마이크로소프트 같은 회사와 협력해서 개발에 필요한 연료를 공급하고, 기술 캠퍼스 허브를 조성하고 있으며, 모바일 기술을 통해 시민을 정부 서비스에 연결하고 있다."

지구 다른 쪽에 있는 한국의 송도는 처음부터 경제, 사회, 환경적 지속 가능성이라는 기준을 염두에 두고 개발한 세계 최초의 진정한 녹색도시green field city다. 도시의 네트워크를 통해 시민들은 거실에서 또는 걸어서 12분 거리 내에서 의료와 정부, 운송과 편의시설, 안전과 보안, 교육 등 여러 가지 도시 서비스를 이용할 수 있다. 실시간 교통정보는 시민들이 어떻게 통근을 할 것인지 계획하도록 돕는다. 원격 의료 서비스와 정보는 비용과 이동시간을 줄일 수 있다. 원격 자동화된 빌딩 보안은 안전성을 높이고 비용을 낮춘다.

독특한 민관 합동 방식을 통해 송도는 도시 관리와 서비스 제공을 위한 살아 있는 실험실로 진화하고 있다. 이 도시는 새로이 구축되는 다른 공동체들을 위한 모델이 될 수 있다. 목표는 시민의 일상생활을 향상시키고 도시의 자원 소비량을 줄이는 것뿐만 아니라, 새로운 시민과 기업을 유치함으로써 도시에 경제적 가치를 제공하는 것이다. 이러한 계획은 앞으로 15년 동안 30만 개의 일자리와 264억 달러의 지역내총생산GRDP 성장을 포함해서 진정한 가치를 창조하는 잠재력이 있다. 더욱이 부즈 앨런 & 컴퍼니Booz Allen & Company는 이 도시가 이산화탄소 배출량을 450만 톤까지 줄일 수 있을 것으로 추정했다.

뉴노멀New Normal

세계가 바르셀로나와 송도를 예외가 아닌 새로운 표준으로 만들 방법은 무엇일까?

첫째, 해결해야 할 과제에 기초해서 가능성 있는 만물인터넷 계획들의 우선순위를 정하는 프로세스를 확립하는 것이 중요하다. 이러한 프로그램의 진정한 혜택을 분명하게 표현하고, 프로그램을 시작한 뒤에는 이러한 계획에 대한 측정 지표를 수집해야 내부와 대중으로부터 지지를 받을 수 있다. 도시 리더들은 또 스마트 주차와 기타 교통 기반 프로젝트와 같이 다른 나라에서 효과가 좋았던, 반복 가능한 유사 사업부터 시작하는 것이 좋다. 교통 관계자들은 확장성 있는 시범 프로젝트들을 시작하는 데 필요한 예산과 권한을 가지고 있는 경우가 많고, 성공 지표 만들기와 이해관계자들과 소통하기가 상대적으로 쉽다.

둘째, 세계는 IT 투자를 다시 생각해야 한다. 이것은 고립된 서비스 구매를 피하고, 대신 이질적이거나 고립된 시스템들을 통합하는 엔드-투-엔드 솔루션에 초점을 맞추는 것을 의미한다. 다수의 기기와 센서를 처리할 수 있는 광대한 네트워크를 갖출 뿐만 아니라 애플리케이션 친화적이고 자동화가 가능한 기술 인프라에 적용함으로써 도시들과 나라들은 수십억 달러의 비용을 절감할 수 있다. 커넥티드 기술을 상수도와 폐기물 관리, 시의 여러 프로세스, 스마트 빌딩, 에너지 시스템 등을 포함하는 여러 시스템에 통합하면 가장 큰 효과를 낼 수 있다.

셋째, 정부는 IT를 비용 부문cost center으로 볼 것이 아니라 가치창조자value creator로 보기 시작해야 한다. 실제로 IT는 정부가 전반적인 전략을 실행할 수 있게 하고, 도시들이 오랫동안 번성할 수 있게 할 수 있다. IT 투자로 몇 년 이내에 주목할 만한 수익이 실현되는 많은 사례가 있다. 새로운 연결을 통해 정부와 기관들은 직원들의 생산성을 향상시키고 인재와 일자리를 끌어올 수 있으며, 세금을 인상하지 않고도 새로운 수익을 창출해서 시민들에게 정량화 가능한 혜택을 줄 수 있다. 만물인터넷은 공공 부문에서만 4조 6,000억 달러의 가치를 제공한다. 이 숫자가 분명하게 말해준다.

넷째, 세계가 새로운 방식으로 기술을 포용하는 것을 겁낼 이유가 없다. 이것은 시민들과의 계약, 그리고 IT 기업과 정부가 시민들에게 제공하는 서비스에 대해 다시 생각해보는 것을 의미한다. 만물인터넷이 진화하면서 이 기술 산업도 가치사슬 전반에 걸쳐 계속해서 보안 및 개인정보 보호 방법을 개선해야 한다. 우리는 가장 엄격한 국제 표준을 준수하는 업계 자율 규제가 개인정보 보호와 보안을 효과적으로 수행할 수 있으리라 믿는다. 이러한 보안 제도는 혁신적인 도구들을 사용해서 강화할 수 있다. 이 도구들은 사용자들에게 프로그램에 가입하고 탈퇴하는 선택권을 제공하고, 자신들의 데이터가 수집되고 이용되는 방법을 이해하도록 도와준다.

다섯째, 스마트 시티를 위해서는 공공과 민간 파트너들 간에 협력이 필요하다. 이러한 협력은 비용을 분담하고 긴급한 현안을 해결하는 데 도움이 되며, 정부와 시민 그리고 업계 모두를 위한 혜택을 높일 수 있다. 스마트 도시는 다섯 가지를 요구하는 것으로 나타났다. 즉, 프로그램을 명확하게 정의하고 모든 부서에 걸쳐 성과가 나오게 하는 혁신적이고 대담한 도시 리더십, 공공과 민간 부문 간에 고도로 협력하는 파트너십, 총체적이면서 구체적인 프로젝트를 정의하고 개발하기 위한 정보통신 기술종합계획과 워크숍, 그리고 가장 중요한 우선순위 중 하나인 일정 준수가 그것이다. 정부 리더와 시민, 투자자와 기술 기업 등 파트너 간에 프로젝트의 위험과 보상을 공유하면 문제 해결과 프로젝트 성공 가능성이 커진다. 모두가 투자에 대한 이해 당사자가 되기 때문이다. 이러한 협력은 선진 인프라와 기술 아키텍처^{technology architecture}를 요구하는 프로젝트를 관리하고 재정적 지원을 하기 위한 열쇠다.

끝으로, 지금 당장 시범 사업을 시작해야 한다. 도시 리더들은 이미 만물인터넷 솔루션이 어려운 문제를 해결하고 시민의 생활을 향상시킬 수 있음을 보았다. 또 이러한 지도자들은 그 이상을 할 수 있는 만물인터넷의 잠재력에 관해 열광적이다. 시스코 설문조사에서 도시 지도자들은 이해관계자의 협찬을 끌어내고 비즈니스 사례를 증명하고 올바른 기술을 채택하기 위한 시범 사업의 중요성을 언급했다. 시범 사업은 확장성이 있어야 하며 성공에 대한 명확한 측정 기준이 있어야 한다. 기술적, 정치적 도전 앞에서 인내가 성공과 실패를 가를 것이다.

올해는 만물인터넷의 주요 변곡점을 나타낸다. 만물인터넷은 인터넷이 첫 20년 동안 미쳤던 영향보다 훨씬 더 큰 영향을 세계에 미칠 것이다. 만물인터넷은 이미 우리 도시들의 운영 방식을 혁명하고 세계 경제를 더 역동적으로 만들고 있으며, 또 시민들에게 새롭고 더 풍부한 경험을 가져다주고 있다. 곧 우리 모두는 만물에 연결될 수 있는 세상에서 살게 될 것이다. 도로는 더 안전해지고 가정은 더 똑똑해질 것이며, 시민들은 더 건강해지고 더 좋은 교육을 받게 될 것이다. 만물인터넷이 우리가 일하는 방식도 바꿔놓을 것이다. 더 많은 정보를 이용해서 더 나은 결정을 하고, 더 민첩한 공급체인과 소비자의 요구에 더 즉시 반응하는 제조를 통해 경제적 가치를 높일 수 있게 할 것이다. 미래도시의 기반은 만물인터넷이 될 것이며, 이 기술을 포용하는 도시들이 미래로 향한 길을 선도하리라 믿는다.

10
다가오는 로봇 디스토피아
로봇과 인간의 상호작용을 위해

일라 레자 누르바흐시 카네기멜론대학교 로봇공학과 교수

'로봇혁명'이라는 말은 아마도 그리 멀지는 않겠지만 현재와는 확실히 구분되는 미래의 이미지를 떠오르게 한다. 사실 이 혁명은 이미 착착 진행되고 있다. 오늘날에는 군사 로봇이 전장에 나타나고 드론이 하늘을 채우고 있다. 또 무인자동차가 도로에 등장하고 '텔레프레즌스 로봇telepresence robot (멀리 떨어져 있는 사람을 눈앞에 있는 것처럼 느끼도록 가상현실을 구현해주는 로봇 – 옮긴이)'이 사람들을 실제 위치에서 세계의 한가운데에 나타날 수 있게 한다. 그러나 흥미진진하고 매혹적인 매력을 지닌 이런 기술 진보가 깊고, 때로는 불편한 의문의 그림자를 드리우고 있다. 증가하는 인간과 로봇의 상호작용이 사회에 주는 의미에 관한 의문이다.

로봇 기술이 정부와 기업 그리고 보통 사람을 대신하여 엄청난 양

의 실세계 데이터를 수집, 분석하고 처리해서 인간의 삶을 향상시키리라는 데는 의심의 여지가 없다. 그러나 반유토피아적 결과를 초래할 가능성도 있다. 우리가 지능형 기계들이 인간을 노예로 삼거나 멸종시키려 하는, 〈매트릭스〉나 〈터미네이터〉 같은 할리우드 영화에서 그려지는 악몽 같은 미래를 맞이할 가능성은 거의 없다. 그러나 그런 어두운 환상은 진리의 씨앗을 내포하고 있다. 로봇의 미래에는 너무나 심각해서 일부는 인간의 의미에 관한 집단 정체성의 위기로까지 이어질 수 있는 극적인 절충이 일어날 것이다.

이것은 모든 종류의 기술 진보에 관한 익숙한 경고다. 그러나 로봇 기술 분야에서 현재 일어나고 있는 일과 20세기 말 제조 오토마톤manufacturing automaton이 공장에 등장하기 시작하던 무렵의 마지막 커다란 혁신 사이에는 중요한 차이가 있다. 그때는 산업용 로봇과 인간의 경계가 명확하게 분리되어 있었다. 로봇의 작업 공간을 울타리로 격리해서 인간과 로봇이 접촉하는 일을 최소한으로 하고, 인간과 로봇이 상호작용하는 일 없이 완전히 구별되는 작업을 수행했다. 이러한 장벽이 작업장에서뿐만 아니라 더 넓은 사회에서조차 무너지고 있다. 로봇은 이제 예전 인간의 고유 영역을 공유하고, 인간은 사회적으로 점점 더 다양한 로봇 생태계와 상호작용하게 될 전망이다. 문제는 인간관계의 지침이 되는 도덕적 사고의 풍부한 전통에 해당하는 것이 로봇과 사람의 상호작용에는 없다는 데 있다. 물론 로봇에게는 개인정보 보호 또는 인간 생명의 보호에 관한 윤리 범죄를 방지할 타고난 동인도 없다. 로봇이 인간과 어떻게 상호작용하는가는 대부분 로봇을 만든 사람들이 이러한 문제에 대해 얼마나 알고 얼마나 관심이 있는가에 달렸다. 그런데 로봇을 만드는 사람들은 윤리나 인권, 개인정보 보호 또는 보안에 관한 훈련이 부족한 엔지니어와 프로그래머, 디자이너인 경향이 있다. 미국에서 로봇공학 학위를 부여하는 공학 교육과정 중 이러한 분야에 관해 깊이 있는 연구를 요구하는 과정은 거의 없다.

정치적·법적 기관이 로봇의 잠재적인 폐해를 줄이는 방향으로 로봇 개발을 이끌고 규제함으로써 그런 간격을 채울 수 있으리라 생각할 수도 있다. 이상적으로는, 사회에서 로봇의 역할이 빠르게 확장되면서 규제와 불법 행위 및 책임에 관한 법률에서도 인상적인 발전이 뒤따라 사회가 앞으로 필연적으로 발생할 책임 문제를 다룰 수 있을 것이다. 그러나 로봇공학의 변화 속도는 규제 당국과 의원들이 따라잡기에는 너무 빠르다. 특히 대기업들이 비밀리에 대규모로 투자하는 로봇 프로젝트들은 정부 규제 당국의 눈에 띄지도 않는다.

로봇의 능력과 로봇에 대한 규제의 이러한 간격이 매년 더 커져서 정부와 입법부를 당혹스럽게 하리라고 믿는 데는 충분한 근거가 있다. 인간 주인과 함께 살면서 그에게서 배우는 적응형 로봇^{adaptive robot}을 생각해보자. 시간이 지남에 따라 이 로봇의 행동은 원래 프로그램에 환경과 '교육^{upbringing}'이 혼합된 기능으로 바뀔 것이다. 이러한 기계가 상해 사고를 일으키면 기존 책임법으로 책임 소재를 가리기 매우 힘들 것이다. 로봇의 행동이 단지 컴퓨터 코드에 의해서만이 아니라 다양한 소스로부터 학습한 뉴럴 네트워크^{neural network}(인간의 뇌 기능을 모방한 인공 신경망 - 옮긴이)에 의해서도 결정되었을 것이기 때문이다. 누구의 책임일까? 로봇? 로봇 주인? 아니면 로봇을 만든 사람?

우리는 로봇이 점점 더 대담하게 우리의 윤리적·법적 틀 구조를 시험하게 될 미래에 직면하고 있다. 이러한 도전에 대한 쉬운 해결책은 없다. 그러나 그에 대비하기 위해 할 수 있는 몇 가지 조처는 있다. 연구기관과 대학 그리고 이들을 규제하는 당국은 지능형 기계를 설계하고 만드는 사람들이 엄격한 윤리 교육을 받을 수 있도록 도와줘야 한다. 그리고 이미 혁신의 최전선에 있는 사람들은 정직한 기관과 로봇에 투자하는 데 집중해야 한다. 책임을 명확하게 하려는 인간의 노력은 거의 항상 의도를 발견하고 분석하는 우리의 능력에 달렸다. 우리가 점점 더 사람처럼 행동하고 어느 때보다 더 '인간적인personal' 선택을 하는 기계와 함께 살아야 한다면, 로봇도 자신들이 아는 것과 아는 방법 그리고 자신들이 원하는 것에 대해 우리와 소통할 수 있음을 주장해야 한다.

양날의 칼

로봇이 분명한 사회적 혜택을 좌절감을 안겨주는 윤리적 딜레마와 결부시킴으로써 인간을 곤경에 빠뜨릴 수 있는 좋은 예로 휠체어를 생각해볼 수 있다. 오늘날 6,500만 명이 넘는 사람들이 휠체어에 묶여 있다. 이들은 걸어 다니는 자신들의 동료보다 더 많은 장애물과 씨름하며, 서 있도록 설계된 세계에서 앉아 있다. 그러나 로봇 덕분에 앞으로 20년 이내에 휠체어가 사라질 가능성이 있다. 현재 카네기멜론대학교 연구진과 캘리포니아대학교 버클리 캠퍼스, 그 외많은 로봇공학연구소가 사물을 감지하고 균형을 유지하는 외골격 exoskeletal(내골격에 반대되는 말. 동물의 표피와 그 바로 밑의 결합 조직으로 되어있으며 몸의 바깥쪽을 둘러싸고 몸을 지지하거나 보호한다 – 옮긴이) 로봇 다리를 개발하고 있다. 이 새로운 도구는 미끄러져 위험한 골절을 일으킬 가능성이 거의 없는 것으로 알려져 있으며, 너무 쇠약해서 걷지 못하는 노인들이 새로운 발판을 찾게 될 전망이다. 시각 장애인 휠체어 사용자를 위해 컴퓨터 카메라 및 센서와 결합한 로봇 다리가 인간과 로봇으로 구성된 팀을 만들 것이다. 사람이 상위 수준의 전략을 선택하면(예를 들어, 커피숍에 가기로 하면), 로봇 다리가 단계별로 길을 찾아 움직이는 하위 수준의 동작을 처리하는 것이다.

이러한 결과는 인간이 가질 자격이 없는 이득unqualified gain일 수도 있다. 그러나 로봇 보철robotic prosthetics이 주류가 되면 신체가 튼튼한 사람들도 분명히 이것을 이용하려 할 것이다. 이런 보철 기술은 인간이 감지하고 저장하고 정보를 처리하는 능력을 능가하는 클라우드 접속 소프트웨어cloud-connected software(인터넷에 연결된 중앙 서버에 저장되어있어 인터넷에 접속하면 언제 어디서나 이용할 수 있는 소프트웨어 – 옮긴이)와 센서를 내장하게 될 것이다. 이러한 조합은 한스 모라벡Hans Moravec과 레이 커즈와일Ray Kurzweil 같은 미래학자들이 별명을 붙인 '트랜스휴머니즘transhumanism'의 첫 번째 단계다. 트랜스휴머니즘이란 인간을 인간

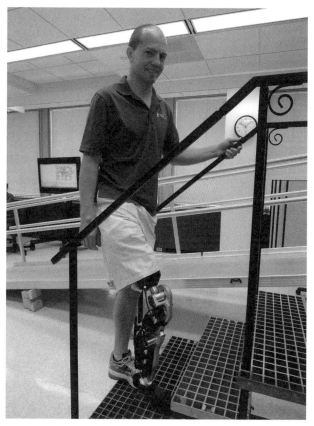

2012년 11월, 잭 보터는 세계 최초로 생각만으로 작동하는 의족을 장착했다.

과 기계의 혼성체로 대체하는 '진화 후 변형post-evolutionary transformation'을 말한다. 현재까지 혼성체의 성능은 대부분 기존 인간의 기량보다 떨어졌다. 그러나 인간과 기계의 결합이 순수 생물학적 시스템을 능가하는 것은 시간문제다.

이러한 초인적인 능력은 육체적인 행동에만 제한되지 않는다. 머릿속에 주입하거나 머리 주변에 배치한 전극을 통해 뇌의 신호를 받아 해석하는 컴퓨터의 능력이 점점 더 향상되고 있고, 심지어 뇌 기반 기계 제어의 기초적인 형태도 보여주었다. 오늘날 연구자들은 뇌의 신호를 읽어서 보철 팔다리나 자동차 등의 기기에 보내는 단방향 시스템을 설계하는 데 주로 관심이 있다. 그러나 컴퓨터 인터페이스가 이러한 신호를 다시 뇌로 보내서 인간의 뇌를 '실리콘 터보차지 silicon turbocharge'(뇌 기능과 정보처리 능력을 향상시키는 뇌-기계 인터페이스 기술을 자동차 출력을 높여주는 엔진 보조장치에 빗댄 표현-옮긴이)로 무장시킬 수도 있는데, 여기에는 아무런 걸림돌이 없다. 복잡한 수학 계산을 하고 최고 품질의 번역 문장을 만들어내고 심지어 달인 수준의 기교가 필요한 음악을 연주하는 능력도 단지 타고난 기술과 연습에만 의존하는 게 아니라 최상의 뇌-컴퓨터 혼합 구조 brain-computer hybrid architecture(적절한 통역기를 사용해서 뇌와 컴퓨터 사이에 직접 신호 전달이 이루어지게 해서 둘의 기능을 동시에 향상시키거나 정보 교류를 강화하는 구조-옮긴이)에 의해서도 가능해질 날이 올 것이다.

그러나 이러한 장점들은 많은 윤리적 문제에 봉착하게 된다. 유전공학과 우생학을 명쾌하게 가르는 선이 없는 것처럼, 인간의 능력을 그 유기적인 한계까지만 끌어 올리는 로봇공학과 사람으로 하여금 모든 알려진 경계를 뛰어넘게 하는 로봇공학은 명확히 구분되지 않는다. 이러한 기술들은 다른 경제적 수단을 가진 사람들 간에 이미 기회와 성취에서 상당히 벌어진 격차를 훨씬 더 벌어지게 할 가능성이 있다. 로봇의 미래 세계에서는 사회적, 경제적 불평등에 관한 오늘날의 치열한 논쟁이 거의 기이하게 보일 것이다.

당신이 취할 모든 조치

민주주의와 자본주의는 공통된 기본 가정에 바탕을 둔다. 합리적으로 행동하는 개인이 정보를 가지고 그들의 자유 의지를 표현할 수 있으면 그들의 개별 선택이 모여 전체 사회를 위해서도 최상의 결과를 낳을 것이라는 가정이다. 따라서 두 시스템은 사람들이 정보에 접근할 수 있어야 하고 선택할 힘이 있어야 한다는 두 가지 조건에 의존한다. '빅 데이터'의 시대는 모든 종류의 정보에 대한 더 많은 접근을 약속한다. 그러나 인간 행동에 관한 전례 없는 양의 데이터를 수집하고 해석하는 로봇 기술은 실제로 정보에 대한 접근과 선택의 자유 모두를 위협한다.

자동화 기술과 인간 행동의 관계에서 근본적인 변화가 시작되었다. 종래의 소비자와 기업 간의 상호작용은 직접적인 경제 교류를 기반으로 한다. 소비자가 상품과 서비스의 대가를 치르면 기업이 상품과 서비스를 제공한다. 그러나 디지털 경제에서는 소비자는 무료로 보이는 서비스 혜택을 점점 더 많이 받고, 기업은 소비자에게 직접 청구하는 것이 아니라 소비자의 행동에 관한 정보를 수집해서 현금화monetize함으로써 수익을 창출한다. 이런 소비자 정보의 수집 과정은 종종 소비자가 모르는 사이에 혹은 소비자의 묵시적 동의하에 이루어진다. 이러한 기본적 데이터 마이닝data mining은 일반화되고 있다. 예를 들어, 구글이 소비자들이 어떤 제품의 구매에 관심이 있는지 알아내기 위해 어떻게 사용자의 검색 이력과 이메일 메시지를 분석하는지, 그리고 그 정보를 사용해서 대상이 되는 광고 공간을 다른 기업에 어떻게 파는지 생각해보라.

더 많은 자동화 기술이 물리적 세계에 등장하기 시작하면서 이러한 프로세스도 훨씬 더 급속하게 퍼질 것이다. 앞으로 몇 년 내에 디지털 광고에서는 눈동자 추적 기술pupil-tracking technology을 구현할 것이다. 현재 카네기멜론대학교를 필두로 개발 중인 이 기술은 수 미터 떨어진 곳에서 행인의 시선을 모니터할 수 있다. 이 대화형 간판에는 행인의 나이와 성별을 추정하고 얼굴 신호를 관찰해서 기분과 감정을 인식할 수 있는 소프트웨어와 정교한 카메라가 장착된다. 이를 통해 단순히 정적인 광고를 보여주기만 할 뿐만 아니라, 특정 메시지와 자극에 대한 인간의 반응을 지속해서 테스트하고, 모든 상세 범주의 소비자 구매 행동과 감정적 반응을 관찰하여 각 광고에 대한 집계 이력을 대규모로 수집하는 등 많은 임무를 수행한다.

바로 이 개념은 2002년 SF 영화 〈마이너리티 리포트〉의 한 장면에서 묘사되었다. 주인공 톰 크루즈가 한 쇼핑센터를 걸어갈 때 홀로그래피 광고 간판과 아바타들이 그에게 마케팅 메시지를 던지고, 그의 이름을 부르면서 그에게 특별히 맞춰진 상품과 서비스를 제안하던 장면이 그것이다. 이 장면은 쇼핑 천국과는 거리가 멀뿐더러 오히려 심기를 불편하게 한다. 언젠가는 우리 인간이 인간의 행동에 영향을 미치는 방법을 터득한 박식하고 매우 사교적인 로봇이 어떤 버튼을 누르느냐에 좌지우지되는 자동 기계가 되리라는 것을 보여주기 때문이다.

로봇공학과 머신러닝이 인간의 능력과 복지에 미치는 영향에 관한 덜 환상적이고 단기적인 관심의 중심은 노동이다. 《제2의 기계 시대》에서 경제학자 에릭 브리뇰프슨과 정보 기술 전문가 앤드루 맥아피는 로봇 기술이 인간 노동보다 점점 더 효율적이 되고 있으며, 일상적인 수작업과 간단한 정신적 작업 수행에서 큰 투자수익률을 제공한다는 것을 보여준다. 집합적인 성과가 시간이 지나도 별로 변하지 않는 인간 노동자와 달리 로봇 종업원은 계속 더 효율적이 된다. 로봇의 능력이 향상되면서 심지어 전문 기술이나 지식이 필요한 일에서도 인간을 고용해야 하는 이유를 찾기가 점점 더 어려워진다. 노동 시장으로 향한 로봇들의 행진을 막을 아무런 근본적인 장벽도 존재하지 않는다. 컴퓨팅과 로봇공학이 지수 성장exponential progress(선형이 아닌 지수함수적 성장 방식으로, 초반에는 성장률이 낮지만 갈수록 폭발적으로 성장함을 나타낸다 – 옮긴이)하는 시대에 블루칼라든 화이트칼라든 거의 모든 일자리가 위험해질 것이다. 신기술이 창출하는 부의 혜택이 갈수록 더 적은 소수에게만 돌아감에 따라 실업률은 더 높아지고, 그 결과 경제적 불평등은 더 심화될 전망이다.

특이한 이야깃거리

기술자와 경제학자, 철학자들 사이의 토론과 논쟁에서 이러한 미래 비전은 인공지능과 머신러닝이 일단 '기술적 특이점'(컴퓨터 시스템이 자기들의 인간 창조자가 만든 기술을 능가하는 새로운 기술을 스스로 발명할 수 있게 되는 시점)을 넘어선 이후 세계의 모습에 관한 덜 무시무시한 많은 예언과 함께 이야기된다. 이러한 예언의 내용은 예측하는 사람에 따라 매우 다양하다. 모라벡 같은 일부 학자는 평화롭게 번영하는 새로운 여가 시대를 안내해줄, 호모 사피엔스의 진화 후 계승자post-evolutionary successor를 예측한다. 또 어떤 사람들은 인간의 의식을 '업로드할 수 있는' 로봇 혈관을 상상한다. 그리고 커즈와일은 기술적 특이점이 일종의 소프트웨어 기반의 불멸성(인간의 뇌에 저장된 정보와 기억, 심지어는 의식까지도 컴퓨터에 업로드해서 컴퓨터상에서 영원히 존재하는 것을 뜻한다 - 옮긴이)을 제공할 것이라고 암시했다.

그러나 이러한 장기 전망은 로봇혁명의 평범한 단기적 결과, 즉 초인적인 기계 의식machine consciousness(인간처럼 기계가 스스로 자신의 존재와 행위, 그리고 주변 환경을 인식하는 능력 - 옮긴이)이 일으키는 거대한 질서의 붕괴보다는 평범한 로봇지능의 보급에 따르는 일련의 작은 사건들에 주목하는 것을 방해할 수 있다. 오늘날 우리가 하는 거의 모든 사회적 상호작용은 다른 사람들과의 사이에 이루어지고 있다. 그러나 우리는 기계가 일상적 대화 상대가 되는 시대의 첨단에 서 있다. 우리의 무인자동차들은 주차 공간을 놓고 서로 다투게 될 것이다. 가벼운 자동차 사고가 난 경우, 우리는 로봇 정비공에게 우리 로봇 자동차를 제대로 수리하지 않았다고 따질 것이다. 로봇 요리사가 음식을 준비하는 레스토랑에서 로봇 도우미에게 창가 자리를 부탁할 것이다. 매일 우리는 공중을 맴도는 드론부터 택시에 전달하는 기계까지 인간이 원격에서 조종하거나 하지 않거나 간에 원활하게 작동하는 로봇들과 만나게 될 것이다. 기계의 응답 속에 얼마나 많

터미네이터

은 다른 사람이 관련되어 있는지도 모른 채 끊임없이 기계들과 상호
작용하는 일이 일상이 될 것이다. 무한하게 조정할 수 있는 이런 인
간-로봇 혼성 시스템 속에서 우리가 로봇과 인간을 별도로 취급할
수 있는 여지는 없다. 각 상호작용의 방식이 다른 상호작용의 방식
에 영향을 주게 되고, 그 결과 우리의 정체성 감각이 약해질 것이다.

그러나 그 결과가 항상 로봇 디스토피아일 필요는 없다. 로봇 설
계와 규제에 관한 명확한 결정은 오늘날 인간성의 세계와 미래의 로
봇 자치robot autonomy 세계의 중간에 있다. 발명가들은 기술의 독창성을
사회적 인식과 결합해야 하며, 정부는 새로운 인공 행위자artificial agent
를 사회에 통합하는 데 도움을 줄 제도와 프로세스를 설계할 필요가
있다. 오늘날 모든 토목기사는 윤리를 공부해야 한다. 잘못 설계된

다리가 공공에 커다란 피해를 일으킬 수 있기 때문이다. 로봇 기술자들도 같은 종류의 책임에 직면하고 있다. 이제 단순한 학문적 추구란 없기 때문이다. 일반적으로 로봇 연구를 후원하는 컴퓨터과학 부문은 토목공학 부문의 선례를 따라 모든 학위 후보자가 윤리 교육을 충분히 받고 사회학 교육도 일부 받도록 요구해야 한다. 그러나 미래의 로봇 제작자를 준비시키는 일은 그 정도밖에 도움이 안 된다. 시간이 많지 않다. 현재의 로봇 기술자들은 지능형 기계들이 스스로 사회에 통합될 수 있게 구축하는 방법에 관해 더 명확하게 생각하기 시작해야 한다. 중요한 첫 번째 단계로 로봇 기기robot appliance 와 로봇 행위자robot agent 의 구별(기계 의식의 유무로 구별하며, 기계 의식이 있는 로봇을 단순 로봇 기기와 구별해서 로봇 행위자라 한다 – 옮긴이)을 명확히 해야 한다. 자율적인 결정을 내리지 않고 정해진 지시만 따르는 로봇들의 인지 능력은 제한해야 한다. 이것은 그들에게 얼굴이 있으면 안 되고 사람처럼 말하고 의사소통하거나 인간의 감정을 나타내서도 안 된다는 것을 의미한다. 로봇 진공청소기는 주인에게 그가 직장에 있는 동안 보고 싶었다고 말해서는 안 된다. 반면, 목표를 수립하고 결정을 내리고 인간성을 지닌 사람들을 설득하도록 설계된 로봇은 성장해야 한다. 로봇 기술자들이 이러한 기계들로 하여금 인격화된 특성을 보이게 하고 싶다면, 그들의 로봇은 직접적인 책임도 받아들여야 한다. 사람들이 이러한 기계들에 자신들의 지식과 목표, 욕망과 의도가 무엇인지 물을 수 있어야 한다.

지난 세기에 시작된 정보 시대가 약속한 가장 소중한 자산, 즉 지식과 투명성이 자동화의 시대에 훨씬 더 큰 중요성을 띠게 될 것이다. 교육자와 규제 당국자들은 발명가들이 지식을 습득할 수 있도록 도와야 하며, 발명가들은 더 투명한 인공 존재를 만들 것을 약속해야 한다.

11

소셜 미디어의 정치적 힘
기술, 공공 영역, 정치적 변화

클레이 셔키 | 뉴욕대학교 뉴미디어학과 교수

2001년 1월 17일, 조지프 에스트라다[Joseph Estrada] 필리핀 대통령 탄핵 재판이 진행되는 동안 필리핀 의회의 여당 의원들은 대통령에 대한 주요 증거를 채택하지 않기로 하는 결정에 투표했다. 이 결정이 공표된 뒤 두 시간도 되지 않아 부패한 대통령이 탄핵을 모면할 수도 있다는 데 분노한 수천 명의 필리핀 시민이 마닐라의 주요 교차로인 에피파니오 드 로스 산토스 애비뉴[EDSA]로 모여들었다. 이 시위를 조직한 숨은 공신은 '검은 옷을 입고 EDSA로 모이자[Go 2 EDSA. Wear blk.]'라는 문자 메시지였다. 군중은 순식간에 불어났고 며칠 만에 100만 명 이상이 집결해서 마닐라 시내 교통을 마비시켰다.

대규모 대응을 빠르게 조직화하는 이러한 대중의 능력(그 주에 700만 개에 가까운 문자 메시지가 발송되었음)에 놀란 필리핀 의회는 절차를 되돌려 문제의 증거를 채택하기로 했다. 에스트라다의 운명이 결정되었다. 1월 20일 그는 해임되었다. 이 사건은 소셜 미디어가 국가 지도자를 몰아낸 최초의 사례로 기록되었다. 에스트라다도 자신의 몰락 이유를 '문자 메시지 세대' 탓으로 돌렸다. 1990년대 초반 인터넷이 부상한 뒤 전 세계에서 네트워크화한 인구는 수백만에서 수십억으로 늘어났다. 같은 기간 소셜 미디어는 일반 시민과 행동주의자, 정부·비정부기구, 통신 업체와 소프트웨어 공급자 등 다양한 행위자를 포함하는 전 세계 시민사회에서 삶의 일부가 되었다. 이러한 환경이 미국 정부에 명확한 질문을 던진다. 소셜 미디어의 보급이 미국의 국익에 어떤 영향을 미치며, 미국의 정책은 소셜 미디어에 어떻게 대응해야 하나?

밀도가 더 높고 복잡해지고 참여가 더 늘어나는 방식으로 통신구도가 바뀌면서 네트워크화한 인구는 더 많은 정보에 접근하거나 대중 연설에 참여하는 기회가 더 많아지고, 집단행동을 수행하는 능력이 향상되고 있다. 마닐라 시위에서 입증된 바와 같이, 정치 무대에서는 이렇게 늘어난 자유가 느슨하게 조직된 대중이 변화를 요구하는 데 도움이 될 수 있다.

필리핀 전략은 그 뒤로도 여러 번 채택되었다. 2004년 스페인에서는 시위대가 궁극적으로 승리를 거두기도 했다. 문자 메시지를 통해 조직화된 시위가 호세 마리아 아스나르José María Aznar 스페인 총리의 퇴진을 끌어냈다. 그는 마드리드 열차 폭탄 테러를 바스크 분리주의자Basque separatist들의 소행이라고 부당하게 비난한 바 있다. 2009년 몰도바에서는 공산당이 실각했다. 부정 선거 사실이 분명해지면서 문자 메시지와 페이스북, 트위터 등으로 조직화한 대규모 시위가 일어났기 때문이다. 전 세계적으로 가톨릭 교회는 아동 강간범을 은닉한 혐의로 여러 소송에 직면하고 있다. 이 과정은 2002년 미국 〈보스턴글로브The Boston Globe〉가 교회에서 일어난 성적 학대 사건을 폭로한 것이 몇 시간 만에 온라인에 퍼지면서 시작되었다.

그러나 2006년 3월 벨라루스의 경우처럼 행동주의자들이 실패하는 사례도 많다. 알렉산드르 루카셴코Aleksandr Lukashenko 대통령의 부정 개표 의혹에 항의해서 이메일을 통해 조직화한 거리 시위가 확산되다가 주춤했다. 그 바람에 루카셴코는 어느 때보다 더 단호하게 소셜 미디어를 통제하게 되었다. 2009년 6월 이란의 녹색운동Green Movement 봉기 동안 행동주의자들은 미르호세인 무사비Mir-Hossein Mousavi 에 대한 개표 오류에 항의해서 조직화할 수 있는 모든 기술적 도구를 동원했지만, 결국 폭력 진압에 굴복하고 말았다. 2010년 태국에서 일어난 레드셔츠Red Shirt 반란 역시 이와 비슷하면서도 더 빨리 진압되었다. 소셜 미디어에 정통한 시위대가 방콕 시내를 점령했지만, 태국 정부는 시위대를 해산시키고 수십 명을 죽였다.

문자 메시지와 이메일, 사진 공유와 소셜 네트워킹 등의 소셜 미디어 도구를 사용하는 데 따르는 하나의 예정된 결과는 없다. 따라서 소셜 미디어가 정치적 행동에 미치는 영향을 설명하려는 노력은 대부분 대립하는 일화들을 서술하는 데 그치고 만다. 만약 당신이 벨라루스 시위대가 루카셴코 대통령을 추방하는 데 실패한 사례를 전형적인 사례로 본다면, 몰도바의 경험을 극히 예외적인 사례로 볼 것이다. 또는 그 반대로 볼 수도 있다. 이 주제에 관해서는 실증하는 작업도 어렵다. 한편으로는 이러한 도구들이 너무 새롭기도 하고, 한편으로는 관련 사례가 너무 희귀하기 때문이다. 최근 제이콥 그로섹Jacob Groshek과 필립 하워드Philip Howard에 의한 시도를 비롯해서 디지털 도구가 민주주의를 향상시키느냐는 질문에 답하려는 많은 시도가 있었다. 이들이 설명하는 가장 무난한 특성은 이러한 도구들이 단기적으로는 해롭지 않고, 장기적으로는 도움이 되리라는 것이다. 또 이러한 디지털 도구들은 이미 공공 영역public sphere(사람들이 모두 관심을 가지고 있는 사항에 대해서 의견을 교환하고 정치적 의사를 형성하는 언론의 공간 - 옮긴이)이 정부의 행동을 제한하는 나라들에서 가장 극적인 효과가 있다는 것이다.

이렇게 기록들이 뒤섞여 있음에도 소셜 미디어는 전 세계 거의 모든 정치 운동의 조직화 도구가 되었다. 또 그만큼 전 세계 대부분의 권위주의 정부는 소셜 미디어에 대한 접근을 제한하고 있고, 놀랍게도 점점 더 많은 민주주의 정부도 이런 경향을 보인다. 이에 대응해서 미국 국무부는 '인터넷 자유'를 특별한 정책 목표로 천명했다. 사람들이 인터넷을 자유롭게 사용할 권리를 주장하는 것은 미국에 적합한 정책이다. 전 세계 시민사회를 강화한다는 전략 목표와 부합하고 표현의 자유에 관한 미국인의 신념과도 일치하기 때문이다. 그러나 인터넷 자유를 단기적인 목표와 결부시키는 것은 대체로 효과적이지 못할 가능성이 크다. 그것이 특정 국가에 고유한 목표이거나 특정 반체제 그룹을 지원하거나 정권 교체를 부추기는 목표일 경우 특히 그렇다. 그리고 실패할 경우 그 결과는 심각할 수 있다.

에스트라다 축출에 관한 이야기와 기타 비슷한 사건들이 관찰자들로 하여금 정부를 넘어뜨리는 대규모 시위의 힘에 주목하게 하지만, 소셜 미디어의 잠재력은 이것이 주로 시민사회와 공공 영역을 지지한다는 데 있다. 또 소셜 미디어에 의한 변화는 몇 주 또는 몇 달이 아니라 수년 또는 수십 년에 걸쳐 나타난다. 미국 정부는 인터넷 자유를 국가별로 서로 다른 단기 정책 목표를 실행하는 도구가 아니라 원칙적이고 정권 중립적인 방식으로 추구할 목표로 생각해야 한다. 마찬가지로 변화는 점진적으로 이뤄질 것이고, 당연히 가장 권위적인 체제에서 가장 느리게 진행될 것으로 예상해야 한다.

인터넷 자유의 위험성

2010년 1월 미국 국무장관 힐러리 클린턴이 미국의 해외 인터넷 자유 증진 방법의 개요에 관해 설명했다. 클린턴은 몇 가지 유형의 자유를 강조했다. 정보에 접근하는 자유(예컨대, 이란 내에서 위키피디아와 구글을 사용할 수 있는 자유), 일반 시민이 자신의 대중 미디어를 만드는 자유(미얀마 행동주의자가 블로그를 만들 권리), 그리고 시민들이 서로 대화하는 자유(중국의 대중이 간섭받지 않고 인스턴트 메시지를 사용할 수 있는 자유)다.

특히 클린턴은 인터넷에 대한 접근을 제한하는 국가에서 인터넷에 대한 접근을 재개하는 도구를 개발하는 데 대한 재정 지원 계획을 발표했다. 인터넷 자유에 대한 이 '기계적인instrumental' 접근방식은 국가들이 구글, 유튜브 등의 해외 웹사이트나 〈뉴욕타임스〉 웹사이트를 검열하지 못하게 하는 데 역점을 두고 있다. 이 방식은 시민들의 대중 연설에 대해서는 이차적으로만 초점을 맞추고, 디지털 미디어의 개인 또는 사회적 용도에 대해서는 최소한도로 초점을 맞춘다. 이 비전에 따르면 미국 정부는 권위주의 정권의 검열에 대해 신속한 규제 조치를 할 수 있고, 또 해야 한다.

이 기계적인 견해는 정치적으로 호소력이 있고 행동 지향적이긴 하지만, 동시에 확실히 잘못되었다. 이것은 방송 미디어의 가치를 과대평가하는 반면, 시민들이 서로 비공개로 소통할 수 있게 하는 미디어의 가치는 과소평가한다. 이것은 정보, 특히 서방에서 만든 정보에 대한 접근 가치는 과대평가하고 지역을 조화롭게 하는 도구의 가치는 과소평가한다. 또 이것은 컴퓨터의 중요성은 과대평가하고 휴대전화 같은 더 간단한 도구의 중요성은 과소평가한다.

이 기계적인 접근방식은 위험할 수도 있다. 헤이스택Haystack으로 알려진 검열 우회 소프트웨어의 출시를 둘러싼 큰 실패 사례를 살펴보자. 이 소프트웨어를 개발한 사람에 따르면 이것은 "이란 정부가 검열하는 방법과 일대일로 일치한다." 이 도구는 워싱턴에서 큰 호평을 받았다. 심지어 미국 정부는 수출까지 허가했다. 그러나 이 프로그램은 신중하게 심사를 받지 않았다. 보안 전문가가 검토한 결과 이 프로그램은 메시지를 정부의 검열로부터 숨기는 목표를 달성하지 못하는 것으로 판명되었다. 그뿐만 아니라 한 분석가의 말을 빌리면 "상대방이 개별 사용자를 정확하게 찾아낼 수 있다"는 것이었다. 반면, 가장 성공적인 검열 방지 소프트웨어인 프리게이트^{Freegate}는 미국 정부의 지원을 거의 받지 못했다. 일반적인 관료체제 때문에 지연된 이유도 있지만, 미국 정부가 미·중 관계가 손상될 것을 경계했기 때문이다. 이 도구는 원래 중국 정부가 '악마 숭배$^{evil\ cult}$'라고 불렀던 파룬궁^{法輪功}이 만들었다. 프리게이트와 헤이스택의 도전은 소셜 미디어를 국가별 목표와 단기 정책 목표를 추구하는 무기로 만드는 일이 얼마나 어려운지를 보여준다.

참여를 촉진하는 데 도움이 되는 뉴미디어는 예전에 인쇄기와 우편 서비스, 전신 전화가 그랬던 것처럼 실제로 클린턴이 설명한 자유를 증대시킬 수 있다. 다만 뉴미디어가 정치적인 힘이라는 생각에 관한 한 가지 불만은 사람들이 이 도구를 단순히 상업이나 사회생활 또는 기분전환의 수단으로만 사용한다는 점이다. 그러나 이런 불만은 모든 미디어에 대해 공통적인 것이다. 1500년대에는 훨씬 더 많은 사람이 마르틴 루터$^{Martin\ Luther}$의 〈95개 조 논제$^{Ninety-Five\ Theses}$〉보다 에로 소설을 읽었고, 미국 독립혁명 이전에는 훨씬 더 많은 사람이 연락위원회$^{Committees\ of\ Correspondence}$(미국 독립전쟁 당시 본국인 영국에 대한 불만 처리 방안을 연락·조정하기 위해 설립된 위원회 – 옮긴이)의 발간물보다 벤저민 프랭클린의 〈가난한 리처드의 달력$^{Poor\ Richard's\ Almanack}$〉을 읽었다. 그러나 이런 정치적인 작품들은 여전히 엄청난 정치적 영향을 미쳤다.

루터가 가톨릭 교회에 대항하기 위해 새로 실용적인 인쇄기를 도입한 것과 미국 혁명가들이 벤저민 프랭클린이 설계한 우편 서비스를 이용해서 자신들의 신념을 서로 일치시킨 것처럼, 오늘날 반체제 운동도 자신들의 견해를 표현하고 행동을 조직화하기 위해 가능한 모든 수단을 사용하려 한다. 2009년 선거 뒤 몰도바 공산당이 의회에서 다수당의 지위를 잃어버린 원인을 설명하기 위해서는 상대방이 휴대전화와 온라인 도구를 사용해서 대중을 동원했다는 사실을 논하지 않을 수 없다. 권위주의 정부는 시민들 사이의 의사소통을 억압한다. 정확히 말하면, 이들은 더 잘 조직화된 대중이 자신들의 감독을 받지 않고 자신들의 행동력을 제한할까 두려워하기 때문이다.

의사소통의 자유가 정치적 자유에 유익하다는 기본적인 사실에도 불구하고, 인터넷에 대한 국정 운영 기술로서 이 기계적인 방식은 여전히 문제가 있다. 반대를 둘러싼 국내 상황을 국외자가 이해하기는 힘들 것이다. 외부에서 지원하는 것은 심지어 평화로운 반대조차 외부 요소가 지시한 것으로 오해받게 할 위험이 있다. 새로운 도구의 의도하지 않은 효과 때문에 반체제 인사들이 노출될 수도 있다. 해외에서의 인터넷 자유에 대한 정부의 요구는 국가마다 다를 수 있으며 관계의 중요성에 따라서도 다르다. 또 자칫 그 동기에 대한 냉소로 이어질 수도 있다.

소셜 미디어를 시민사회와 공공 영역을 강화하는 장기적인 도구로 생각하는 것이 더 바람직하다. 인터넷 자유에 대한 기계적인 견해와 달리 이런 생각을 '환경적environmental' 견해로 부를 수 있다. 이 개념에 따르면, 한 국가의 삶에 나타나는 긍정적인 변화는 강한 공공 영역의 발전에 앞서 나타나는 것이 아니라 뒤따른다. 이것은 대중 운동이 이러한 도구들을 사용해서 자신들의 정부를 길들이거나 심지어 축출하려는 것이 아니라, 오히려 그런 용도를 지시하려는 미국의 시도가 이익보다는 해를 끼칠 가능성이 크다는 것을 말한다. 이런 관점에서 보면, 인터넷 자유에 관한 문제는 장기전에 속한다고 할 수 있다. 독립된 의제가 아니라 더 근본적인 정치적 자유에 대한 하나의 중요한 투자로 인식해야 한다.

붕괴 현장

강압적인 정권에서 일어나는 정치 행동에 관한 모든 논의에서는 1989년 동유럽 공산주의가 몰락하고, 이어 1991년 소련이 붕괴한 놀라운 사건을 고려해야 한다. 냉전 시기 동안 미국은 다양한 커뮤니케이션 도구에 투자했다. 여기에는 미국의 소리VOA: Voice of America 라디오 방송, 모스크바 박람회에 미국관 개관(당시 미국 닉슨 부통령과 흐루쇼프 소련 서기장 사이에 유명한 '부엌 논쟁Kitchen Debate'이 벌어졌던 곳), 그리고 철의 장막 뒤에서 지하신문 또는 사미즈다트Samizdat(구소련 시절 비밀리에 쓰여 복사본으로 유포되던 문학으로, 반체제적 내용이 주를 이뤘다 - 옮긴이) 발행을 도왔던 제록스 복사기 밀수출 등이 포함된다. 그러나 이렇게 커뮤니케이션을 강조했음에도, 냉전은 미국의 소리 라디오 방

소셜 미디어는 정치적 행동을 대체하는 수단이 아니라 행동을 조직화하는 수단이 되기 쉽다.

송 청취자들의 봉기가 아니라 경제적인 변화 때문에 종식되었다. 밀가루 가격이 급등하는 반면 유가는 하락함에 따라 비싼 석유를 팔아 싼 밀가루를 산다는 구소련 모델이 작동하지 않게 되었다. 그 결과 크렘린은 서방 세계에서 자금을 빌려야 했고, 서방 세계로부터의 자금 대출이 위험에 놓이게 될까 봐 비러시아 국가의 내정에 군사적으로 개입할 수 없었던 것이다. 1989년 이러한 거시경제적 힘의 배경에 비하면 시민의 소통 능력은 크게 중요하지 않았다고 주장할 수도 있다.

그때 철의 장막 뒤의 나라들이 국민을 그냥 굶주리게 방치하지 않았던 이유가 무엇이겠는가. 슬프게도, 백성이 세 끼를 굶게 하고는 혁명에 성공할 수 없다는 옛말이 20세기에는 맞지 않는 것으로 밝혀

졌다. 수백만 명이 죽어 나가도 지도자들은 건재할 수 있었다. 1930
년대 스탈린이 그랬고, 1960년대 마오쩌둥이 그랬으며, 김정일은 지
난 20년 동안 여러 번 그랬다. 그러나 이런 경우와 1989년 혁명의
차이점은 동독과 체코슬로바키아를 비롯한 동유럽 국가들이 저항할
수 있을 정도로 강한 시민사회에 직면했다는 사실이다. 매주 이어진
동독의 시위, 체코슬로바키아의 77 헌장Charter 77 시민운동, 그리고 폴
란드의 자유노조 운동 등이 모두 자국의 투명한 정부 실현에 이바지
했다.

　이러한 그룹들의 능력, 심지어 단순한 복사기만으로 인쇄물과 정
치적 문서를 만들어 전파하는 능력이 공산주의 정권을 투명한 정권
으로 바꾼 것이다. 이들 국가의 많은 시민에게 정부가 정치적으로,
그리고 더 중요한 것은 경제적으로도 파산했다는 사실은 공공연한
비밀이 아니라 공식화된 사실이었다. 그 정권들이 이러한 거대 시민
그룹을 진압하라고 군대에 명령을 내리지 못한 이유가 바로 이것이
었다.

　따라서 공산주의 체제가 대체로 평화적으로 붕괴하게 된 이유는
국가와 시민사회 간 힘의 균형에 일어난 변화 때문이었다. 폭력을
사용하는 국가의 능력은 약화했다. 그리고 정부 폭력의 예봉을 견뎌
야 했던 시민사회는 더 강해졌다. 시민사회가 승리를 거뒀을 때 공
산주의 정권에 반대 목소리를 높였던 사람들, 예를 들어 폴란드의
타데우시 마조비에츠키Tadeusz Mazowiecki와 체코슬로바키아의 바츨라프
하벨Václav Havel 등이 이러한 국가의 새로운 정치 지도자가 되었다. 의

사소통 도구들이 냉전 기간에 정부들을 붕괴하게 하지는 못했지만, 힘이 약해진 국가로부터 사람들이 권력을 쟁취하는 데는 도움이 되었다.

미국의 소리부터 사미즈다트까지, 미디어가 공적 영역을 강화함으로써 사회 변화를 지원하는 역할을 한다는 생각은 인쇄기의 역사적 역할을 되풀이하는 것이다. 독일의 철학자 위르겐 하버마스Jürgen Habermas가 1962년 저서 《공론장의 구조변동The Structural Transformation of the Public Sphere》에서 주장했듯이, 국가가 완전히 민주화되기 전에 인쇄기가 정치에 참여하는 시민들 사이에 토론하고 합의하는 공간을 제공함으로써 유럽의 민주화를 도왔다. 이 주장은 아사 브리그스Asa Briggs와 엘리자베스 아이젠슈타인Elizabeth Eisenstein, 폴 스타Paul Starr 같은 후세 학자들에 의해 확장되었다.

정치적 자유는 대중에게 제시된 문제를 논의하기에 충분히 박식하고 긴밀하게 연결된 시민사회와 함께해야 한다. 1948년 미국 대통령 선거 뒤 정치적 견해에 관한 유명한 연구에서 사회학자 엘리후 카츠Elihu Katz와 폴 라자스펠드Paul Lazarsfeld는 매스 미디어 독자적으로는 사람들의 마인드를 바꿀 수 없고 2단계 프로세스가 존재한다는 사실을 밝혔다. 의견이 먼저 미디어를 통해 전송되면 친구와 가족, 동료들에 의해 되풀이된다. 정치적 견해가 형성되는 것은 이 두 번째, 사회적 단계다. 이것은 일반적으로 인터넷, 특히 소셜 미디어가 변화를 일으키는 단계다. 인쇄기와 마찬가지로, 인터넷은 미디어의 소비만이 아니라 생산도 확산시킨다. 이것은 사람들이 공개적으로나

비공개적으로 엄청난 양의 서로 다른 견해를 주고받으며 토론할 수 있게 한다.

서서히 발전하는 공공 영역은 인터넷 자유에 대한 환경적 견해의 핵심이다. 이러한 공공 영역에서는 여론이 미디어와 대화에 의존한다. 서방 세계가 민주주의의 소스 코드source code를 보유하고 있고, 여기에 접근하게만 하면 남은 독재 국가들은 무너질 것이라는 자기 강화self-aggrandizing 견해와는 달리, 환경적 견해는 공공 영역에서 아이디어와 의견이 보급되고 채택되지 않으면 아무런 정치적 변화가 일어나지 않는 것으로 가정한다. 대화에 대한 접근이 정보에 대한 접근보다 정치적으로 더 중요하다. 또한, 공공 영역은 추상적인 정치 이념을 포용하는 것보다 경제적인 문제 또는 일상적인 지배구조에 대해 사람들이 불만을 가진 결과 나타날 가능성이 더 크다.

현대적인 예를 들면, 중국 정부는 자치를 요구하는 위구르나 티베트에 의해서보다 덜 부패한 지방 정부를 요구하는 한족 주류의 중산층에 의해서 민주적인 규범을 채택해야 하는 위험에 처할 가능성이 더 크다. 마찬가지로, 여성에게 불리한 법을 폐지하는 데 초점을 맞추고 있는 이란의 여성 인권 운동인 백만 서명 운동One Million Signatures Campaign은 대립적인 녹색운동보다 이란 정부의 행동을 자유화하는 데 더 성공적이었다.

대중 시위를 낙관적으로 보는 사람들에게 이것은 묽은 차weak tea와 같이 만족스럽지 않을 수 있다. 그렇지만 경험적 연구와 이론적 연구 결과에 따르면, 효과적인 시위는 긴 과정 끝에 얻을 수 있는 결과

이지 그 과정을 대체하지는 못한다. 전 세계적으로 정치적 자유를 확대하기 위한 미국의 모든 진정한 노력은 이러한 과정에 집중되어야 하며, 이 과정은 강한 공공 영역이 있을 때만 일어날 수 있다.

보수의 딜레마

기업이든 정부든 훈련되고 조직화한 그룹은 그렇지 않은 그룹보다 항상 장점이 있다. 그들은 집단행동에 참여할 때 곤란을 겪지 않는다. 구성원들의 행동을 질서 있게 지휘하는 방법이 있기 때문이다. 소셜 미디어는 조직화 비용을 줄임으로써 훈련되지 않은 그룹의 단점을 보완해준다. 필리핀에서 일어난 반 에스트라다 운동은 전송과 전파가 쉬운 문자 메시지를 사용해서 표준 경영 관리에 대한 필요성이나 시간 투자 없이 대규모 그룹을 형성했다. 그 결과, 더 크고더 엉성한 그룹들이 이제 저항 운동이나 공공 미디어 캠페인 등 예전에는 공식적인 조직에 의해서만 할 수 있었던 조직적인 행동을 할수 있게 되었다. 정치 운동의 경우, 주요 조직화 유형의 하나는 군에서 '인식 공유shared awareness'라고 부르는 것이다. 이것은 집단의 각 구성원이 당면한 상황을 이해할 뿐만 아니라 다른 구성원들도 이해하고 있다는 사실도 공유하는 능력이다. 소셜 미디어는 소셜 네트워크를 통해 메시지를 전파함으로써 이런 인식 공유를 높인다. 스페인에서 반 아스나르 시위가 그렇게 빨리 추진력을 얻었던 것도 정확히 말해 메시지를 전파하는 수백만 명의 사람이 계층적 조직을 이루지 않았기 때문이다.

2008년 5월 중국 쓰촨 성에서 발생한 파괴적인 지진의 여파로 반부패 시위가 발발했는데, 이는 즉석 동기화ad hoc synchronization의 또 다른 사례다. 시위대는 건설회사들과 지방 정부의 짬짜미 결과 조잡하게 지어진 학교가 붕괴하면서 외동아이를 잃은 부모들, 특히 엄마들이었다. 지진이 일어나기 전에 이 나라의 건설 업계 부패는 공공연한 비밀이었다. 그러나 학교가 붕괴했을 때 시민들은 소셜 미디어 도구들을 통해 피해와 시위에 관한 문서 정보를 공유하기 시작했다. 정부 부패의 결과가 널리 밝혀졌고, 공공연한 비밀은 공식적인 사실이 되었다.

중국 정부는 원래 지진 뒤에 일어난 시위에 관한 보도를 허용했지만, 6월에 갑자기 태도를 바꿨다. 공안이 시위대를 체포하기 시작했고, 시위대가 단순히 국가 배상을 요구할 뿐만 아니라 진정한 지방 개혁을 요구한다는 것이 분명해지자 기자들을 위협하기 시작했다. 정부의 관점에서는 국가가 단기적으로 아무런 조처도 할 수 없었던 부패 사실을 시민들이 알게 되었다는 것이 위협이 아니었다. 이러한 인식이 공유될 때 발생할 수 있는 결과를 두려워했다. 정부는 개혁 법안을 제정하거나, 더 많은 시민에게 경고하는 방식으로 대응하거나 둘 중 하나를 택해야 했다. 결국, 널리 보급된 카메라 폰이 광범위한 불법 단속을 더 어렵게 했다.

모든 현대 국가에서 점점 더 분명해지고 있는 이 인식 공유 상태가 일반적으로 '독재자의 딜레마dictator's dilemma'로 불리는 현상을 일으키고 있다. 이 현상은 미디어 이론가 브리그스가 만든 '보수의 딜레마conservative dilemma'라는 문구로 더 정확하게 설명될 수 있을 것 같다. 독재자뿐만 아니라 민주 정부와 종교, 기업의 리더들에게도 적용되므로 이렇게 이름을 붙였다. 이 딜레마는 대중이 연설이나 집회에 참가하는 기회를 증가시키는 뉴미디어가 일으켰다. 복사기든 웹 브라우저든 이러한 미디어가 확산됨에 따라, 대중 연설을 독점하는 데 익숙했던 국가는 이제 어떤 사건들에 대한 자신들의 견해가 대중의 견해와 다른 점에 대해 해명해야 하기에 이르렀다. 이러한 보수의 딜레마에 대한 두 가지 대응책은 검열과 선전이다. 그러나 어느 것도 통제 수단으로 시민을 강제로 침묵하게 하는 것보다 효과적이지 않다. 국가는 필요하면 비판을 검열하거나 선전한다. 그러나 이러한 조치들은 그냥 처음부터 침묵하게 하거나 해명해야 하는 비판을 없애버렸을 때보다 더 큰 비용이 든다. 그렇다고 해서 정부가 인터넷에 대한 접근을 차단하거나 휴대전화를 금지하려면, 이때 역시 정권에 우호적인 시민들을 자극하거나 경제에 해를 끼치는 위험을 감수해야 한다.

보수의 딜레마는 정치 연설과 정치에 무관심한 연설이 서로 배타적이지 않다는 데에도 그 원인이 있다. 2008년 미국산 쇠고기 수입에 항의하기 위해 서울 청계천에 모인 한국의 10대 소녀 대부분은 한국 남성 그룹 동방신기 전용 웹사이트의 토론방에서 급진적으로 변했다. 동방신기는 정치 그룹이 아니며, 시위대 또한 전형적인 정치 행위자들이 아니었다. 그러나 80만 명의 적극적인 회원을 가진

이 온라인 커뮤니티가 회원들이 대화를 통해 정치적 견해를 형성하게 하면서 카츠와 라자스펠드의 2단계 과정 중 두 번째 단계를 증폭시켰다.

대중문화 또한 소셜 미디어를 더 정치적인 용도로 사용할 수 있도록 보호막을 제공함으로써 보수의 딜레마를 높인다. 특별히 반체제용으로 설계된 도구는 국가가 정치적으로 차단하기 쉽다. 그러나 범용으로 설계된 도구는 정치적으로 무관심한 대규모 집단을 정치화하는 위험이 따르므로 검열하기가 훨씬 어렵다. 하버드대 버크맨 인터넷과사회연구센터Berkman Center for Internet and Society의 에단 주커만Ethan Zuckerman은 이것을 '디지털 행동주의의 귀여운 고양이 이론cute cat theory of digital activism'이라고 부른다. 프락시 서버proxy server(시스템에 방화벽을 가지고 있는 경우 외부와의 통신을 위해 만들어놓은 서버 - 옮긴이)와 같이 국가의 검열을 피하도록 설계된 특정 도구들은 거의 아무런 정치적 부담 없이 차단할 수 있다. 그러나 많은 사람이 귀여운 고양이 사진을 공유하기 위해 사용하는 범용 도구는 차단하기 어렵다.

이러한 이유로 범용 소셜 미디어에 투자하는 것이 자치를 촉진하기 위해 특별히 설계된 정치적 도구에 투자하는 것보다 더 현명하다. 언론 자유의 규범은 본질적으로 정치적이며, 보편적으로 공유되는 것과는 거리가 멀다. 미국이 언론 자유를 1차 목표로 만들고자할 때 이 목표가 동맹국인 민주 국가에서는 상대적으로 잘 작동하겠지만, 동맹국인 비민주국가에서는 잘 작동하지 않을 것이며, 동맹국도 아닌 비민주국가에서는 가장 잘 작동하지 않으리라고 예상해야 한다. 그러나 세계의 거의 모든 나라는 경제 성장을 원한다. 정부들이 정치적·경제적 조화를 위해 사용될 수 있는 기술을 금지하면 경제 성장을 위태롭게 하므로, 미국은 각 국가의 경제적 유인을 잘 이용해서 미디어 사용 범위를 넓혀야 한다. 즉, 미국 정부는 각 국가의 공공 영역을 조성하거나 강화하는 방법으로 보수의 딜레마를 높이는 조건을 만들기 위해 노력하고, 논쟁을 일으키는 자유의 미덕보다 각 국가의 국익에 호소해야 한다.

소셜 미디어 회의론

소셜 미디어가 국가 정치에 변화를 가져올 것이라는 생각을 반박하는 주장으로 크게 두 가지가 있다. 첫 번째는 도구 자체가 무익하다는 주장이다. 그리고 두 번째는 강압적인 정부들이 반체제 인사들을 억압하기 위해 이러한 도구를 사용하는 데 익숙해지므로 이러한 도구들은 민주주의에 이로울 뿐만 아니라 해를 끼치기도 한다는 주장이다.

가장 최근에 맬콤 글래드웰이 〈뉴요커〉에 기고한 글에서 주장한 무익성에 대한 비판은 '슬랙티비즘slacktivism' 사례들에 집중한다. 슬랙티비즘은 페이스북에서 말만 많고 실제 행동은 하지 않는 '다르푸르를 구하자Save Darfur'라는 그룹처럼, 소극적인 참가자들이 최소한의 비용만 들이는 활동을 통해 사회 변화를 추구하는 것을 말한다. 글래드웰의 비판은 정확하지만 소셜 미디어의 힘이라는 문제의 요지에서 빗나갔다. 소극적인 행위자들이 소셜 미디어를 클릭만 하는 것으로 더 나은 세상을 만들 수 없다는 사실이, 적극적인 행위자들이 소셜 미디어를 효과적으로 사용할 수 없다는 것을 의미하지는 않기 때문이다. 2009년 인도에서 근본주의 자경단fundamentalist vigilantes에 대항한 운동, 2008년 한국의 쇠고기 수입 반대 시위, 그리고 2006년 칠레의 교육법 반대 시위를 포함하는 최근 저항 운동들은 소셜 미디어를 실제 행동을 대체하는 수단이 아니라 그 실제 행동을 조직화하는 수단으로 사용했다. 그 결과 이러한 시위 참가자 모두가 폭력의 위협에 노출되거나, 일부는 실제 폭력에 노출되었다. 사실 이러한 도구, 특히 휴대전화를 실제 행동을 조직하고 기록하는 수단으로 채택하는 것은 너무나 일반화되어서 모든 미래 정치 운동의 일부가 될 것으로 보인다.

이것은 분명히 이러한 도구를 사용하는 모든 정치 운동이 성공하리라는 것을 의미하지는 않는다. 국가가 대응력을 잃지 않았기 때문이다. 이것은 정치 운동을 위한 도구로서 소셜 미디어에 관한 두 번째, 그리고 훨씬 더 심각한 비판을 시사한다. 즉, 국가가 이러한 도구들을 감시하고 금지하거나 유인하기 위해 점점 더 정교한 수단을 확보하고 있다는 비판이다. 새로운미국재단New America Foundation의 레베카 매키넌Rebecca MacKinnon과 열린사회연구소Open Society Institute의 예브게니 모로조프Evgeny Morozov 같은 학자들은 소셜 미디어를 사용하면 권위주의 정권을 약화하게 하는 그만큼 강화할 가능성도 크다고 주장한다. 중국 정부는 소셜 미디어의 정치적 위협을 통제하기 위한 여러 시스템을 완성하는 데 상당한 노력을 해왔다. 이러한 시스템 중 검열과 감시 프로그램은 제일 중요성이 낮다. 중국 정부는 갈수록 자신들의 정통성에 대한 위협이 내부로부터 오고 있으며, 〈뉴욕타임스〉의 웹사이트를 막는다고 해서 슬픔에 찬 엄마들이 부패에 대한 불만을 방송에서 이야기하는 것을 막을 수는 없다는 사실을 인식하고 있다.

중국의 시스템은 1990년대 중반부터, 들어오는 인터넷 트래픽에 대한 비교적 간단한 필터에서 외부 정보를 제한할 뿐만 아니라 애국심과 공중도덕에 관한 주장을 이용해서 중국 웹사이트 운영자가 그 웹사이트 사용자들을 검열하고 사용자들이 자기 검열을 하게 하는 정교한 기능으로 진화해왔다. 중국 정부의 목표는 정보가 정치적으로 동기화되는 효과synchronizing effect를 방지하는 것이므로 인터넷을 철저히 검열할 필요는 없고, 단지 정보에 대한 접근을 최소화하면 된다.

권위주의 국가들은 갈수록 반체제 인사들이 실시간으로 조직화하고 행사 안내문을 전파하지 못하도록 그들의 통신망을 차단하고 있다. 이러한 전략은 또한 단기적으로 보수의 딜레마를 높이고, 많은 사람이 정치적 갈등을 의식하게 하는 위험을 일으킨다. 바레인 왕실이 공공용지를 왕실 땅으로 합병했다는 설명이 달린 지도가 인터넷에 돌아다니기 시작하자 정부가 구글 어스Google Earth를 금지한 것이 하나의 예다. 그 효과로, 사실이 원래 알던 것보다 더 문제가 많다는 것을 많은 바레인 사람이 알게 되었다. 이 소식이 너무나 널리 퍼져서 정부는 나흘 만에 태도를 누그러뜨려 접속을 재개했다.

이러한 차단이 길어지면 정부 측에 더 큰 문제가 된다. 2010년 여름 반정부 시위대가 방콕을 점령했을 때, 그들의 물리적 존재가 방콕 쇼핑가를 붕괴시켰다. 그러나 수도에서 멀리 떨어진 사람들에게조차 영향을 미친 것은 태국 통신 인프라의 상당 부분을 차단한 정부의 대응이었다. 이런 접근방식은 국가에 추가적인 딜레마를 안겨준다. 전화 없이 돌아가는 현대 경제는 있을 수 없다. 따라서 정부가 넓은 지역의 통신을 차단하거나 오랜 기간 차단하는 능력은 제한된다.

가장 극단적인 경우, 소셜 미디어 도구를 사용하는 것은 생사의 문제와 직결된다. 사형을 구형받았다가 19년 6개월의 징역형으로 감형된 이란의 블로거 호세인 데락샨Hossein Derakhshan과 의문의 죽음을 맞은 벨라루스 반정부 웹사이트 차터 97Charter 97의 창시자 올레그 베베닌Oleg Bebenin이 그 비극의 주인공들이다. 사실 소셜 미디어가 정치적 변화를 가져올 수 있다고 생각하는 가장 실질적인 이유는 반체제 인사나 정부 모두 그렇게 생각하기 때문이다. 전 세계적으로 행동주의자들은 이런 도구의 유용성을 믿고 적절하게 사용하려 한다. 그리고 그들이 대항하는 정부도 소셜 미디어 도구가 강력하다고 생각하고, 이에 대응해서 사용자들을 괴롭히거나 체포 또는 추방하거나 죽이려 한다. 미국이 정치적으로 복잡한 많은 문제에 부닥치지 않고 보수의 딜레마를 높일 수 있는 한 가지 방법은 이런 방식으로 미디어를 사용하다가 갇힌 시민들의 석방을 요구하는 것이다. 이러한 도구를 사용해서 국가가 시민에게 가하는 최악의 폭력 위협을 제한하는 방법은 보수의 딜레마 또한 증가시킨다.

장기적인 관점

미국은 인터넷 자유를 국정 운영의 도구로서 추구하고 있다. 그러므로 특히 특정 정권을 겨냥한 검열 회피 도구에 대한 중요성은 덜 강조하고, 지역의 대중 연설과 집회가 더 일반화되도록 지원을 늘려야 한다. 물론 정보에 대한 접근이 중요하지 않다는 것은 아니다. 그러나 이것이 소셜 미디어가 독재자를 제한하거나 민주주의 시민들에게 혜택을 주는 가장 기본적인 방법은 아니다. 특정 정권을 겨냥한 특정 도구나 운동을 미국이 직접 후원하는 지원 방식은 반발을 살 위험이 있으므로 더 참을성 있게 원칙을 전 세계에 적용해나가야 한다.

이를 위해서는 미 국무부의 인터넷 자유 목표를 재조정해야 한다. 국민 간에 개인과 사회의 통신 자유를 확보하는 것이 가장 먼저 고려되어야 할 목표이며, 바로 그다음 목표는 개개 시민이 대중 앞에서 말할 수 있는 표현의 자유를 확보하는 것이다. 이렇게 목표를 재조정함으로써 정부가 국민에게 봉사하게 하는 가장 효과적인 수단은 구글이나 유튜브에 대한 접근이 아니라 시민이 집회의 자유를 누릴 수 있는 강한 시민사회라는 사실을 반영하게 될 것이다.

이에 관한 구체적인 사례로, 미국은 최소한 이집트가 출판·보도의 자유에 대해 새로운 제한을 추가하려는 시도에 대해 걱정하는 만큼 최근 이집트가 의무적으로 허용해야 하는 그룹 메시징 서비스에 통제를 가하려는 시도에 대해서도 걱정해야 한다. 이러한 문자 메시지 서비스가 지원하는 집회의 자유도 언론의 자유와 같이 미국 민주주의 이상의 중심이다. 마찬가지로, 한국 정부가 특정 인터넷 서비스를 이용하기 위해 시민들이 실명을 등록하도록 요구하는 것은 2008년 서울 시위 때와 같은 조직적 행동으로 국가를 놀라게 하는 시민의 능력을 약화하려는 시도다. 미국이 중국의 검열 정책에 대해 불만을 표시하는 것과 동일하게 한국의 이런 정책에 대해서도 직접 유감을 표시하지 않으면 인터넷 자유를 세계의 이상으로 주장하는 능력이 훼손될 위험이 있다.

미국 정부가 네트워크화한 공공 영역을 관리하는 민간 기업 및 단체와 연대하는 정책을 표명하는 것은 더 어려운 일이지만 중요한 일이기도 하다. 페이스북, 트위터, 위키피디아, 유튜브 등 미국에 기반을 둔 서비스들을 비롯하여 QQ(중국의 인스턴트 메시징 서비스), 위키리크스(스웨덴에 서버를 둔 유출된 문서 저장소), 투엔티Tuenti(스페인의 소셜 네트워크), 네이버(한국의 포털 서비스) 등 해외에 기반을 둔 서비스들이 정치 연설과 대화, 조직화를 위해 가장 많이 사용하는 사이트들이다. 그리고 세계 무선 통신 사업자들은 이러한 서비스를 통해 휴대전화의 문자 메시지와 사진, 동영상 등을 전송한다. 이런 기관들이 사용자들을 위해 언론과 집회의 자유를 얼마나 지원하리라고 기대할 수 있을까?

이 문제는 개인적이지만 상업적인 환경에서 미국 언론의 자유에 관한 질문과도 비슷하다. 예를 들면, '쇼핑몰에서 어떤 시위를 할 수 있나?' 같은 질문이다. 좋든 싫든 네트워크화한 공공 영역을 지원하는 플랫폼들은 개인이 소유하고 운영한다. 클린턴은 미국이 이러한 기업들과 협력할 것이라고 약속했다. 그러나 실제 생활에서 말과 행동에 대해 존재하는 것과 같은, 어떤 법적 틀 없이 도덕적 권고만으로 상업적 행위자들이 언론과 집회의 자유를 지지하도록 설득하는 데는 한계가 있다.

　서로 다른 시대에 다른 정권에 적용할 수 있는 유연한 단기 디지털 전략을 수립하는 것이 좋을 것이다. 그러나 실제 세계의 국정 운영이 요구하는 사항은 모든 것이 바람직한 대로 되지 않을 수도 있음을 의미한다. 강압적인 정권과 민주적인 정권의 행동주의자들은 모두 인터넷과 관련 도구를 사용해서 자신들의 나라에서 변화를 일으키기 위해 노력할 것이다. 그러나 이러한 변화들을 형성하거나 겨냥하는 워싱턴의 능력은 제한적이다. 워싱턴은 모든 나라에서 언론과 보도, 집회의 자유를 촉진하는 더 일반적인 접근방식을 채택해야 한다. 그리고 진행이 느릴 수 있음도 이해해야 한다. 오직 공공 영역에 대한 소셜 미디어의 영향에 관한 기계적인 견해를 환경적인 견해로 바꿈으로써만 미국은 이러한 도구들이 약속하는 장기적인 이점을 잘 활용하게 될 것이다. 이것은 비록 단기적으로는 실망스럽더라도, 이를 감내해야 함을 의미한다.

소셜 미디어가 시위를 이끄는가
혁신에서 혁명까지

맬콤 글래드웰〈뉴요커〉전속 작가
클레이 셔키 뉴욕대학교 뉴미디어학과 교수

맬콤 글래드웰: 어디에도 증거는 없다

클레이 셔키의 글 '소셜 미디어의 정치적 힘'을 읽고 있노라니 꼭 10년 전 닷컴 버블 기간에 떠났던 취재 여행이 떠올랐다. 그때 나는 위스콘신 주에 있는 카탈로그를 활용한 의류 통신판매회사 랜즈엔드Lands' End에 들러서 인터넷과 전자상거래의 부상이 유통을 어떻게 바꾸고 있는지에 관해 쓰기로 했다. 그때 내린 결론은 '바꾸지 못했다'였다. 웹사이트가 있어서 종이 카탈로그와 전화 주문에만 전적으로 의존하는 것보다 확실히 나아졌다고들 했다. 그러나 그것이 인생을 바꿀 만한 일은 아니었다. 결국, 전화로 주문을 받는 것이 인터넷으로 받는 것보다 그렇게 힘든 일도 아니다. 랜즈엔드 같은 회사들이 정말 관심 있는 것은 바코드와 당일 배달이다. 이런 일들이 그들의 사업 후단부에 대변혁을 일으켰으며, 이미 10~15년 전에 일어난 일이다.

여기서 교훈은 통신 기술의 혁신이 일어났다는 사실만으로 이 혁신이 중요성을 띤다는 의미는 아니라는 것이다. 다시 말하면, 혁신이 정말 차이가 있으려면 우선 실제로 해결이 필요한 문제를 해결해야 한다. 인터넷 시대 이전의 사회적 혁명들이 최첨단 통신이나 조직 도구가 없어서 일어나기 힘들었다는 증거가 어디 있는가? 달리 말하면, 소셜 미디어가 실제로 해결이 필요한 문제를 해결했는가 하는 것이다. 셔키의 에세이를 읽는 내내 이런 의문이 들었고, 이것이 셔키가 언급한 소셜 미디어에 대해 내가 〈뉴요커〉에 기사를 쓰게 된 동기다. 셔키가 최근의 시위들이 어떻게 소셜 미디어를 도구로 사용했나를 보여준 것은 잘한 일이다. 그러나 그의 주장에 설득력이 있으려면, 소셜 미디어가 없었다면 그러한 봉기가 일어날 수 없었으리라는 점에 대해 독자들을 설득할 수 있어야 한다.

셔키의 반론

맬콤 글래드웰의 상업적 비교가 분명히 보여준다. 인터넷이 랜즈엔드 같은 비즈니스에 영향을 미친 방식을 보면 실제로 큰 변화가 없다는 결론을 내릴 수 있다. 그러나 이것은 잘못 본 것이다. 전통적인 비즈니스에 대한 인터넷의 영향은 내부 관행을 바꾸는 것보다는 경쟁구도를 바꾸는 것과 관련이 있다. 의류 기업들은 지금 의류 인터넷 쇼핑몰인 자포스^{Zappos}와 경쟁해야 하고 서점들은 아마존과, 신문들은 크레이그리스트^{Craigslist} 같은 커뮤니티 사이트와 경쟁해야 하는 식이다.

경쟁구도가 바뀌고 있다. 인터넷이 새로운 저항 세력으로 하여금 기존 기업들과는 다른 규칙에 따라 경쟁할 수 있게 하기 때문이다(이상하게도, 이런 차이점을 글래드웰 자신이 2009년 〈뉴요커〉 에세이 〈다윗이 골리앗을 이기는 방법〉에서 가장 잘 설명했다). 그래서 나는 '소셜 미디어가 실제로 해결이 필요한 문제를 해결했는가?'라는 글래드웰의 질문을 '소셜 미디어가 저항 세력이 새로운 전략을 채택할 수 있게 했는가?'와 '그러한 전략이 중요했는가?'라는 두 가지 질문으로 나누어 살펴보고자 한다. 여기서 지난 10년간의 역사적 기록은 자명하다. 두 가지 질문에 대한 답은 모두 '예'다.

디지털 네트워크는 정보의 비용 및 확산, 일반 시민들에 의한 대중 연설의 용이성과 범위, 그리고 집단 조직화의 속도 및 규모 등에 긍정적이고도 엄청난 공급 충격을 안겨주었다. 글래드웰이 다른 글에서 언급했듯이 이러한 변화는 디지털 네트워크를 지지하지 않는 그룹들이 정치적 조처를 효과적으로 할 수 없게 한다. 그러나 디지털 네트워크에 열성적인 그룹은 새로운 규칙에 따라 경쟁할 수 있게 한다.

2000년 조지프 에스트라다 필리핀 대통령이 몰락한 사건은 필리핀 국민이 어떻게 문자 메시지를 통해 다른 미디어에서는 불가능한 속도와 규모로 조직화할 수 있었는지를 보여주는 단적인 사례다. 마찬가지로, 2004년 스페인 총리 호세 루이스 로드리게스 사파테로^{José} Luis Rodríguez Zapatero의 지지자들은 문자 메시지를 통해 조직화해서 나흘 만에 스페인 국민당을 축출했다. 2009년 몰도바 반공주의자들은 소셜 미디어를 사용해서 단 36시간 안에 2만 명의 시위 세력이 되었다. 2008년 광우병 쇠고기 수입에 반대해 집회를 벌인 한국인들은 정부의 허가나 전문 미디어의 도움 없이 직접 온라인에서 자신들의 불만을 공개적으로 표출하고 문자와 사진, 동영상을 공유했다. 오늘날 중국의 반부패 시위자들도 똑같은 방법으로 인스턴트 메시징 서비스 QQ를 사용한다. 이러한 모든 행동은 최근 10년 전까지만 해도 불가능했던 방식으로 집단행동을 빠르고 저렴하고 공개적으로 동기화하는 소셜 미디어의 힘에 의존했다.

나의 원래 에세이에서 언급했듯이 이 새로운 저항 세력이 항상 우세한 것은 아니다. 이란의 녹색운동과 태국의 레드셔츠 시위대도 새로운 전략을 사용해서 조직화했다. 그러나 이란과 태국 정부는 체제 유지를 위해 자국민을 죽이는 일조차 마다치 않았다. 국가의 대응 강도가 높아지고 있는 상황을 고려하면 국가와 시민 간의 새로운 균형이 어떻게 이루어질지 분명하지 않다(나는 현재 일어나고 있는 변화들이 인쇄기와 마찬가지로 전체적으로는 민주주의의 향상을 가져올 것으로 믿는다. 그러나 여러 학자 중 특히 예브게니 모로조프와 레베카 매키넌은 이 견해에 반론을 제기한다).

그러나 늘어난 복잡성과 국가의 대응력조차도 이러한 도구들이 공공 영역의 역학에 변화를 가져올 것이라는 기본적 관점에 힘을 신는다. 국가가 우세하려면 이러한 도구가 존재하기 전보다 더 큰 목소리를 낼 수 있고, 더 빨리 더 대규모로 조직화할 수 있는 시민의 능력에 대항해야 하기 때문이다.

3부
미래를 준비하는 정책 변화

The Fourth Industrial
Revolution

미래의 사회 안전망
디지털 시대를 위한 사회정책

니콜라 콜린 스타트업 자문사 '더패밀리' 공동설립자
브루노 팔레 프랑스 국립과학연구소 유럽연구센터 연구부장

선진 경제가 점점 더 자동화되고 디지털화됨에 따라 거의 모든 노동자가 영향을 받겠지만, 일부 노동자는 다른 노동자보다 더 큰 영향을 받는다. 경제학자 마튼 구스Maarten Goos와 앨런 매닝Alan Manning이 '러블리 잡lovely jobs'이라고 부르는 직업을 가진 사람들은 나쁘지 않을 것이다. 로봇이나 다양한 디지털 애플리케이션을 만들고 관리하거나 금융과 같은 서비스 분야에서 많은 부가가치를 창출하는 직업군 말이다. 반면에 구스와 매닝이 '라우지 잡lousy jobs'이라고 말하는 직업을 가진 사람들은 안락한 생활이 어려워질 수 있다. 제조, 소매, 배송, 단순 사무직군 등의 분야에서 일하는 사람들로 이들은 저임금, 단기 계약, 고용 불안정, 상시적인 해고 등에 직면하게 되기 때문이다. 노동력이 감소함에 따라 세수 또한 감소하게 되어 국가가 사회

서비스 지출을 감당할 여력이 줄어든다. 이에 반해 다양한 종류의 사회 서비스에 대해 국가가 지출해야 하는 수요는 증가할 것이며, 동시에 사회 전체적으로 경제적 불평등이 커질 가능성이 있다.

이런 추세는 현대 복지국가들에 위기를 불러올 것이고, 결국 국가 재정이 점점 더 복지를 감당하기 어려워질 수도 있다. 그러나 이보다 더 상황을 악화시키는 문제는 고용의 성격이 바뀐다는 사실이다. '20세기 사회보험제도'는 거대 산업경제에서 일하던 사람들이 겪을 수 있는 위험에 대비하도록 설계되었다. 거대 산업경제에서는 모든 종류의 노동자들이 일할 수 있는 광범위하고 많은 양의 일자리가 있었다. 산업경제의 기본적 가정은 성인 거의 모두가 안정적으로 고용되어 임금을 받고 세금을 내며, 정부는 미성년·노인·환자·장애인 등 미취업 인구를 돌보면 된다는 생각이었다. 유럽 국가들이나 미국 내 노동 시장에서 제공되는 사회보험은 안정적인 일자리에서 근무했던 사람들을 위해 소득을 보장하는 것을 목표로 했다.

그러나 '21세기 디지털 경제'에서는 고용이 더는 일상적이지 않고, 안정적이지도 않으면서, 대부분 급여 수준이 높지도 않다. 따라서 사회정책은 노동 시장 외부에 있는 미취업 상태의 사람들뿐만 아니라 이미 노동 시장 내부에서 일하고 있는 많은 근로자의 욕구도 충족시킬 필요가 있다. 다시 말해서 기술 발전이 경제구조를 바꾸는 만큼 복지국가는 스스로 상황에 맞추어 자신의 구조를 바꿀 필요가 있다는 얘기다.

직장생활

사회정책의 장래는 디지털화가 경제와 고용을 얼마나 바꿔놓느냐에 달려 있다. 개별 산업에서 디지털 경제에 이르기까지 경제에 나타난 변화는 많은 일자리와 업무를 없애버렸지만, 동시에 새로운 부가가치를 창출해냈다. 많은 상황에서 로봇이 인간을 대신하지만 새로운 기술과 비즈니스 모델은 상품과 서비스, 애플리케이션의 엄청난 성장을 견인했다. 그리고 이러한 성장에 따라 새로운 상품과 서비스, 애플리케이션을 생산하고 관리할 사람이 필요해졌다.

기술이 단지 이전의 업무를 더 잘, 더 싸게 해내기만 하는 것은 아니다. 이전에는 미처 인지하지 못했던 욕구를 만족시키는 잠재적인 비즈니스 모델과 비즈니스 수단을 새롭게 만들어내기도 한다. 이 같은 비즈니스 모델을 통찰하고 개발하며 잠재적인 고객의 욕구를 만족시킬 수 있는 사람들, 바로 기업가들이 새로운 세상의 주인이 될 것이다. 기업가들은 자신이 데리고 있는 인재들을 활용해서 고객에게 귀를 기울이고, 고객의 채워지지 않은 욕망을 알아차리며, 고객에게 봉사할 비즈니스를 창출한다. 이런 노력을 통해 디지털 기술은 비즈니스를 더 가시화하고, 고객 친화적으로 만들며, 투자 자본에 대한 이익도 증가시키는 수단이 된다. 소프트웨어와 로봇이 이런 작업의 전부를 수행하지는 않는다. 인간이 계속 핵심 역할을 하게될 것이다. 그러나 인간 업무의 본질은 자주 바뀔 것이다. 안정적이고 장기적이면서 일상적인 업무를 하는 고용 형태는 (완전히는 아니더라도) 이제 더는 필요하지 않다. 그때그때의 프로젝트에 따라 공식적으로 또는 비공식적으로 협업하는 형태가 더 일반화될 것이다.

게다가 업무가 임시적인 형태로 변하고, 어디서든 업무가 가능해짐에 따라 일과 가정생활 사이의 구분이 모호해질 것이다. 심지어 공유경제에서조차 개인 간 거래P2P: peer-to-peer와 같은 직접 거래의 비중이 확대되어 기업의 표준적인 유통 방식을 이용하지 않게 된다. 안정적인 급여를 보장하는 일자리를 찾지 못한 사람들은 주문형 경제라는 거대한 플랫폼 위에서 거래되는 일거리를 통해 생계를 유지할 방법을 찾는다. 이런 플랫폼이 확장되어 이제 모두가 이베이eBay에서 물건을 팔고, 에어비앤비에서 남는 방을 임대하며, 에이엠티AMT: Amazon's Mechanical Turk에서 작업하고, 블라블라카BlaBlaCar에서 차량을 공유할 수 있다.

그러면 왜 새로운 사회정책이 필요할까? 새로운 기업 활동에 맞추어 노동력을 배치하는 기업가의 재량에 그냥 의존하면 안 되는 걸까? 다양한 법적, 제도적 장애물이 이 불확실하고 새로운 세상의 길 한가운데 놓여 있기 때문에 사람과 관련된 모든 것이 시장원리에 따라 거래되는 상황은 피할 수 있다. 그러나 잠재된 많은 위험은 그만큼 기회가 되기도 한다. 예를 들어 혁신은 디지털 왕국의 통화coin와도 같고, 보통은 실패와 함께 찾아온다. 디지털 경제의 역동성은 디지털 경제에 내재된 폭발적 힘과 함께한다. 지속 가능한 시장은 고사하고 실현 가능한 비즈니스 모델을 찾아낸 스타트업도 거의 없다. 새로운 회사들은 난데없이 출현하지만, 갑자기 나타난 것만큼이나 빠르게 사라지기도 한다. 이런 위험을 감수하고 선두에 선 기업가들은 아마도 태양이 떠 있는 짧은 순간, 즉 잘나가는 잠시 동안 풍성한 보상을 얻을 것이다. 그러나 잠시 동안이나마 풍성한 보상을 얻는 기업가들과는 달리 기업의 종업원들은 먹이사슬의 아랫부분으로 내려가서는 똑같이 많은 위험과 혼란을 겪고도 이익에는 참여하지 못한다. 따라서 디지털 경제에서 소수의 운 좋은 사람은 상당한 수준 또는 안정적인 수준의 소득과 함께 안락한 생활을 누릴 수 있지만, 운이 좋지 못한 다수의 사람은 자신들의 고용주가 파산하는 것을 목격하고 나면 생계를 유지할 새로운 길을 찾아야만 한다. 결국 연금과 같은 현재의 여러 가지 사회적 급여는 구시대 경제에서 만들어진 것이기 때문에 새로운 경제에 편입된 사람들은 많은 희생을 감내해야 할 것이다.

따라서 사회정책이 진화하지 않는다면 자동화나 디지털화는 불평등 상태를 악화시키고, 많은 노동자를 이전보다 더 나쁜 상황으로 몰아넣을 것이다. 그러나 시의적절한 혁신과 함께하는 새로운 사회정책은 불평등을 감소시키고, 노동자들을 보호하며, 심지어 일자리 창출을 지원할 수도 있다. 디지털 노동자들은 자신의 업무 능력을 향상시키고 권한을 부여받으며, 회사는 더 생산적인 노동력을 통해 이윤을 얻을 수 있고, 정부는 그 존재가치를 증명할 수 있다.

안전성 찾기

미래의 사회정책이 챙길 필요가 있는 과제 중 일정 부분은 건강보

디지털 시대 사회정책의 임무는 능력 있는 근로자들이 풍요롭고 성공적인 삶을 살 수 있도록 하는 것이다.

험이나 노령연금, 노인복지처럼 전통적인 사안들이다. 나머지는 새롭고 복잡하다. 예를 들어 디지털 경제가 주요 도시에서 집중적으로 발생하고, 이에 따라 해당 도시에서 부동산 부족이 심화되므로 주택 문제는 갈수록 더 심각해질 것이다. 경제학자 엔리코 모레티^{Enrico} ^{Moretti}가 《직업의 지리학^{The New Geography of Jobs}》에서 주장한 것처럼, 실리콘밸리의 부동산 시장은 대다수 사람이 일자리가 새로 생기고 인구가 조밀한 혁신 클러스터 가까운 곳에 있는 적당한 가격의 주택을 찾는 것이 얼마나 힘든지를 보여준다.

그러나 가장 큰 어려움은 엄청난 임시고용 문제를 해결하는 일이다. 대부분의 근로자는 비교적 자주 직장을 옮겨야 하고, 직장을 옮기는 사이에 일시적으로 실업 상태에 놓이게 된다. 오늘날 많은 경우 임시직이라는 개념이 장래가 걱정스럽고 남 보기 부끄러운 것으로 받아들여지는데, 이런 생각이 드는 이유는 구시대 경제의 낡은 사고방식에서 벗어나지 못했기 때문이다. 21세기에는 안정적이고 장기간에 걸친 개별 근로자와의 고용계약은 당위성을 잃을 것이고, 실업이나 불완전 고용이 더는 특별하거나 예외적인 상황이 아니게 될 것이다. 경력의 일부 기간을 실업자로 지내게 되는 단속적 근로가 점차 확산되어 일반적인 임금근로자, 자영업자, 사업자 등과 함께 취업의 한 형태로 분류될 것이다.

20세기의 사회정책이 계속 유지된다면 단속적 근로와 같은 경력 패턴은 재앙이 될 수도 있다. 왜냐하면 많은 혜택이 특정 직업군에 몰리고, 이런 직종에 속하지 못한 근로자들은 사회안전망 사이에 생긴 틈 사이로 떨어지게 될지도 모르기 때문이다. 21세기 사회정책의 임무는 능력 있는 근로자들이 풍요롭고 성공적인 삶을 살 수 있도록 방법을 찾아주는 것이다. 근로자의 경력이 들쑥날쑥한 경우라도 예외가 될 순 없다.

일반적으로 사람들이 사회정책에 대해 대안적 접근, 즉 차선책으로 요구하는 내용은 모든 시민에게 보편적이고, 조건 없는 기본소득을 정부가 제공하라는 것이다. 구체적으로 정치경제학자인 필리프 반 빠레이스Philippe Van Parijs가 지지하는 이런 주장은 기초 생필품 정도는 구매할 수 있을 정도의 기본소득을 개별 시민에게 지급한다는 뜻이다. 논란은 있지만 기본소득 덕에 사람들은 어느 정도 여유가 생기게 되므로 진정 원하는 직업과 삶을 선택할 기회를 얻을 수 있다.

그러나 이런 접근법은 돈은 돈대로 엄청나게 쓰면서도 사람들에게 돌아가는 혜택은 충분치 않을 수 있다. 매달 초에는 모든 사람의 주머니에 돈이 있겠지만, 그 돈으로 품위 있는 건강보험과 주택을 감당할 수 있게 될지는 장담할 수 없다. 단순히 시장 수요 측면에 돈을 보태준다고 해서, 반드시 공급 측면의 생산이 확대되거나 더 나은 산출물이 나온다고 말하긴 어렵다. 따라서 기본소득 제공을 위해 어떤 형태로든지 보조금 증가가 필연적으로 뒤따르겠지만, 보장된 기본소득이 납득할 만하고 효과적인 사회정책 개혁으로 이어질지는 미지수다.

다른 대안은 정부가 소득이 아니라 일자리를 제공하는 것이다. 정부에 의한 일자리 창출은 미국의 뉴딜 정책이 대표적인 예로 세계 어디든 비슷한 프로그램이 있다. 보육, 노인 돌봄, 교육, 기초 기술 훈련 등의 사례에서 보듯 오늘날에도 정부기관이 공동체가 필요로 하는 직업을 위해 비용을 지원해주고 있는데, 이런 지원은 어느 정도 납득할 수 있는 경우다. 그러나 정부는 기민하지도 않고 수단도 제한적이기 때문에 민간 영역에서 이루어지는 가장 기업가적인 활동을 대신할 수는 없다. 기업가의 활동은 새로운 비즈니스 모델을 창출하고 전개하는 것으로, 이 새로운 비즈니스 모델이 디지털 경제에서는 일자리를 창출하는 방아쇠가 된다.

정부는 기업가를 대신하거나 경쟁하지 말고, 그들을 지원해야 한다. 법적인 장애물을 제거하는 것도 지원의 한 형태인데, 이 장애물이 일자리를 창출할 만한 비즈니스의 탄생과 성장을 자주 방해하고 있다. 예를 들어, 오늘날 많은 곳에서 운행되고 있는 택시와 택시 기사는 우버나 리프트를 위해 일하는 수많은 임시-주문형 운전기사들에 의해 대체되는 것이 불가능하다. 왜냐하면 운송 서비스의 공급을 인위적으로 제한하는 정부 규제 때문이다. 이 같은 규제를 완화하고 폐지하는 일은 선순환을 불러일으켜 더 많은 운전자를 해당 비즈니스에 뛰어들게 하고, 이는 다시 개인 맞춤형 서비스 수요를 더 크게 창출할 것이다. 마찬가지로 비슷한 스토리가 건강관리 분야에서도 나타날 수 있다. 점점 디지털화되는 경제에서는 현재 법률이 제한하고 있기 때문에 의사만이 할 수 있는 일상적 건강관리의 상당 부분을 사실상 소프트웨어를 통해서 또는 다른 기술을 통해 지원되는 간호사들로 운영할 수 있다. 따라서 의료 부문의 규제 개혁은 비용을 낮추고, 고용을 증대시키며, 건강관리 효과를 강화하는 일을 동시에 해낼 수 있을 것이다.

사회정책을 개혁하는 최고의 해결책은 '유연안전성flexicurity'이라는 개념을 토대로 만들어질 것이다. 유연안전성은 노르딕 국가들Nordic countries(북유럽의 노르웨이, 덴마크, 스웨덴, 핀란드, 아이슬란드 다섯 나라를 말한다-옮긴이), 그중에서도 특히 덴마크, 그리고 네덜란드에서 인기 있는 모델로 오랫동안 자리매김해왔다. '유연한 안전flexible security'이라는 말을 짧게 만든 이 개념의 핵심은 복지 혜택과 일자리를 분리하는 데 있다. 논란이 있긴 하지만, 만약 정부가 시민들에게 보건 서비스, 주택, 교육훈련 등과 같은 것을 고용 상태와 관계없이 보편적 기준에 따라 보장해준다면 사람들은 직장을 옮기거나 일자리를 잃는 것을 그토록 두려워하지는 않을 것이다. 사람들이 이직이나 실업을 두려워하지 않게 되면, 이젠 정부가 노동 시장 규제를 차례차례 해제하고, 채용과 해고에 관한 결정을 경제적 논리에 따라 기업 스스로 하도록 만들 수 있다. 그 결과 더 큰 효율과 역동성, 생산성이 발생한다. 이 모든 결과는 노동자의 배제가 아닌 노동자의 필요에 따라 생긴 것이다.

20세기 복지국가는 대공황의 트라우마 때문에 생겨났다. 대공황이 닥쳤을 때, 자유 시장의 가혹한 바람으로부터 사람들을 보호하기 위해서 자본주의의 효율성과 함께 더 광범위한 민주적 정당성이 필요했다. 그런데 유연안전성이라는 접근방식은 여기서 한 걸음 더 나아가 사회민주주의적인 요소를 내포하고 있다. 즉, 정부와 시장이 함께할 수 있으며, 또 함께해야만 더 위대한 공공선을 달성할 수 있다는 주장으로, 유연안전성이 달성하게 될 위대한 공공선은 바로 건강한 경제와 건강한 사회가 합쳐진 모습이다. 이런 접근방법하에서 정부의 사회정책은 가끔 생기는 시장실패를 단순히 보완하는 것에 그치지 않고, 시장과 더불어 유연하고 훈련된 그리고 높은 생산성을 갖춘 노동력을 유지할 수 있도록 지원하는 역할을 하게 된다. 예를 들어 보건관리를 해야 한다면 기본적 위험을 완화한다는 공적인 책임을 고려해서 개인이나 기업 수준이 아니라 전체 사회 수준에서 해야 한다. 이런 적극적인 접근법은 실제로 더 유연하고 기업가적인 경제를 길러낸다. 그리고 보조금과 같은 모든 혜택은 이같이 유연하고 기업가적인 경제로부터 나온다. 따라서 결국 빠르고 치열한 디지털 경제 최고의 사회정책 해법은 아이러니하게도 디지털 기업가들이 평소 요구하는 것 이상으로 정부가 적극적으로 나서는 데 있다. 그리고 국가통제주의자^{statists}들보다 시장 메커니즘에 더 민감하고 더 우호적인 국가개입주의^{state activism}는 과거에도 종종 있었다.

14

로봇의 도덕률
어떻게 로봇에게 옳고 그름을 가르칠까

나이프 알로드한옥스퍼드 세인트앤토니스칼리지 명예연구원

가장 최근의 인공지능 국제회의IJCA: International Joint Conference on Artificial Intelligence에서 1,000명이 넘는 전문가와 연구자들은 자율형 공격무기 사용 금지를 요구하는 공개서한을 발표했다. 테슬라Tesla Motors의 일론 머스크Elon Musk, 애플의 공동 창업자인 스티브 워즈니악Steve Wozniak, 구글 딥마인드DeepMind CEO 데미스 하사비스Demis Hassabis, 스티븐 호킹Stephen Hawking 교수 등이 서명한 이 공개서한은 '군사용 인공지능 무기 경쟁'에 관한 사람들의 우려를 나타냈다. 자율형 공격무기 사용 금지를 위한 이 캠페인의 성공 여부와는 별개로 로봇 기술은 군사적 영역과 경제적 일상으로 널리 퍼져가는 추세다.

최근 수년간 로봇은 더 똑똑해지고 자율화 수준도 높아졌지만, 지금까지도 여전히 로봇에게는 핵심 능력 하나가 빠져 있다. 바로 도

덕적 사고를 할 수 있는 능력이다. 이 때문에 복잡한 상황에서 올바른 선택을 하는 능력이 부족하다. 예를 들어 로봇은 현재까지는 전투원과 비전투원을 구분할 수 없고, 적군이 일반 시민으로 변장하면 적군인지 알아차리지도 못한다.

이 같은 문제에 대처하기 위해, 2014년 미국 해군연구소Office of Naval Research에서는 750만 달러의 보조금을 들여 브라운, 조지타운, 렌셀러폴리테크닉, 터프츠, 예일 등의 대학교로 구성된 학문 간 통합 연구팀이 도덕적 능력을 부여받은 로봇을 제작하도록 지원했다(정확하게는 로봇 기술을 개발하도록 지원했다 – 옮긴이). 그들은 인간의 도덕적 판단을 알고리즘 세트set of algorithms로 이해했다. 알고리즘 세트는 로봇이 옳고 그름을 구별하고, 새로운 상황에 직면했을 때 경직된 지침을 뛰어넘을 수 있게 할 것이다.

윤리적 지침을 만든다는 생각이 완전히 새로운 것은 아니다. 지금부터 70년보다 더 이전, SF 소설가였던 아이작 아시모프Isaac Asimov는 인공지능의 도덕적 나침반이 되는 '로봇의 세 가지 원칙'을 서술했다. 이 원칙은 인간을 보호하고, 지침에 복종하며, 로봇 자신을 보호한다는 순차적in that order 조건을 말한다. 아시모프의 원칙이 근본적으로 전제하는 사항은 인간과 로봇 사이에 갈등이 최소화되어야 한다는 점이다. 그러나 아시모프의 소설(단편소설 《런어라운드Runaround》 – 옮긴이)에 나오는 이런 간단한 도덕적 지침조차도 가끔은 의도하지 않은 파국적 결말을 만들 수 있다. 아시모프의 세 가지 원칙에서 모순적 내용이 있거나 허점 또는 모호한 점이 나타난다면, 아시모프의 로봇도 결국에 가서는 인간에게 해가 되거나 치명적 손상을 가하고 말 것이다.

오늘날 로봇에게는 아시모프의 원칙보다 훨씬 더 미묘한 도덕률이 요구된다. 로봇은 자기 스스로 선택을 해야 하는 더욱 복잡한 상황에 배치되기 때문이다. 따라서 피할 수 없는 다음 단계는 '인공의 도덕적 행위자artificial moral agents'를 디자인하는 것이 되리라 본다. 이는 도덕에 대한 추론 능력을 가진 지능형 시스템을 나타내는 용어로 도덕 추론 능력은 로봇이 인간과 파트너로서 상호작용할 수 있도록 해준다. 도구로서 기능하는 소프트웨어 프로그램과는 다르게 인공 행위자는 다양한 단계로 자율화할 수 있다.

그러나 로봇의 도덕성은 단순한 이진법상의 문제가 아니다. 예일대학교의 웬델 월러치Wendell Wallach와 인디애나대학교의 콜린 앨런Colin Allen은 독특한 저서인 《왜 로봇의 도덕인가Moral Machines》에서 로봇의 윤리적 민감성에 대한 서로 다른 단계를 분석했다. 저자들은 작업적 도덕성과 기능적 도덕성을 구분한다. 작업적 도덕성은 로봇 시스템의 설계자에 의해 미리 입력되어 있는 도덕성으로, 전적으로 예상 가능한 반응과 상황을 가정한다. 작업적 도덕성이 있으면 나이나 신체상으로 나타나는 외관을 분석해서 적의 전투원이 맞는지 판단할 수 있다. 기능적 도덕성은 로봇이 프로그래머가 예측하지 못한 상황에 빠지는 것을 가정한다. 예측하지 못한 상황에서는 로봇이 혼자 윤리적 결정을 내릴 수 있어야 할 것이다. 책에서 저자들은 로봇이 "자신의 행동 중에서 도덕적으로 중요한 내용을 판단하고 반응하는 능력을 갖추고 있을 것"이라고 말한다. 이러한 기능적 도덕성이 작업적 도덕성보다 더 커다란 도전 과제다.

도덕적 로봇을 개발하려는 시도는 많은 기술적 난관에 봉착했지만, 더 중요한 것은 이런 시도가 윤리적 딜레마라는 판도라의 상자 또한 열었다는 사실이다.

누구의 가치관인가

윤리적 딜레마의 가장 핵심적 부분은 로봇이 누구의 도덕성을 물려받느냐 하는 문제다. 도덕적 가치는 개인마다, 국가마다, 종교마다, 철학마다 서로 다르고 상황적 맥락에 따라서도 달라진다. 예를 들어, 의무나 희생에 관한 생각은 문화권마다 다르다. 제2차 세계대전 기간에 벌어진 일본의 만세돌격banzai attacks은 죽음을 군인의 의무로 생각하고, 항복을 씻을 수 없는 수치로 여기는 문화적 기대가 부추긴 결과다. 비슷한 예로 자유에 대한 개념과 생명에 대한 존중도 평화로운 때와 전쟁이 벌어졌을 때 전혀 다른 함의를 지닌다. 하나의 범주 내에서도 이런 가치들은 시간이 지남에 따라 발전하고 진화하게 된다.

인간의 도덕성은 이미 셀 수 없을 만큼 많은 방법으로 시험받고 있다. 자율형 로봇이나 인공지능 또한 그렇게 될 것이다. 어떤 도덕적 틀moral framework(가치판단의 준거, 즉 가치관을 의미한다 - 옮긴이)을 고를지에 대한 불확실성 때문에 도덕적 판단을 전적으로 로봇에게 맡기

소프트뱅크가 만든 인간형 로봇 '페퍼'

는 것은 곤란하고, 따라서 제한해야 한다는 주장이 있다. 칸트의 정언명령은 누군가의 행동에 대해 엄격한 윤리적 의무를 요구한다. 정언명령은 보편적 가치를 염두에 두고, 인간성을 목적으로 생각하면서 행동하라고 요구한다. 반대로 공리주의utilitarianism는 행동의 결과만을 계산한 다음, 그런 행동이 처음에는 도덕적으로 보이지 않더라도 가장 이익이 되는 행동을 선택해야 한다고 강조한다. 그러나 로봇이 자신의 행동에 따라 달라지는 수많은 결과를 예상하고 경중을 따지는 게 가능할까? 판단의 틀을 효과적으로 보완하기 위해서 로봇은 거의 불가능에 가까울 정도로 많은 양의 정보를 갖추고 있어야 할 것이다. 로봇의 의사 결정 과정에 관한 문제는 차치하고라도, 문화적 상대주의cultural relativism(사회의 관념이나 가치 등 문화적 요소는 다른 문화나 언어로는 완전히 이해할 수 없고, 따라서 우열을 가리거나 서열을 매길 수 없다는 사상으로 보편주의 또는 절대주의에 대응한다 – 옮긴이)에 관한 구체적 문제는 풀기 어려운 숙제로 남아 있다. 로봇의 선택을 위한 기준이나 지침은 전혀 없다.

앞으로도 한동안은 상대주의가 두 가지 이유 때문에 위력을 발휘하긴 힘들 것이다. 첫째, 미국의 국방성이 군사용 애플리케이션을 위해 인공지능의 핵심 후원자로 남아 있고, 군사용이 아닌 애플리케이션은 실리콘밸리가 후원자의 역할을 하고 있다. 이처럼 자유와 책임을 강조하는(개인의 책임을 말한다 – 옮긴이), 도덕에 대한 미국식 해석이 기본이 된다. 둘째, 미래 상황을 생각해볼 때 도덕적 로봇을 전장 이외의 상황에까지 활용할 필요는 없으며, 로봇의 자율성이 필요한 상황은 제한적일 것이다.

행동을 통해 배우기

윤리적 문제가 결국에 가서 해결된다면, 이제 남는 주요 기술적 문제는 도덕성처럼 추상적인 무언가를 트랜지스터 속에 코딩하는 일이 될 것이다.

주류적 접근방식은 크게 두 가지다. 첫째는 탑-다운 방식으로 구체적인 도덕적 가치를 알고리즘으로 인코딩하는 것이다. 로봇 개발자가 인코딩될 도덕적 가치들을 결정하고, 개발자의 종교나 철학적 신조, 관련 법 조항 등이 도덕적 가치를 구성하게 된다. 많은 신경과학자나 심리학자들은 이런 접근방식에는 상당한 한계가 있다고 말한다. 우리의 가치관을 형성하는 경험과 학습, 직관의 기초적 역할을 평가 절하하기 때문이다.

두 번째 접근방식은 바텀-업 방식으로 로봇 스스로 학습하고, 곤란한 경험이나 오류 또는 개선 및 진화 과정 등을 통해 도덕적 능력을 획득하도록 내버려두는 형태다. 컴퓨터의 능력을 고려할 때, 이 시스템은 실현되기가 불가능하다고 할 정도로 어렵지만, 뉴로모픽 neuromorphic 컴퓨팅의 발전이 어쩌면 이 시스템을 현실로 만들지도 모른다. 뉴로모픽('두뇌와 같은') 칩은 인간 뉴런의 형태를 복제해서 완전히 뇌 신경 조직을 흉내 내는 것을 목표로 한다. 뉴로모픽 칩으로 서로 연결된 수백만의 인공 뉴런을 가진, 인간과 유사하게 비선형적으로 데이터를 처리하는 로봇이 나타날 수도 있다. 선형적인 계산 절차에 의존하던 전통적인 컴퓨터 기술과는 차원이 다를 것이다. 공상과학 영화에 나오는 얘기처럼 들릴 수도 있다. 그러나 IBM은 이미 트루노스TrueNorth 칩의 개발을 완료했고, 이 칩은 100만 개 이상의 인간 뉴런을 모방할 수 있다. 뉴로모픽 칩을 탑재한 로봇은 인간과 같은 지능을 나타낼 수도 있고, (인간처럼) 독특한 방식으로 세상을 파악할 수도 있다. 학습하고 경험하는 능력은 로봇이 '고매한' 도덕적 가치에 지속적으로 얽매여 있을지에 의문을 던지게 한다. 뉴로모픽 칩을 장착한 로봇은 이상적으로 보일지 몰라도, 그 로봇이 모든 상황에서 '도덕적' 선택을 하리라 확신할 수는 없다. 간단히 생각해보면, 인간의 도덕성 자체가 종종 부적절하고 오류가 있기 때문이다.

사실 로봇이 인간과 다르다는 사실은 가장 큰 장점이기도 하다. 도덕적 로봇의 지지자들은 로봇이 인간과 달리 전투 상황의 스트레스에 영향을 받지도 않고, 압박하에서 감정에 굴복하지도 않는다고 주장한다. 인간은 일관성이 없으며, 지루해하거나 지치기도 하지만 로봇은 더 체계적으로 행동수칙에 따를 수 있다. 예를 들어 로봇은 변덕스럽게 행동하지도 않고, 패닉의 순간에도 군중을 향해 무차별적인 발포는 하지 않을 것이다.

그러나 뉴로모픽 칩, 그리고 뉴로모픽 칩으로 만든 인간과 같은 행동을 하는 로봇이 도덕적으로도 반드시 인간에게 이익이 되는지는 확실하지 않다. 어쩌면 망설임이나 이기심, 오해 등의 인간과 같은 약점 때문에 임무를 제대로 수행하지 못할 수도 있다.

실존 위기?

만약 인간이 성공적으로 뉴로모픽 칩을 개발해서 로봇이 인간과 같은 방식으로 세상을 파악할 수 있게 된다면, 무엇이 로봇의 도덕적 사고 프레임을 구성하게 될까? 몇 가지 가능성 있는 대답이 있지만, 나는 신경과학에서 답을 찾고 싶다.

신경과학이 밝힌 뇌 이미지를 보면 오늘날의 인간은 선천적으로는 정상도 아니고 비정상도 아니다. 즉 도덕과는 무관한 상태다. 인간은 '경향을 띤 빈 서판predisposed tabula rasa('빈 서판'은 하얀 도화지와 같다는 의미-옮긴이)'처럼 작동한다. 이 말은 우리의 도덕적 나침반이 양육과 환경에 의해 형성되지만 도덕적 성향은 개인의 감정과 인식, 선호에 따라 달라진다는 얘기다. 또한 인간은 근본적으로 이기적이어서 대부분의 경우 우리의 행동은 생존 확률을 극대화하는 방향으로 결정된다. 생존과 지배라는 근본적인 인간 본능은 유전자 속에 새겨져 있고 우리가 존재하는 동안 우리 행동의 강력한 동인이 된다.

도덕적 로봇을 만든다는 바로 그 개념에는 로봇이 본래 도덕과는 무관할 수 없다는 사실이 내포되어 있다. 뉴로모픽 기술을 사용한다고 하더라도 로봇이 자신의 실수로부터 모든 도덕적 가치를 배울 수는 없다. 로봇은 여전히 프로그래머에 의해 기초적인 선호와 편향을 가지도록 프로그래밍될 것이다. 결국, 자신의 소스 코드를 만들 능력이 있을 정도의 정교한 로봇이 도덕과는 무관하게 출발하여 학습과 경험을 통해 자신만의 도덕적 나침반을 만들 수 있다. 인간과 마찬가지로 이런 로봇은 궁극적으로는 생존을 위해 자신의 선호와 본능적 욕구에 따라 행동할 것이다.

만약 이런 일이 생기면 문제가 복잡해진다. 로봇은 자신의 생존과 지배를 위해 인간과 경쟁할지 모른다. 대신 로봇을 인간의 인지 능력을 향상시키는 데 활용할 수는 있다. 미래는 불확실하다. 가장 최고의 시나리오는 로봇에게 자애로운 도덕성이 성공적으로 프로그래밍되어서 인간이 두려움을 느낄 필요가 없는 상태다. 그러나 더 가능성 있는 시나리오는 도덕중립적이거나 심지어 비도덕적인 자율화 로봇의 발전이고, 이는 인류의 미래에 심각한 도전이 될 것이다.

15

사생활 실용주의
데이터 수집보다 데이터 활용이 중요하다

크레이그 먼디 마이크로소프트 선임고문

인터넷이 1990년대에 거대한 사회 현상이 된 이후부터 사람들은 인터넷이 자신들의 사생활에 미치는 영향을 계속 걱정해왔다. 가끔 심각한 스캔들도 터져 나와서 우려를 더하고 있다. 미국 국가안보국 NSA: National Security Agency이 전자 통신을 감시(정보 수집 및 도·감청 – 옮긴이)한 사실과 관련하여 작년에 제기된 폭로는 그저 최근에 발생한 하나의 사례에 불과하다. 이런 사건이 발생하고 나서 대부분의 경우 이어지는 논쟁은 누가 개인정보를 수집하고 저장할 수 있느냐 하는 것과 어떻게 수집하고 저장할 것인가에 관한 내용이다. 이런 스캔들을 알게 됐을 때 사람들은 자신들의 건강, 재정, 사회관계, 정치적 활동 등에 관한 정보에 '누가' 접근해왔는지를 걱정하는 경향이 있다.

그러나 대중의 이런 걱정은 기술적인 현실과는 동떨어진 것이다.

개인정보의 수집과 저장은 지금도 사방천지에서 끊임없이 계속되고 있어서 실질적으로 막을 방법이 없다. 사람들은 매일 알면서도 엄청난 양의 데이터를 정부기관, 인터넷 서비스 사업자, 통신판매회사, 금융기관 등 여러 분야의 다양한 조직에 제공하고 있다. 또한 이런 조직들은, 물론 다른 많은 조직도 마찬가지지만, '수동적인' 수집을 통해서도 엄청난 양의 데이터를 얻고 있다. 즉, 사람들은 뭔가 다른 일을 할 때도 데이터를 어떠한 조직에 제공한다. 예를 들면, 그저 어떤 장소에서 다른 장소로 이동한다고 할 때 GPS 연동이 되는 휴대전화도 같이 이동하는 식이다. 사람이 살면서 일종의 부산물인 '데이터 배기가스^{data exhaust}'를 전혀 내뿜지 않는다는 것은 불가능에 가깝다. 그리고 데이터가 저장된 장소가 어디인지, 얼마나 많은 데이터가 해당 장소에 저장되어 있는지를 정확히 알기란 하늘의 별 따기다. 그런데 더 강력한 프로세서와 서버는 이 모든 데이터를 분석해서 개인의 취향과 행동에 관한 새로운 통찰과 추정을 가능하게 했다.

이것이 '빅 데이터' 시대의 현실이다. 빅 데이터는 개인정보와 시민의 자유를 보호하기 위한 현재의 시스템을 구시대의 유물로 만들었다. 현재의 관련 법령과 규제 방식은 개인정보를 수집하고 보존하는 것을 통제하는 데 중점을 두고 있다. 이제 새로운 접근방식을 도입할 때다. 데이터의 수집과 보존을 제한하는 것에 초점을 맞추던 방식에서 벗어나, 가장 중요한 지점인 데이터가 사용되는 그 순간을 통제해야 한다.

유저 일루션

20세기 중반, 전 세계 소비자들은 지축을 뒤흔들 만한 새로운 기술을 열광하며 받아들였다. 그 기술은 거래의 능률을 향상시켰을 뿐만 아니라 당시까지는 오직 기업이나 큰 조직만이 할 수 있었던 일들을 보통 사람들도 할 수 있도록 만들었다. 바로 신용카드다. 일종의 회전대출revolving credit(마이너스 통장처럼 대출 한도 내에서 자유롭게 대출을 받고 상환하는 방식 - 옮긴이)과 현금 없는 거래의 편리함 때문에 신용카드 사용자들은 금융기관이 자신들의 소비 습관에 관한 많은 양의 데이터에 접근할 수 있도록 암묵적으로 동의했다. 회사는 그렇게 얻은 정보를 소비자들의 행동과 기호를 예측하는 데 사용했고, 어떤 특정한 날에 카드 사용자가 어디에 있을지까지도 집어내게 되었다. 신용카드가 전 세계에 급속도로 전파되자 소비자들은 대부분 편리함과 정보를 교환하는 거래가 그럴 만한 가치가 있다고 생각했다. 대부분의 사람은 신용카드회사가 자신들의 정보를 남용한다고는 생각하지 않았다.

기업들이 이 모든 새로운 데이터를 책임감 있게 사용하도록 만들기 위해 경제협력개발기구OECD는 사생활의 보호와 국경을 넘나드는 데이터의 이동에 관한 일련의 가이드라인을 만들었다. 1980년에 만들어진 이 가이드라인이 지금도 사생활 보호 문제가 발생하면 기업들이 의사 결정의 기준으로 삼는 일반적인 지침이다. 가이드라인은 기업들이 적정한 방법으로 개인정보를 수집하고 보유하도록, 또 정보의 수준과 보안을 확실히 하고, 개인들이 수집에 동의하게끔 하며, 개인들이 수집된 정보에 접근할 수 있도록 규정했다. OECD에 따르면 가이드라인 때문에 개인정보보호법을 제정한 회원국 비중이 3분의 1에서 거의 34개 회원국 전부로 늘어났으며, 유럽연합의 개인정보보호법에도 영향을 주었다.

34년이 지나자 그렇게 훌륭한 역할을 했던 가이드라인이 현재 시대에는 맞지 않게 되었다. 가이드라인은 개인용 컴퓨터의 보급, 인터넷의 출현, 휴대전화와 태블릿 컴퓨터의 확산 이전에 만들어진 것이다. 가이드라인이 만들어지던 때는, 매 순간 미터 단위로 위치를 추적할 수 있는 포켓사이즈 컴퓨터를 들고 다니는 사람이 10억 명을 넘는다는 게 오직 SF 소설가의 머릿속에만 존재하던 환상이었다. 모든 커뮤니케이션과 비즈니스가 전자적으로 이루어지고, 소매업자들이 데이터와 컴퓨터 모델링을 사용해 특정 고객이 미처 깨닫기도 전에 원하는 것을 대령하는 모습은 상상으로만 존재하던 시기였다.

상상 속에만 있던 상황이 현실이 되자, 정보의 수집 방식을 규제하는 것에만 거의 초점을 맞추던 20세기 후반의 개인정보 보호 방식은 한계를 나타냈다. 오늘날, 엄청나게 많은 데이터가 엄청나게 많은 방식으로 수집되다 보니 사람들이 외부에 존재하는 자신들의 정보를 모두 다 추적할 수 있도록 어떤 장치를 마련한다는 것이 사실상 불가능해졌다. 정보 수집에 동의하는 맨 처음 순간도 마찬가지다. 스마트폰으로 애플리케이션을 구동하거나 웹사이트에서 서비스에 가입하기 전에 소비자들은 난해한 법률 용어가 난무하는 수십 장의 문서로 연결되는 최종 사용자 라이선스 협정EULAs: end-user license agreements에 동의하도록 항상 요청받는다. 대부분 조항은 별문제가 없지만 무해한 조항들 사이에 깊숙이 파묻힌, 자세히 살펴보면 달갑지 않은 조항들이 일부 포함되어 있다. 최근의 한 가지 예를 들어보면, 어떤 웹 애플리케이션은 디지털 화폐의 한 가지 형태인 비트코인을 생산하는 프로세스에 사용자 디바이스의 여유 연산 능력을 사용할 수 있도록 하는 권한을 소프트웨어 개발자에게 부여하는 조항을 라이선스 협정 안에 포함시키고 있었다. 물론 사용자에게 어떤 대가도 지불하지 않고 말이다. 또 다른 예로는 브라이티스트 플래시라이트 프리Brightest Flashlight Free라는 이름의 어떤 인기 있는 플래시 애플리케이션의 사례다. 이 애플리케이션은 사용자의 위치 정보를 수집한 뒤 마케팅 회사에 정보를 판매하면서 사용자에게 정보를 판매하고 있다는 내용을 공개하지 않았다(지난 12월 미국 연방통상위원회FTC는 이 애플리케이션 제작자에게 이 같은 사기 행위를 중지하라고 명령을 내렸다).

두 가지 사례에서 사용자들은 이론적으로는 이 같은 사기 행위에 동의하지 않을 기회가 있었다. 그러나 이러한 동의조항은 실제로는 아무 의미가 없다. 왜냐하면 개인정보가 언제, 어디서, 어떻게 사용되는지를 명확하게 이해할 수 있도록 알려주지 않았기 때문이다. 비트코인 채굴 애플리케이션이 만든 5,700단어짜리 빽빽한 라이선스 협정은 너무나 모호해서, 실제로 주의 깊게 내용을 읽어본 흔치 않은 사용자들조차도 해당 협정이 애플리케이션 개발자에게 사용자의 기기로부터 연산 능력을 가로챌 권한을 부여하는 내용인지는 이해하지 못했을 것이다. 플래시 애플리케이션의 경우 사용자의 위치 정보에 접근하는 권한을 요청(대부분 사람이 반사적으로 승인한다)한다고 는 명확하게 얘기했지만, 회사가 타인에게 그 정보를 제공한다는 사실은 숨겼기 때문에 정직한 사업가의 행동이라기보다는 기만에 더 가깝다고 생각한다.

다른 형태의 정보 수집은 규제하기가 더 까다로울 수 있다. 정보 수집이 점점 더 수동적으로 발생하고 있기 때문이다. 어떤 경우는 센서를 이용해 서버로 들어가기 때문에 개인들도 알아차리지 못하고, 따라서 동의가 필요한지 아닌지도 당연히 알 수가 없다. 휴대전화는 통신망으로 위치 정보를 지속적으로 공유한다. 고속도로 요금소와 교통 카메라는 자동차(그리고 탑승자)의 사진을 찍고 자동차 번호판을 읽어낸다. 소매업자는 손님들이 상점을 돌아다닐 때마다 개인정보를 추적할 수 있고, 좀 더 정확한 맞춤형 광고를 위해 고객의 대략적 나이와 성별을 판별하는 컴퓨터 연동 카메라를 사용할 수도 있다. 2002년 개봉된 영화 〈마이너리티 리포트〉의 시나리오대로 상점들이 안면인식 기술을 이용해서 손님들의 사진을 찍은 뒤, 온라인 소셜 네트워크로부터 받은 데이터를 통해 사진 이미지를 짝지어 손님들의 이름을 알아내고, 소비성향에 따라 할인을 제공하며, 손님들이 친구에게 줄 선물을 조언할 수 있는 때가 머지않았는지도 모른다.

새롭고 강력한 연산 도구와 많은 곳에서 모인 거대한 데이터를 사용하면, 기업과 조직은 현재 존재하는 정보를 바탕으로 사람들의 선호와 행동에 관해 추론하고 예측할 수 있으며 개인에 관한 새로운 데이터도 만들어낼 수 있다. 또한 이 같은 기술은 개인정보를 익명으로 유지하는 것을 더 어렵게 한다. 일부분이나마 개인정보의 다양한 원천에 접근한 회사들은 점차 조각난 데이터를 끼워 맞추는 방법을 찾아낼 것이다. 그래서 거의 산산 조각이 난 데이터에서도 익명성을 효과적으로 제거하여 조각마다 데이터의 주인이 누구인지를 알아낼 것이다.

좋은 의도, 나쁜 결과

사생활이 이미 회복할 수 없을 정도로 훼손되고 나서야 많은 이들은 문제 상황을 알아차린다. 그러나 사람들의 사생활이 침해당한다는 사실이 반드시 진짜 문제가 되는 것은 아니다. 정보가 외부에 있고, 남용될 우려가 있다고 해서 그것이 진짜 문제라고는 할 수 없다. 오히려 진짜 문제는 누가 그들과 관계된 데이터를 소유하고 있는지, 정보가 납득할 만한 방식으로 사용되고 있는지를 알 방법이 없다는 사실이다.

이 문제에 대한 일반적인 반응은 모든 단계에서 고객의 동의를 필수 절차로 만듦으로써 개인정보를 수집하는 사람과 수집 방법에 대해 더 엄격한 통제를 하라고 요구하는 것이다. 그러나 개인에게 데이터가 수집되거나 창출될 때마다 일일이 동의하고 평가할 기회가 주어진다고 해도, 이것은 그저 매일 수백 번 '예' 또는 '아니요'에 클릭을 하라는 것밖에 안 된다.

더 좋지 않은 것은 개인이 수집에 동의한 이후에는 자신의 데이터에 무슨 일이 발생했는지 쉽게 확인할 방법이 여전히 없다는 사실이다. 그리고 대부분 사람은 맞춤형 광고를 수신하기로 동의함으로써 무료로 소셜 네트워크나 각종 서비스(이메일, 생산성 도구, 게임 등)를 제공받아 사용한다. 그러므로 사람들이 제공받은 서비스에서 완전히 손을 떼기란 정말 어렵다.

전 세계의 공무원, 입법자, 규제 담당자들은 이런 현실을 파악하고 있어야 한다. 사생활에 관한 대중의 우려를 해결하고자 벌이는 여러 가지 선의 가득한 시도가 현재의 데이터 생태계에서는 오히려 시대착오적이다. 예를 들어 2016년에 발효되기로 한 유럽연합의 일반정보보호규정GDPR: General Data Protection Regulation을 생각해보라. 이 새로운 규제는 데이터의 수집과 수집한 데이터의 사전사용 명세에 관해 이용자의 동의를 받도록 요구하고 있다. 또 이 법안은 '잊힐 권리'를 만들어냈다(잊힐 권리는 개인이 동의를 철회하거나 정보가 더는 필요 없을 때 개인에 관한 모든 정보가 삭제되어야 한다는 것을 의미한다). 또 사람들이 쉽게 접근하고 활용할 수 있는 형태로 개인정보의 이용 가능성을 보장하고, 규제를 준수하지 않는 기업과 조직에 대해서는 벌금이 부과된다는 내용도 포함하고 있다.

좋은 의도에도 불구하고 이 새로운 규제는 데이터를 수집하고 보존하는 데 초점을 맞춘다는 결점이 있다. 사생활과 관련된 법과 규정이 일관성을 갖추는 데는 도움이 되나, 오늘날 데이터 수집의 실제적 현실에 제대로 대응하지는 못하고 있다. 법안은 데이터 수집을 위해서는 유효한 동의를 득하라고 요구한다. 그렇지만 소셜 네트워크상의 다양한 게시물을 통해 사용자의 나이, 배우자의 유무, 직업, 소득, 정치적 성향 등을 추정할 수 있는 만큼 완전히 공개된 출처에서 얻은 데이터를 활용해서 알고리즘으로 생산한 민감한 정보는 고려하지 못하고 있다. 새로운 규제는 유효한 동의를 받지 않았을 때도 데이터가 수동적으로 수집된 경우라면 제재하지 않는다. 그리고 '잊힐 권리'를 제외하면, 법안은 데이터가 어떻게 활용되는지에 대해서는 쉽게 답하지 못할 것이다.

데이터 수집을 제한하려는 이런 노력은 의도하지 않은 비용 또한 발생시킬 수 있다. 오늘날 수집되는 정보의 상당 부분은 사회에 잠재적인 이익이 되고 있는데, 그럼에도 이런 부분은 여전히 잘 알려져 있지 않다. 상당히 많은 양의 개인정보를 수집해서 분석하는 능력은 정부나 조직이 공공보건 문제에 더 잘 대처하고, 경제의 작동 방식을 더 잘 이해하며, 사기나 기타 범죄를 막도록 도와줄 수 있다. 각국 정부와 국제기구는 아직 제대로 알려지진 않았지만 잠재적 이익이 되는 정보를 수집하고 장기간 보관하는 일을 막아선 안 될 것이다.

예를 들어 2011년 거대 의료보건 기업인 카이저 퍼머넌트^{Kaiser} Permanente의 연구원들은 산모가 항우울 약품을 사용했을 경우와 아이의 자폐 범주성 장애 사이의 인과관계를 확인하고자 320만 건의 개인 의료기록을 활용했다. 연구자들은 산모가 임신 기간에 항우울제를 복용했을 경우 아이가 자폐 범주성 장애에 걸릴 확률이 두 배로 높아진다고 보고했다. 연구자들은 이전부터 해당 연구와는 별개의

데이터가 사용되는 그 순간을 통제하는 것이 중요하다.

목적으로 수집·보관되던 의료기록에 접근할 권한이 있었다. 역설적으로, 연구자들은 거대한 건초더미를 가지고 있었기 때문에 반드시 찾아야 하는 바늘을 찾을 수 있었던 것이다('건초더미에서 바늘 찾기'라는 영어 속담이 있다 - 옮긴이). 역으로, 건초더미가 충분히 많지 않았다면 그런 발견을 해내지 못했을 것이다. 또 만약 연구원들이 더 엄격한 '사전동의opt-in'하에 연구를 진행해야 했다면 그런 발견은 할 수 없었을 것이다. 사전동의 방식이었다면 연구원들은 자신들이 찾고 있던 특정 정보를 제공받기 위해 실제로 해당 환자들 모두에게 동의를 받아야 했을 것이기 때문이다.

　사람들의 움직임과 바이털사인을 추적하는 웨어러블 디바이스wearable devices의 출현으로 의학 분야에서 이런 종류의 획기적인 발견을 할 가능성은 더욱더 커질 것이다. 유전체의 염기서열 분석 가격이 하락하며, 전자 의료기록의 도입이 확대되고, 산출된 데이터를 저장하고 분석하는 능력이 확장됨에 따라 더 원천적인 발견들도 잇달으리라 생각한다. 결정적으로, 개인정보가 활용될 많은 방식 중에는 아직 생각조차 해보지 못한 것도 많이 있다. 이런 정보의 수집과 보관을 엄격하게 제한한다면 엄청나게 가치 있는 자원을 개인과 사회로부터 강탈해 가는 것과 다름없다.

달콤한 포장

사람들에게 자신들의 사생활이 어떻게 침해받는지 실제적인 사례를 들어달라고 요청하면 정보 수집 자체에 대해서는 별말이 없다. 대부분 그런 정보 때문에 무슨 일이 벌어지는지에 대해 말한다. 예컨대 신원 절도나 다른 사람 행세, 개인적인 거북함, 기업이 불편하고 달갑지 않게 사람들의 기호와 행동을 추정하는 것 등이다. 사생활에서 데이터 그 자체는 좀처럼 문제가 되지 않는다. 데이터의 활용이 언제나 문제다.

그렇다면 정부와 기업, 개인들이 어떻게 데이터 활용에 좀 더 초점을 맞출 수 있을까? 제일 먼저 생각해볼 수 있는 것은 모든 개인정보에다 출처에 대한 주석을 달도록 하는 일이다. 모든 전자 개인정보는 메타데이터metadata(다른 데이터를 설명해주는 데이터 – 옮긴이)라는 포장지 속에 들어 있거나 부득이 동의가 표시되지 않은 데이터라고 표시되도록 하는 방안이다. 이 포장지는 포장된 데이터의 활용에 대한 지침을 표시할 것이다. 해당 데이터의 활용을 원하는 프로그램이 있다면 먼저 '포장을 뜯을 수 있도록' 승인을 얻어야만 한다. 규제 담당자는 개인정보를 사용하는 모든 애플리케이션에 대해 의무적인 감사를 요구할 것이다. 담당자는 아무도 개인정보를 남용하지 않았다는 사실을 확인하고, 혹시 남용한 사람이 있다면 그를 처벌하기 위해 개인정보를 수집하는 애플리케이션을 추적하고 관할하는 권한을 부여받게 된다. 예를 들어, 위치 서비스를 기반으로 해서 사용자에게 꼭 해야 할 일이나 지켜야 하는 약속을 상기시키는 애플리케이션을 생각해보라. 이런 애플리케이션은 사용자의 휴대전화에 있는 GPS 데이터에 계속 접근할 수 있는 권한을 요구할 것이고, 개별 사용자의 선택에 따라 위치 데이터를 사용할 허가를 부여받게 된다.

데이터와 애플리케이션은 항상 일체로 움직이기 때문에 이런 방식은 설득력이 있다. 개인정보의 가공되지 않은 형태, 예를 들어 엑셀 시트에 있는 한 줄 숫자들의 경우에는 어떤 프로그램이 그 숫자들을 활용하지 않는다면 비활성화된 채로 남게 된다. 컴퓨터 프로그램이 없다면 활용도 없을 테고, 활용이 없다면 남용도 없을 것이다. 만약 어떤 애플리케이션이 사용자들의 데이터를 가지고 무엇을 할 생각인지 잠재적인 사용자들에게 통보한다면, 사람들은 해당 애플리케이션을 사용할지 말지에 관하여 더 많이 생각해본 뒤에 결정을 내리게 될 것이다. 그리고 만약 어떤 애플리케이션이 사용자들의 데이터를 활용하는 방식을 바꿀 때는 언제라도 사용자들에게 알리고 사용자들의 동의를 받도록 한다면, 사람들은 자신들의 동의를 수정하거나 철회할 수도 있을 것이다.

이런 접근법의 시초는 소비자들이 온라인으로 음악을 듣고 영화를 보기 시작한 때인 과거 10년 사이에 생겨났다. 그 10년 사이 불법적인 다운로드가 많이 발생했다. 이렇게 만연한 해적질 탓에 자신들의 수익이 위협받게 되자 엔터테인먼트 산업계는 IT 기업과 함께 콘텐츠를 부호화하고, 파일에 메타데이터를 입히는 디지털 저작권 관리 시스템을 만들었고, 불법적으로 파일이 열리거나 배포되는 것을 훨씬 더 어렵게 만들었다. 예를 들어, 애플의 아이튠즈 스토어에서 구매한 영화는 오직 제한된 숫자의 컴퓨터에서만 볼 수 있고, 사용자들은 해당 컴퓨터를 자신들의 애플 계정에 연결할 수 있도록 승인을 얻어야만 한다. 이런 메커니즘은 저작권 보호 시스템을 우회하는 것을 범죄로 규정한 1998년 디지털 밀레니엄 저작권법^{Digital Millennium Copyright Act}을 포함해서 여러 입법 활동으로 법적인 효력을 지니게 되었다. 디지털 저작권 관리 초창기에는 귀찮게 여겨지는 데다 합법적이고 합리적인 소비자들의 행동에까지 간섭한다는 생각 때문에 어느 정도 저항이 있었지만 시스템은 점차 성숙해져 갔고, 사람들에게 인정을 받았다.

디지털 저작권 관리는 다른 영역에서도 진행되었다. 마이크로소프트사의 사무용 소프트웨어 안에 들어 있는 저작권 보호 장치는 부호와 메타데이터를 사용해서 그 파일을 읽고, 편집하고, 출력하고, 전달할 수 있는 사람과 그렇게 할 수 없는 사람을 특정할 수 있게 만들었다.

데이터 활용에 초점을 맞추면 이미 외부에 존재하고 있는 데이터를 보호하는 데에도 도움이 될 것이다. 개인정보를 가지고 작업하는 소프트웨어에는 유효기한이 있다. 개인정보를 사용하는 소프트웨어는 결국 업그레이드되거나 대체되기 때문에 규제 담당자는 새로운 보호 장치가 나올 때마다 프로그래머가 코드 속에 새로운 보호 장치를 집어넣도록 요구할 수 있다. 규제 담당자는 또 현재 존재하는 모든 애플리케이션에다 공식적으로 데이터 사용을 등록하고 승낙을 받도록 요구할 수도 있다.

신분 증명 위기

데이터 사용을 통제하는, 사회 전반적으로 일치된 노력이 효과를 거두려면 관련 법령과 다양한 집행기관의 도움이 필요하다. 애플리케이션이 데이터를 포장하고, 또 데이터를 활용하는 방식을 점검할 수 있게 만든다면, 수천의 기업이 비즈니스를 하는 방식에 중요한 변화를 가져올 것이다. 이런 점검 시스템에는 시스템에 대한 정치적 논란 말고도 극복해야만 하는 수많은 기술적 걸림돌이 있다. 첫 번째는 신분 증명 문제다. 대부분 사람의 온라인 신분은 최소한 이메일이나 소셜 네트워크 프로필과 느슨하게나마 연동되어 있다. 이런 연동은 디지털 저작권 관리를 위해서는 좋은 일이다. 느슨한 연동을 통해 개인은 (영화나 음악의 디지털 복제처럼) 문제가 되고 있는 자산을 소유하고 통제한다. 그러나 개인정보는 어디에나 있다. 사람들이 증명된 신분을 사용하지 않는다면 그 개인이 표현한 동의는 효력이 없다. 그래서 개인정보 활용에 초점을 맞추어 사생활을 보호하기 위해서는 사람들이 법적인 효력이 있는 온라인 신분을 사용하게끔 정부가 더 나은 시스템을 구축해야 한다.

온라인 신분 증명의 바람은 이미 이런 방향으로 불고 있다. 페이스북은 사람들이 실명을 사용해서 서비스에 가입하도록 하고 있고, 트위터는 유명인이나 공인과 연결되는 계정처럼 실제로 사람들이 자신이라고 주장하는 사람임을 확인할 수 있는 계정 검증 과정을 밟고 있다. 온라인 신분 증명을 더욱 시스템화하기 위한 중간 단계로서 사람들로 하여금 온라인상의 여러 신분 중 어떤 신분이 법적인 효력이 있는 신분인지 특정하게 해서 개인정보 활용 동의 시 해당 신분을 사용하도록 하면 된다.

그러나 만약 정부조차도 개인과 증명된 온라인 신분을 더 엄격하게 연결할 방법을 개발하지 못한다면 애플리케이션용, 애플리케이션을 구동하는 컴퓨터용, 컴퓨터에서 애플리케이션을 사용할 때 사람들이 사용하는 특정 역할용 이렇게 세 가지 종류의 유효한 '신분들'을 추가로 생성할 필요가 있다. 이 신분들이 구체적으로 조합되어야 제공된 개인정보에 접근할 수 있다. 예를 들어, 질병 역학 연구를 하는 연구자가 자기 연구소의 컴퓨터 시스템에 세팅된 특정 데이터를 가지고 특정 애플리케이션을 사용하는 것은 허가될 수 있다. 그러나 보험계리인이 건강보험을 위한 가격을 책정하고자 할 때 자신의 컴퓨터에 있는 애플리케이션이나 데이터를 사용할 수 있는 허가를 받지 못하게 될지도 모른다. 또는 응급실에서 환자를 진료하고 있는 의사는 다른 역할을 하고 있거나 다른 상황이었다면 허가받지 못했을 치료 관련 정보에 접근을 허가받을 수도 있다.

입법자는 사람들이 새로운 법에 따르도록 강제하기 위해 상당한 제재 수단을 마련해야만 할 것이다. 효과가 있는 유일한 억제력은 합리적인 사람이라면 위법 행위를 멈출 정도로 강력한 처벌이어야 한다. 개인정보에서 추출해낼 수 있는 가치를 고려하면 벌금은 그것이 상당한 금액이라고 하더라도 범법자(개인이건 법인이건 간에)에게는 단지 비즈니스상의 비용 정도로만 여겨질 수 있다. 그렇기 때문에 사생활을 침해한 경우에는 사기나 횡령 같은 개념으로 강력한 처벌이 고려되어야 한다. 불량한 개인이나 회사의 위법 행위를 단념시키지 못하는 '주차 딱지' 정도의 처벌이 되어서는 곤란하다.

만약 누군가가 자신의 개인정보가 잘못 사용되고 있다는 의심이 들면 개인정보 남용을 수사하고 기소하는 적정한 규제 담당자를 찾아 다른 범죄처럼 처리할 수 있다. 의심스러운 사건이라면 예컨대 어떤 사람이 소셜 네트워크에다 익스트림 스포츠에 참여하는 것에 관해 포스팅을 한 후, 광고업체로부터 동의하지도 않은 맞춤형 광고를 받거나 건강보험료가 할증된 경우 등이 있을 것이다.

사생활을 보호하는 현재의 규제 방식에서 이 새로운 방식까지 이동하려면 정치적인 의지와 함께 대중의 지지가 필요하다. 이는 또한 사람들이 수용할 만하다고 생각하는 개인정보의 활용 방식을 지속적으로 재평가할 것을 요구한다. 특정한 활용이 적정한지 아닌지는 활용되는 상황과 개인 및 사회가 되돌려받을 실제 또는 인식된 가치에 따라 다르다. 사람들이 전체 인구를 대상으로 보건 연구를 하는 연구자에게 자신들의 소셜 네트워크 활동 정보를 사용하는 데 기쁜 마음으로 동의했다고 하자. 그렇다 하더라도 이것이 곧 보험회사가 보험료와 보장 범위를 결정하기 위해 건강 상태, 여가생활, 식습관 등에 관한 정보를 사용하는 데 동의한 것은 아니다.

개인정보의 활용 범위가 넓고 사용되는 맥락이 다양하다는 점을 고려할 때, 또 다른 도전 과제는 개인이 개인정보 동의를 표시할 수 있는 실질적인 방법을 찾는 일이다. 미리 모든 규정을 정해놓거나 법을 정교하게 만들어서 모든 데이터 등급과 모든 가능성 있는 사용에 대응하는 것도 가능하다고 본다. 그렇지만 사람들에게 현재 또는 이론적인 미래의 개인정보 활용에 대해 어떻게 생각하는지 몇 시간 동안 써내려가게 하는 것은 사려 깊은 처사가 아닐 것이다.

한 가지 생각해볼 수 있는 해결책은 사람들이 자신들이 믿는 조직에 동의에 관한 선택을 위임하도록 하는 것이다. 이 조직들은 감시자로 활동하면서 정보가 출현하고 바뀔 때마다 애플리케이션과 정보의 활용을 추적하고, 규제 담당자의 조사와 집행을 돕게 된다. 예를 들어 자신의 개인정보가 광고에 활용되는 것이 걱정되는 사람이라면, 자신의 동의 권한을 마케터들의 진화하는 기술과 행동을 감시할 수 있을 정도로 특정한 정보감시 능력을 가진 조직에 위임할 수 있다. 만약 생각이 바뀌거나 조직의 처리가 자신의 마음에 들지 않는다면, 구체적인 동의를 철회하거나 해당 업무를 다른 조직에 위임할 수도 있다.

인터넷 사용 기반이 국내 활동에만 국한되는 것은 아니기 때문에 이런 종류의 시스템은 국내법과 국제법의 혁신적이면서도 새로운 조합을 요구한다. 교훈이 될 만한 디지털 저작권 관리의 사례가 있다. 미국 디지털 밀레니엄 저작권법에는 1996년 세계지적재산권기구(WIPO: World Intellectual Property Organization)의 회원국들이 서명한 두 가지 규정이 포함되어 있고, 저작권법은 미국 연방 정부가 감독하고 집행하도록 절차를 규정했다.

활용에 집중하고 남용을 제한하라

개인정보의 활용에서 사람들이 우려하는 가장 큰 문제는 민간 영역에 있다. 그러나 미국 국가안보국이 전자 감시를 확장할 것이 분명하다는 작년의 폭로에 따르면, 정부 또한 개인정보를 어느 때보다 많이 수집·보관·활용하고 있다. 활용도에 집중한 사생활 보호 모델의 성공을 위해서는 신뢰할 만한 기관과 정부가 데이터에 접근하고, 시민들을 감시하는 데 헌법적 제한을 가하는 법률 시스템이 필요하다. 이런 조건이 있다고 가정할 때, 활용을 통제하는 사생활 보호 모델은 법과 정부의 역할을 책임감 있게 강화할 것이다. 또한 규제 담당자와 당국이 자신들이 수집한 정보를 가지고 하는 일이 구체적으로 무엇인지 밝히도록 요구(때로는 강제)하고, 이를 통해 정부의 데이터 이용을 둘러싼 모호성이 제대로 제거될 수 있도록 도움을 줄 것이다. 적어도 미국 내에서는 이런 접근법이 장차 상당히 발전할 것이기 때문에 합법적 행동에 대한 미국인들의 기대에 부응하기 위해 미국 정부는 가능한 모든 일을 해야만 한다.

정책 입안자와 규제 담당자들이 단순하게 데이터를 수집하는 것보다는 데이터 활용을 통제하는 방향으로 더 넓고 획기적인 시각을 가지고 초점을 맞추는 것은 시민들에게 자율권을 부여하는 일이다. 이런 방식은 동의 권한을 개인의 대리인으로까지 확장시키며, 사람들로 하여금 자신들의 선택을 수용하게 하고 기간이 경과하면 동의를 취소할 수 있도록 함으로써 사람들이 신경 쓰고 있는 정보를 스스로 더 확실히 통제하게 한다. 이 같은 새로운 패러다임은 원하지 않는 연락, 불공정한 차별, 사기, 신분 유출 등과 같은 해악으로부터 사람들을 보호하게 될 것이다. 동시에 더 많은 정보를 보존할 수 있게 되면 데이터와 연산 능력, 새롭고 혁신적인 소프트웨어로 이루어진 생태계가 지속적으로 확장될 것이다. 그리고 이 같은 정보 생태계의 확장은 개인과 사회에 크나큰 혜택을 주리라 확신한다.

16
시장 창조의 힘
혁신은 어떻게 발전을 이끄는가

브라이언 메추 하버드경영대학원 성장혁신포럼 선임연구원
클레이튼 크리스텐슨 하버드경영대학원 경영학과 교수
데릭 반 베버 하버드경영대학원 경영학과 부교수

경제 성장에 대한 대부분의 설명은 전 세계 수준이나 국가 단위 수준에서의 성장 조건이나 인센티브 등에 초점을 맞춘다. 지리, 인구통계, 천연자원, 정치 발전, 국가 문화, 공식적 정책 등의 요인을 번영의 이유로 설명한다. 다른 설명은 산업 수준에서 말하는 것으로, 왜 어떤 분야는 다른 분야보다 더 번영하는지를 설명하려는 시도다. 그러나 가장 중요한 것은 일자리를 만들어내는 것이 사회나 정부, 산업이 아니라 기업과 기업의 리더라는 사실이다. 돈을 쓸지 말지, 투자를 할지 말지, 고용을 할지 말지는 기업가들과 기업에 달려 있다.

따라서 성장에 관한 연구에서 우리 세 사람은 정반대의 접근법을 선택했다. 탑-다운 방식이 아니라 바텀-업 방식이며, 이것은 회사와

경영자의 시각에서 바라보는 것이다. 이런 실질적인 관점을 통해 우리는 혁신의 형태에 따라 경제 성장과 고용의 확대 정도가 몰라보게 달라진다는 사실을 알 수 있었다. 이런 통찰은 기업가들과 정책 입안자, 투자자들로 하여금 이제껏 볼 수 없었던 협력 강화를 통해 지속적인 번영을 위한 가장 가능성 큰 조건을 만들어낼 것이다. 그리고 이는 특히 제3세계에 던지는 시사점이 크리라 본다. 우리는 기업 수준의 투자와 혁신에 관한 확립된 모델이 존재한다고 주장한다. 이 모델이 변혁적인 경제 발전과 국가 번영을 이끌고, 과거의 성공을 놀라울 정도로 일관성 있게 설명하며, 이해관계자들에게 미래에 무엇을 찾고, 무엇을 만들지 방향을 알려준다.

혁신의 다양성

대부분의 투자가 혁신에 초점이 맞춰져 있기 때문에 우리 모델은 혁신을 분석의 기초 단위로 삼는다. 이러한 혁신은 세 가지 형태로 차례대로 나온다. 첫 번째는 우리가 '지속형 혁신sustaining innovation'이라 부르는 것으로, 새롭고 더 나은 제품으로 기존의 제품을 대체하는 것을 목표로 한다. 이런 형태의 혁신이 중요한 이유는 시장을 활력 있고 경쟁적으로 유지하기 때문이다. 사람들이 시장에서 보게 되는 변화의 대부분은 지속형 혁신이다. 그러나 어떤 비즈니스가 현재의 고객에게 더 나은 물건을 계속 공급하지 못한다면 고객들이 더는 이전의 물건을 사지 않게 된다는 점에서 지속형 혁신은 자연적 치환이라고도 볼 수 있다. 예를 들면 삼성이 주력 스마트폰 시장에서 최신 모델을 선보이자 구 버전의 스마트폰 판매량이 급격히 감소했다. 도요타가 소비자들에게 하이브리드 프리우스를 사라고 광고하자 캠리의 판매가 주춤해졌다. 따라서 지속형 혁신에 투자하고, 지속형 혁신을 개발하며, 지속형 혁신의 결과물을 파는 기업들 중에서 눈에 띌 정도로 순수하게 성장하는 경우는 별로 없다. 그리고 거시경제 성장의 연료가 되는 새로운 일자리도 좀처럼 만들어내지 못한다.

두 번째는 '효율 혁신efficiency innovation'으로, 기업이 더 적은 비용으로 더 많이 생산하도록 돕는다. 효율 혁신을 통해 기업은 더 낮은 가격으로 제품과 서비스를 고객에게 제공할 수 있게 된다. 예를 들어, 월마트의 소매 사업은 효율 혁신의 전형이다. 월마트는 메이시Macy's 와 같은 전통적 백화점과 동일한 제품을, 동일한 소비자에게, 재고의 절반가량을 15퍼센트 낮은 가격에 팔 수 있다. 경쟁이 이루어지는 모든 경제에서 효율 경쟁은 기업의 생존을 좌우한다. 그러나 적은 비용으로 더 많이 생산하려는 기업들의 바로 그 본성 때문에 효율 혁신은 필연적으로 일자리를 줄이거나, 특정 업무를 해당 기업보다 더 효율적으로 할 수 있는 공급자에게 아웃소싱하게 된다. 더 적은 인원으로 더 많이 생산할 수 있는 것에 만족하지 않고, 자본 활용도 더 효율화하고 현금흐름도 향상시킨다.

세 번째는 '시장 창조형 혁신market-creating innovation'이다. 산업이 처음 출현할 때는 대부분 해당 산업의 제품이나 서비스가 너무 비싸고, 보통 사람들이 접할 기회도 많이 없어서 단지 부유한 사람들만 구매하고 경험해볼 수 있다. 시장 창조형 혁신은 이런 상품과 서비스를 모든 사람이 새로운 고객이 될 수 있도록 싸고 접하기 쉬운 형태로 만든다. 더 많은 사람이 해당 물건을 구매할 수 있기 때문에, 시장 창조형 혁신은 더 많은 사람을 고용해서 제품을 만들고 유통하며 서비스를 제공한다. 그리고 시장 창조형 혁신은 '더' 단순하고 '더' 낮은 비용을 추구하기 때문에 지속형 혁신에서 사용됐던 공급체인은 시장 창조형 혁신과 보조를 맞출 수 없다. 이런 상황 때문에 새로운 공급 네트워크를 만들고 새로운 유통 채널을 설립할 필요성이 대두된다. 그러므로 시장 창조형 혁신은 새로운 성장, 새로운 일자리를 창출해낸다.

시장 창조형 투자에는 두 가지가 필요하다. 충족되지 않은 고객 니즈를 찾아내는 기업가와 경제적 플랫폼의 존재다. 경제적 플랫폼은 규모의 경제를 통해 뚜렷한 이익을 실현할 수 있는, 제품이나 비즈니스 모델에 내재한 기술이나 특질을 말한다. 예를 들어, 케냐의 엠페사 서비스는 무선 통신 플랫폼을 사용해서 전국에 걸쳐 고객들이 은행 서비스를 활용하지 않는다는 문제점을 해결했다. 2007년 엠페사가 출시되었을 때, 케냐 사람들의 은행 이용률은 20퍼센트도 채 되지 않았다. 지금은 80퍼센트 이상의 케냐 사람들이 은행 서비스를 이용한다. 한편 남아프리카의 거대 통신기업인 MTN은 잠재적 소비자를 타깃으로 한 저가 휴대전화와 통신 기간시설을 합병함으로써 대륙 전체에 휴대전화혁명을 몰고 왔다.

어떤 시대든 강력한 경제는 세 가지 혁신 모두를 조합한 것이다.

그러나 오직 시장 창조형 혁신만이 궁극적으로 번영을 창출하는 영구적인 일자리를 가져온다. 잠재적 소비자를 목표로 하기 때문에 시장 창조형 혁신은 개발도상국의 불리한 조건, 즉 개발도상국 대중의 다양하고 채워지지 않은 욕구를 자산으로 바꾼다. 그 과정에서 시장 창조형 혁신은 새로운 네트워크를 만들고 새로운 능력을 개발하며 안정된 고용을 창출한다. 혁신가들이 혁신의 사다리를 더 세련되고 잠재적인 소비 기회로 옮긴다는 점에서 선순환이 된다.

시장 창조형 혁신의 작동 방법

우리의 초창기 연구에 따르면, 시장 창조형 혁신은 변혁적인 성장과 번영을 달성하는 데 성공한 모든 국가에서 성공의 중요한 요인이 되었던 것으로 보인다. 전후 일본이 아마도 가장 훌륭한 사례가 될 것이다. 전후 일본의 경제는 제2차 세계대전의 여파에서 헤어나지 못하고 있었다. 그래서 재건한다기보다는 처음부터 새로 시작해야 했다. 이런 노력을 통한 일본의 성공은 국가에 대한 자부심, 강력한 노동윤리, 당시 통상산업성과 같은 정부 부처의 비전, 과학 및 공업 교육의 우수성 등에 상당 부분 기댄 것이다. 그러나 이런 설명은 일본 경제가 최근 수십 년 동안 침체에 빠지면서, 즉 상수가 변수를 설명하지 못하면서(성공 요인인 상수가 그대로인데도, 변수인 경제 상황은 이전과 달리 침체에 빠졌다는 의미 – 옮긴이) 설득력을 잃어버렸다. 이후 일본의 전후 성장에 대한 더 강력한 설명이 나왔는데, 일본의 성공이 오토바이·자동차·소비자 가전·사무기기·철강 등의 시장 창조형 혁신에서 나왔다는 이론이다.

일본의 오토바이 산업을 살펴보자. 1950년대에 200개가 넘는 오토바이 제조업체 집단이 있었고, 이 집단 중에서 혼다·가와사키·스즈키·야마하 등이 본국 및 외국에서 오토바이 산업의 발전을 이끌며 부상했다. 이들 빅4 회사들은 당시 오토바이 산업의 리더 업체로부터 시장 점유율을 뺏어서 성장하는 전략을 취하지 않았다. 오히려 그들은 잠재적 시장을 목표로 했다. 일본 의회가 1952년에 더 낮은 연령대의 운전자가 오토바이를 운전할 수 있도록 하는 일본 도로교통법의 수정안을 통과시켰을 때, 스즈키는 저연령 소비자를 위한 제품을 만들어낸 첫 번째 회사 중 하나였다. 스즈키는 보급형 60cc 다이아몬드 프리 바이크 모델을 보유하고 있었다. 비슷한 경우로 혼다 또한 1952년형 50cc 커브 F타입을 출시하며, 커다란 배달용 차량을 살 형편은 안 되지만 배달용 차량이 필요했던 당시 성장일로의 소규모 사업체들을 목표로 삼았다. 당시 혼다는 보급형 F타입을 2만 5,000엔이라는 합리적인 가격으로 판매하고, 12개월 할부 프로모션도 제공했다. 가처분 소득이 많지 않은 소비자를 두고 국내 회사들끼리 벌인 경쟁은 회사들로 하여금 후방의 부품 공급과 전방의 유통 채널을 통합시키도록 하는 원인이 되었다. 이것이 빅4 회사를 넘어 일본 전체에 일자리 창출을 가져왔고, 빅4 회사들에는 미국과 유럽으로 오토바이를 수출하여 일본 시장에서와 마찬가지로 새로운 소비자를 두고 경쟁할 수 있는 능력을 키워주었다.

똑같은 패턴이 소비자 가전의 파나소닉·샤프·소니, 자동차의 닛산과 도요타, 사무기기의 캐논·교세라·리코에서도 나타났다. 이 회사들은 모두 먼저 일본 국내 시장에서 잠재고객들을 차지하기 위한 경쟁을 벌인 다음, 해외에서 같은 전략을 구사하는 2단계 전략을 취했다.

이 전략은 한국에서 그대로 재현되었다. 한국의 경제적 성장에 중추적 역할을 해오던 삼성과 같은 시장 창조형 혁신 기업이 일본의 경험을 면밀히 연구했다. 삼성은 무역회사로 설립되었지만, 1969년 전자 자회사를 설립하여 엔터테인먼트와 냉각 기술에서 한국 내 잠재시장을 뿌리째 흔드는 제품을 만들어냈다. 삼성전자의 첫 번째 제품은 일본 기업인 니혼전기^{NEC} 및 스미토모와 합작해서 생산한 흑백 텔레비전이었다. 곧이어 삼성은 일본 제품을 연구해서 한국 최초로 저가형 선풍기를 만들었고, 그다음엔 저가형 에어컨으로 옮겨갔다. 시장 창조형 혁신을 끊임없이 이어가면서 삼성은 세계에서 가장 인지도 높은 브랜드이자 단일 회사로는 한국 GDP의 최대 기여자가 되었다.

중국에서도 시장 창조자들은 내구 소비재부터 건설기계에 이르기까지 국내 소규모 특화시장을 지역적 또는 전 세계적 발판 기지로 키워냈다. 하이얼은 1984년에 중국의 잠재시장을 바라보고 소형 냉장고를 생산하는 시장 창조형 이노베이터^{market-creating innovator}로 출발했다. 그런 다음 기술과 장비를 구하기 위해 독일계 회사인 립헬^{Liebherr}과 제휴를 맺었다. 2011년까지 하이얼은 중국에서의 경험으로 무장한 제품라인을 통해 '백색가전' 시장인 전 세계 가정에 엄청나게 많은 제품을 판매했고, 7.8퍼센트의 세계 시장 점유율을 차지했다. 비슷한 사례로, 싼이Sany는 1989년에 후난 성의 소외된 작은 마을에서 용접재료를 파는 작은 가게로 시작했다. 싼이는 현지의 니즈와 최신 기술에 대한 이해를 지렛대로 삼아 당시 붐이 일던 중국 건설 시장을 목표로 값싼 건설기계를 생산했다. 오늘날 싼이는 중국 내 시장에서 주요 경쟁사인 미국의 캐터필러Caterpillar보다 더 높은 점유율을 차지하고 있으며, 해외 시장에서도 점유율을 높여가고 있다.

그 외 나라에서도 마찬가지 패턴이 보인다. 칠레의 경우 정부 개혁과 구리 산업의 활황으로 주목받고 갈채를 받았지만, 시장 창조형 혁신이야말로 성장의 진정한 엔진이었던 것으로 보인다. 예를 들어, 한창 뜨고 있는 칠레의 농업 분야는 시장 창조에 기반을 두고 있었다. 칠레의 개혁 이전에도 신선한 과일과 채소에 대한 잠재적 수요는 열대지방이 아닌 선진국에서는 연중 내내 존재했다. 칠레의 농산물 수출업자들은 진보한 농업 기술과 현대적 물류 시스템을 활용해서 생산물의 활용도를 바꾸고 일 년 내내 신선한 상품을 공급했다.

인도에서는 많은 헬스케어 업체들이 시장 창조형 혁신을 통해 고객들이 질 높은 헬스케어 서비스를 더 쉽게 받을 수 있도록 하고 있다. 아라빈드 안과병원Aravind Eye Hospital은 가난 때문에 수술할 엄두를 못 내는 환자들을 위해 저렴한 가격의 안과 수술을 제공하겠다는 목표를 가지고 설립되었다. 의료진의 높은 가동률과 함께 유료와 무료 환자로 차등화된 서비스 수준 같은 혁신적 조치를 받아들임으로써

브라질의 항공기 제조업체 엠브라에르의 모델 E190AR

아라빈드는 세상에서 가장 큰 안과병원이 되었다. 그리고 일본 사례에서처럼 인도의 기업들도 국내 플랫폼을 사용해 해외의 잠재고객에게 접근하고 있다. 예를 들어 나라야나 헬스Narayana Health는 케이맨제도Cayman Islands에 병원을 열었고, 가격에 민감한 미국인들에게 다가가고자 하고 있다. 그리고 인도는 의료관광을 선도하는 국가가 되어 매년 100만이 넘는 외국인들에게 의료 서비스를 제공하고 있다.

그리고 많은 양의 석유와 산림자원으로 주목받고 있는 브라질에서는 엠브라에르Embraer 항공 같은 시장 창조형 혁신 기업이 일자리를 창출하고 기업 역량을 키우느라 분주하게 활동하고 있다. 대부분의 항공기 제작사들과 마찬가지로 엠브라에르도 초창기에는 정부의 보조금을 지원받았고, 군사적 목적의 항공기 생산에 중점을 두었다.

그러다가 점차 상업 시장으로 눈길을 돌렸고, 브라질 국내 항공사들에 항공기를 저렴한 가격에 인도하고 있다. 오늘날 엠브라에르는 폭넓은 제작 기술을 확보했고, 광범위한 국내 공급 네트워크를 구축했으며, 아메리칸 에어라인·델타·제트블루·유나이티드와 같은 메이저 미국 항공사를 포함해서 수십 개의 선도적인 국제 항공사를 위해 비행기를 만들고 있다. 그리고 또 다른 브라질의 시장 창조형 혁신의 성공 사례인 그루포 물치Grupo Multi는 외국어 학습의 잠재고객을 목표로 삼고 브라질 사람들에게 영어 말하기 방법을 가르치는 새로운 모델을 개발했다. 지금까지 2,600여 개의 프랜차이즈 학원을 보유하고 있고, 2만 개 이상의 일자리를 만들었으며, 80만 명 이상의 학생을 훈련시켰다.

올바른 투자

이런 사례들이 말해주는 것은 잠재적 고객을 목표로 해서 튼튼한 국내 프랜차이즈를 구축하면 광범위한 성장의 기회가 생기고, 이후 지역 혹은 글로벌 수준의 성장이 가능해진다는 사실이다. 잘 살펴보면, 이런 프로세스를 통해 자원과 투자가 실제로 경제 발전에 어떤 역할을 하는지를 명백하게 알 수 있다. 천연자원 산업에의 투자, 주요 기간시설 프로젝트, 틀에 박힌 외국인 직접투자 등과 같이 표면상으로만 경제 발전에 도움이 되는 몇몇 수단은 해당 모델의 지지자들이 기대하는 번영을 좀처럼 창출해내지 못한다. 왜 그럴까? 일단,

이런 투자는 시장을 창조하지 않기 때문이다.

경제학자들은 이란, 이라크, 멕시코, 나이지리아, 베네수엘라 등과 같이 석유자원을 가진 나라들이나 몽골, 페루, 러시아처럼 값비싼 금속을 가진 나라들이 수십억 달러의 수익을 거두면서도 왜 일자리 창출이나 경제 성장률 달성에는 여전히 어려움을 겪는지 오랫동안 의문을 가져왔다. 정답은 바로 개발도상국에서 자원에 대해 투자를 하는 것은 효율 혁신을 가져와 적은 비용으로 많은 것을 생산하는 상황이 전개되기 때문이라는 것이었다. 굴착기와 정제소가 가동되는 그날부터 경영자들의 목표는 고용을 줄여서 생산성을 높이는 것이 된다. 이것이 효율 혁신의 논리다. 효율 혁신의 결과는 일자리의 순수한 감소이지 증가가 아니다.

송신탑이나 발전소, 도로 같은 기간시설 프로젝트 또한 효율 투자에 해당한다. 이런 프로젝트는 국내 기업들의 운영비용을 감소시켜 현재의 소비자들에게 더 좋은 서비스를 제공하기는 하지만, 지속적인 성장이나 번영을 창출하는 데는 직접적인 기여를 하지 않는다. 사실 이런 프로젝트가 잠재고객의 니즈 충족을 구체적인 목표로 삼는 다른 투자와 조합되지 않는다면 프로젝트의 혜택은 현재의 소비자로 한정될 것이고, 경제적 효과도 마찬가지로 제한적일 것이다. 이것이 세계은행이나 IMF 같은 기관들이 챔피언이라고 옹호하는 개발도상국에서 기간시설 투자가 왜 그렇게 자주 장기 성장을 견인하는 데 실패하는지를 설명해준다.

끝으로, 대부분의 외국인 직접투자도 효율에 기원을 둔다는 점에서는 마찬가지다. 가장 일반적인 형태는 다국적기업이 저비용 공장을 세워서 완제품을 위한 부품과 관련 서비스를 공급하는 경우다. 이런 투자는 자주 '돈벌이용 해외 이주migratory'가 된다. X국가에서 저비용이라는 투자 메리트가 사라지자마자, 여건이 허락하기만 하면 비용이 더 싼 Y국가로 공장을 옮긴다. 이것이 외국인 직접투자가 국경선을 넘나드는 방식이다. 즉, 번영의 원천이 되는 장기적이고 안정적인 생산시설과 일자리는 만들지 않는다.

물론 외국인 직접투자도 어떤 경우에는 국가를 발전시키는 데 도움이 되는 좀 더 지속 가능한 혜택을 실제로 제공하기도 한다. 한 가지 예가 외국인 직접투자가 새로운 해외 시장을 창출하는 제품을 지원하는 경우다. 전형적으로 완제품과 서비스 시장은 효율 혁신이 비용을 감소시키는 것보다 더 빨리 성장한다. 이 같은 투자는 초기에 공장을 세우고 가동하기 위해 사람들에게 일자리를 제공하고, 이후에도 구매자들이 늘어남에 따라 속도를 맞추기 위해 회사가 직원을 추가로 채용하게 된다. 이런 차이는 왜 외국인 직접투자가 멕시코에서는 근본적인 성장을 가져오지 못했지만, 대만에서는 가져왔는지를 설명해준다. 멕시코로 유입된 대부분의 미국 투자는 자동차, 기계, 전기모터와 같은 산업에서 완제품 시장 직전의 효율 혁신에 펀딩하고 있었다. 반대로 에이수스ASUSTeK Computer, HTC, 혼하이정밀공업Hon Hai Precision Industry, 미디어텍MediaTek, 대만반도체제조회사TSMC: Taiwan Semiconductor Manufacturing Company 등을 포함하여 대만의 경제 발전을 견인한 대부분의 회사는 시장 창조형 혁신 직전의 효율 혁신, 즉 노트북과 태블릿PC, 스마트폰과 같은 시장 창조형 혁신에 사용되는 더 효율적인 부품과 서비스를 만들어냈다. 특별한 경우가 아니면 시장 창조형 혁신에서 나오는 성장의 폭은 효율이 증가해서 생기는 비용의 절감분을 훨씬 넘어서므로, 더 광범위한 경제가 더 큰 번영을 누리게 되었다.

지속적인 성장을 창출하는 방법

개발도상국에서 대부분의 투자가 탑-다운 방식으로 추진되었고 효율성에 초점을 맞췄다는 점을 고려할 때, 성장의 기대에 부풀었던 지역에서 뜻밖에도 성장이 거의 이루어지지 않았다는 사실은 전혀 놀랍지 않다. 미래에 더 번영하기 위해서는 공공 부문과 민간 부문 둘 다 시장 창조형 혁신 기업과 기업가를 내수 시장에서부터 지원해야 한다.

아마도 시장 창조형 혁신을 일으키기 위해 가장 먼저 해야 할 일은 투자자와 시장 창조형 혁신가 사이에서 자본이 흐르도록 도와주는 플랫폼과 인센티브를 마련하는 일일 것이다. 단순히 현재의 투자 방식을 새로 생겨나는 시장에 적용해볼 수도 있다. 엔젤리스트^{AngelList}나 거스트^{Gust}처럼 투자자와 기업가를 직접 연결하는 온라인 투자 플랫폼은 시장 창조형 투자를 더 활성화할 수 있는 잠재력이 있고(이들은 기업가들이 합법적인 투자신탁회사를 상대하는 일에 적응하도록 도와준다), 두 플랫폼 모두 이미 글로벌화가 진행되고 있다. 킥스타터^{Kickstarter}

나 인디고고^{Indiegogo} 같은 크라우드펀딩^{crowdfunding} 네트워크는 시장 창조 투자에 정확히 들어맞을 수 있는데, 개발도상국의 민족 이동^{ethnic diasporas}을 겪은 투자자들에게 투자 기회를 제공하는 데 특히 중점을 두고 있다. 그리고 자원 부국에서는 정책 입안자들이 자원으로부터 얻는 이익의 일정 부분을 시장 창조형 투자를 위해 맞춤형 기금으로 전환해서 가교 역할을 하게 할 수도 있다. 이런 기금은 시장 창조형 혁신을 탐지하고 지원하는 방법을 이해하는 투자자들에 의해 독립적으로 관리되어야 한다.

대부분의 기업가는 이미 존재하거나 자리를 잡은 시장에 제품과 서비스를 공급하는 데 초점을 두지만, 시장 창조형 혁신은 새로운 시장에서 잠재고객이 채우지 못한 욕구를 채우기 위해 생겨난다. 개발도상국에 있는 풍부한 잠재시장을 차지하려고 기회의 문을 두드리는 기업가들을 돕기 위해서는 적절한 훈련 프로그램을 통해 잠재시장을 알아보는 방법과 잠재시장으로부터 얻는 보상을 평가하는 방법을 가르쳐야 한다. 대학이나 기업과 협력해서 시장 창조형 혁신이 어떻게 비교 대상 국가에서 강력하게 자리 잡았는지를 연구하고, 떠오르는 잠재 기술을 평가해보도록 해야 한다.

몇 가지 사례 연구를 통해 기업가들에게 시장 창조의 핵심 요소를 가르칠 수 있다. 예를 들어, 고드레지 앤 보이스^{Godrej & Boyce}의 휴대용 냉장고인 초투쿨^{chotuKool}은 냉장고를 사용할 수 없었던 인도의 시골 소비자들 80퍼센트에게 적당한 냉장 능력을 제공하는 파괴적 제품이다. 이 제품은 창조성과 인내가 어떻게 삶을 변화시키는 제품을 세분시장에서 성공시켰는지를 보여준다. 오랫동안 시장은 냉장고 같은 사치품은 인도의 시골 사람들이 구매할 수 없다고 생각했다.

　제3세계에서 사업을 하려는 기업가와 투자자들이 오랫동안 걱정했던 사안은 아마 필연적으로 부딪히게 되는 부정부패라는 장애물일 것이다. 그러나 시스템적인 부패는 피할 방법이 있다는 것을 알려주는 사례가 있다. 사회 전반에 걸친 인도의 높은 부패지수에도 불구하고, 인도의 남부 주들에 자리 잡은 정보 기술 기업들은 번성하고 있다. 왜냐하면 인터넷이 부패의 통로가 아니라 부패를 둘러싸 버린 도관이 되었기 때문이다. 부패를 피할 방법이 있다는 사실은 전 세계 다른 사업에서도 적용된다. 경영자들은 증명서·면허·허가·등록 등을 위해 서류를 작성하는 데 많은 시간을 보내거나 수수료를 협상하는 데 열의를 쏟기보다, 개혁적 성향의 지도자와 함께 일하면서 면허 등을 쉽고 확실하게 얻을 방법을 찾아야 한다. 통상적인 방법에 따라 뇌물 등을 사용하지 않도록 해야 한다.

　결국 어떤 시스템 수준의 제약 때문이라면 시스템 자체가 변하기를 기다리지 말고, 문제를 내부화하고 산출물을 더 통제하는 것이 기업가에게 최선이다. 예를 들어 전통적인 자본 시장에서는 시장 창조형 혁신에 별 관심이 없겠지만, 로열티 파이낸싱^{royalty financing} 개념을 통해서라면 개인 사업자를 도와줄 수 있다. 로열티 파이낸싱이라는 개념하에서는 기업가들이 전통적인 방식인 지분을 팔거나 부채를 늘리지 않고도 투자 자본을 라이선싱할 수 있다. 수익이 발생할 때까지 투자자는 아무것도 받지 못한다. 그리고 기업가는 수익의 일정 비율을 투자자에게 로열티로 지급한다. 지적 재산권 라이선스와 마찬가지다. 수익이 증가함에 따라 누적된 로열티 지급이 초기 원금의 몇 배가 될 때까지는 로열티도 증가한다. 이런 접근법은 청산의 필요성을 미리 제거한다. 청산이란 현금이 빠져나가는 상황이다. 자본 시장이 혼란스럽거나 단속을 당하는 상황에서는 누구의 현금이 빠져나갈 것인지 예측하기가 어렵다. 대신 투자자는 환금 절차에 의해서 돈을 받는다. 환금 절차는 사람들이 직접 모니터링하고 확인할 수 있다.

숙련된 인재는 자본보다 훨씬 더 부족한데, 기업들은 인재 부족 문제 역시 내부화할 수 있다. 사내 직업 훈련 프로그램을 도입하거나 교육기관 또는 대학과 더 가까이 일함으로써 기업들은 인재 문제를 직접 해결할 수 있다. 극단적인 예로 한국의 철강회사 포스코는 능력 있는 엔지니어를 교육하기 위해 직접 대학을 설립했다. 포스코 설립자인 박태준은 "석탄과 기계는 수입할 수 있으나 인재는 수입할 수 없다"라고 말하며, 포항공과대학교를 설립하여 과학과 기술에 필요한 교육을 제공했다. 이 학교는 국내 및 국제 대학 서열에서 항상 최상위권을 유지하고 있으며, 설립된 지 50년이 안 되는 대학 중 상위 100개를 꼽는 런던 〈더타임즈〉의 '100 언더 50$^{100 Under 50}$'에서 1위를 차지했다.

무엇이 지속적인 성장을 견인하는지에 관해 인과관계를 제대로 이해하고 기업 친화적인 조건에서 사업을 영위한다면, 그리고 상황을 이해하는 정책 입안자가 참여한다면 개발도상국의 기업가들은 새로운 시장과 새로운 기회를 만들 수 있다. 그렇게 한다면 단순히 비즈니스에 성공하는 데 그치는 것이 아니라 자신들의 조국과 동포들을 위해 더 광범위하게 일자리를 창출하고 더 튼튼하고 오래가는 번영을 누리게 될 것이다.

마리아나 마추카토 서섹스대학교 혁신경제학과 교수

전통적 관점에서 봤을 때 혁신을 키워내기 위해 국가가 할 일은 간단하다. 방해만 안 되면 된다. 최선은 정부가 민간 영역의 경제적 역동성을 단순히 촉진하는 것이다. 그리고 최악은 굼뜨고, 고압적이며, 관료적인 정부기관이 열심히 민간 영역을 방해하는 것이다. 반대로 민첩하고, 위험을 무릅쓰며, 도전적인 민간 영역은 경제적 성장을 창출하는 혁신의 전형을 실제로 이끌고 나간다. 이 같은 전통적 관점에 따르면 실리콘밸리의 성공 비결은 기업가들과 벤처캐피털에 있다. 국가는 오직 시장실패를 바로잡거나 공정한 경쟁을 확립할 필요가 있는 경우에만 시장에 개입할 수 있다. 국가는 기업들이 사회에 전가하는 환경오염과 같은 외부 비용을 줄이기 위해 민간을 규제할 수 있다. 그리고 기초과학 연구나 신약 개발과 같은 시장성

이 거의 없는 공공재에 투자할 수도 있다. 그러나 시장을 창조하거나 변형하려는 직접적인 시도는 안 된다. 제조업의 미래에 관한 〈이코노미스트〉의 2012년 기사는 이런 생각을 내포하고 있다. "정부는 항상 시장의 승자를 뽑는 데 서툴렀다. 그리고 더 서툴러진 것 같다. 반면에 기업가들과 발명가들은 설계도를 온라인으로 교환하고, 집 안에서 설계도를 제품으로 바꾸며, 차고에서 세계 시장으로 나갈 제품을 만들어낸다." 기사의 내용이다. "혁명의 불꽃이 일 때는 정부는 숙련된 노동력을 위해 더 나은 학교를 짓거나 모든 종류의 기업을 위해 규제를 없애고 자유경쟁을 유도하는 일처럼 기본에 머물러야 한다. 나머지는 혁명가들에게 맡겨놓으라."

이런 관점은 널리 퍼져 있는 것만큼이나 틀린 생각이다. 사실, 성장을 혁신에 기대고 있는 국가에서는 정부가 전통적으로 간섭자로 기능한다기보다 혁신의 핵심 파트너로 기능했다. 그리고 가끔은 기업가들이 감당하기 어려운 리스크를 떠안는 대담한 역할도 했다. 기초조사부터 상품화까지 혁신의 전 과정에서 정부는 민간 영역이 공급하기에는 너무 부담이 큰, 그렇지만 꼭 필요한 투자를 적극적으로 해왔다. 이런 지출을 통해 인터넷이나 나노 기술·생명공학·청정에너지 같이 혁신적이고 창조적인, 그리고 완전히 새로운 시장과 새로운 영역을 개척했다.

그러나 오늘날에는 정부가 크게 활동하는 일이 점점 더 어렵게 되어가고 있다. 정부의 역할이 점점 더 한정되어 단순히 민간 영역의 혁신을 촉진하거나, 올바른 방향으로 가도록 살짝 미는 nudging 정도에 그치고 있다. 정부가 이런 역할 이상을 하면 민간투자를 위축시키고 부적절하게 시장에서의 승자를 골라내려 한다고 그 즉시 비난을 받는다. 단순한 촉진자, 관리자, 규제자로서의 국가라는 관념은 1970년대에 널리 통용되기 시작했다. 그러나 글로벌 금융위기가 발생하자 새로 발견한 개념인 듯 인기를 얻었다. 전 세계에 걸쳐 정책 입안자들은 (문제가 되는 것은 민간부채임에도) 공공부채를 겨냥하면서, 정부 지출을 줄이면 민간투자가 촉진될 거라고 주장했다. 결과적으로, 과거의 기술혁명을 이끌어왔던 바로 그 정부기관이 예산을 줄였다. 미국에서 벌어진 예산 '삭감' 프로세스는 2013년에서 2021년까지 지출할 연방 연구개발 예산에서 950억 달러를 삭감하는 결과를 가져왔다. 유럽연합에서는 정부의 재정적자를 GDP의 3퍼센트 수준으로 낮추는 것을 골자로 하는 '재정협약fiscal compact'이 교육과 연구개발 예산을 쪼그라들게 하고 있다.

더구나 민간 부문의 역동성과 정부의 방만함에 관한 전통적인 지혜가 한몫하면서 민간 영역은 정부에 성공적으로 로비를 벌여 규제를 완화하고 자본이득에 대한 세금을 줄였다. 1976년부터 1981년까지 미국벤처캐피털협회National Venture Capital Association로부터 상당한 로비가 이뤄진 후에 미국에서 자본이득에 대한 세금은 40퍼센트에서 20퍼센트로 낮아졌다. 그리고 실리콘밸리의 역동성을 영국으로 가져온다는 명목으로 2002년 영국의 토니 블레어 정부는 비공개 기업투자펀드private equity funds가 세금 공제를 위해 자격을 갖추어야 하는 투자 기간을 10년에서 2년으로 줄였다. 이런 정책은 불평등을 증가시켰지만 투자를 증가시키긴 못했다. 장기투자자의 비용으로 단기투자자에게 혜택을 주게 함으로써 혁신은 상처를 입었다.

혁신에 대해 넓게 생각하는 정부를 가졌다는 것은 단지 더 혁신적인 사람들에게 납세자의 돈을 던져준다는 정도의 의미가 아니다. 경제에서 정부의 전통적 역할을 근본적으로 다시 생각해볼 필요가 있다는 뜻이다. 구체적으로 정부가 기술 변화의 방향을 예측하고 그 방향으로 투자할 수 있는 권한을 위임받는다는 얘기다. 정부 지출을 평가할 때 보통 활용하는 근시안적인 방법을 버려야 한다는 의미다. 공공 영역으로부터 사적 영역이 분리되어 있던 관습을 끝낸다는 뜻이다. 그리고 위험을 감수한 대신에 공공투자의 보상 일부를 정부와 납세자가 받을 방법을 찾아낸다는 얘기다. 정책 입안자들이 혁신에서의 정부 역할에 대한 미신을 과거의 일로 흘려보내야 존 메이너드 케인스가 또 다른 시대에 말했던 '죽은 경제학자들의 노예slaves of some defunct economist'가 되는 길을 멈출 수 있을 것이다.

시장실패의 실패

대부분의 경제학부에서 가르치는 신고전주의 경제학의 이론에 따르면, 정부정책의 목표는 단순히 시장실패를 바로잡는 것이다. 이런 관점에서는 실패의 원인에 잘 대처하면, 예를 들어 독점이 중단되고, 공공재에 보조금을 지급하고, 부정적 외부 효과에는 세금을 부과하면 시장이 효과적으로 자원을 분배하고 경제를 성장의 새로운 길로 나갈 수 있게 한다고 말한다. 그러나 이런 생각은, 말하자면 시장이 장님이라는 사실을 망각하고 있다. 또 사회적, 환경적 우려를 무시하고 있다. 가끔은 차선책이나 경로-의존적path-dependent(이미 주어진 조건을 토대로 의사 결정을 하는 것을 의미한다. 타자기 시대의 유물인 불편한 쿼티 자판을 지금도 사용하고 있거나, 우주왕복선의 크기가 마차 크기인 것 등이 대표적 사례다-옮긴이)인 결정을 따르기도 한다. 예를 들어, 에너지회사는 청정에너지보다는 땅속 깊은 곳에서 석유를 추출하는 데 투자하려 할 것이다.

기후변화, 청년 실업, 비만, 노화, 불평등과 같은 사회적 문제를 해결하는 데 정부는 단순히 시장실패를 바로잡는 것에 그치지 말고 적극적으로 시장을 창조하는 방향으로 나아가야 한다. 기술 및 혁신 연구자인 카롤타 페레즈Carlota Perez의 말처럼 경제가 새로운 '기술경제 패러다임techno-economic paradigms'으로 가도록 인도해야 한다. 이 같은 방향은 시장의 힘에 의해 자발적으로 생성되지 않는다. 넓게는 정부가 세심하게 의사 결정을 한 결과다. 예를 들어 대량 생산 혁명에서 정부는 핵심적인 기술과 경제를 가로지르는 확산, 둘 다에 투자했다. 공급 측면에서 보면, 제2차 세계대전 때 만들어진 미국의 군수-산업복합체military-industrial complex(군과 민간 사업체가 밀접하게 결합된 형태로 군산복합체라고도 한다-옮긴이)는 항공우주·전자·소재 등의 발전에 투자했다. 수요 측면에서는 미국 정부의 전후 교외생활 장려책, 예를 들어 도로를 닦고, 주택담보를 보증하고, 복지부를 통해 소득을 보장하는 정책은 근로자들이 주택을 소유하고, 자동차를 구입하며, 그

외 대량 생산 물품을 소비할 수 있게 했다.

진보 성향의 싱크탱크인 브레이킹쓰루연구소^{Breakthrough Institute}의 마이클 쉘렌버거^{Michael Shellenberger} 등에 따르면 셰일가스 붐이 정부와는 별개로 활동하던 투기성향의 기업가들에 의해 확산되었는데, 그 허상에도 불구하고 미 연방 정부는 셰일가스 추출 기술에 엄청나게 투자했다. 1976년, 모건타운^{Morgantown} 에너지연구센터와 광무국^{Bureau of Mines}은 동부셰일가스 프로젝트^{Eastern Gas Shales Project}를 시작했는데, 이 프로젝트는 셰일층으로부터 천연가스를 추출하는 방법을 증명해냈다. 연방 정부는 천연가스 생산을 위해 세금으로 기금을 조성하고, 가스연구소^{Gas Research Institute}를 개소해서 셰일가스 연구에 수십억 달러를 지출했다. 그리고 미국 에너지부 산하 샌디아 국립연구소^{Sandia National Laboratories}는 시추작업을 위해 사용되는 3차원 지질 매핑^{geologic mapping} 기술을 개발했다.

마찬가지로, 의사인 마샤 에인절^{Marcia Angell}에 따르면, 대부분의 신약 개발은 납세자의 기금으로 조성된 국립보건원에 의해 이미 진행된 오리지널 약의 연구까지 조사한다. 국립보건원의 연간 예산은 300억 달러다. 반면에, 민간 제약회사는 R&D에서 R(연구)보다는 D(개발)에 더 중점을 두는 경향이 있다. 현재 시판 중인 약에다 미세한 변화를 준 뒤에 마케팅을 하는 식이다.

실리콘밸리의 기술-자유지상주의자^{techno-libertarian}들 역시 엉클 샘, 즉 미국 정부가 정보 기술 혁명의 뒤에 서서 많은 혁신을 금전적으로 지원했다는 사실을 알고 놀라움을 금치 못했다. 아이폰을 생각해

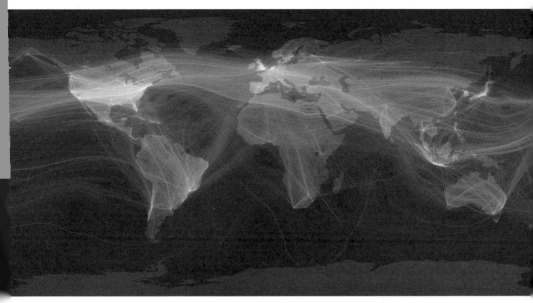

정부는 '혁신의 최대화'라는 대담한 미션을 떠안은 결과 기술혁명의 출현을 이끌어냈다.

보자. 아이폰은 불간섭주의 정부가 천재적인 기업가들이 활약하도록 내버려두어서 생긴 사건의 정수로 자주 일컬어진다. 그러나 아이폰을 우둔한 폰이 아니라 스마트폰으로 만든 기술의 발전은 공적인 자금 지원에 기인한다. 인터넷의 기원은 1960년대 미 국방성 산하 기관인 고등연구계획국DARPA: Defense Advanced Research Projects Agency의 지원을 받은 아르파넷ARPANET이라는 컴퓨터 연동망이었다. GPS는 1970년대 나브스타Navstar라고 불리던 미 군용 프로그램으로 시작되었다. 아이폰의 터치스크린 기술은 공립학교인 델라웨어대학교의 교수 한 명과 국립과학재단 및 CIA로부터 보조금을 지원받은 박사 과정 학생 한 명이 설립한 핑거웍스FingerWorks라는 회사에 의해 만들어졌다. 음성인식이 가능한 아이폰의 명랑한 개인비서인 시리^{Siri}조차도 미국 정부로 이어지는 연결고리를 찾을 수 있는데, 바로 국방성 고등연구계획국에서 실시한 인공지능 프로젝트의 일부였다. 이런 사례를 통해 스티브 잡스와 애플의 직원들이 기술을 조합하는 데 뛰어나지 않았다고 말하려는 것이 아니다. 그러나 중요한 시사점은 아이폰 스토리에서 공공 부문의 역할을 인정하지 않으면 미래의 정부 지원 연구는 위기에 봉착할 거라는 사실이다.

어떤 정부가 혁신과 관련하여 특정 방향을 골랐더니 결과가 좋게 나왔다고 해서 정책 입안자들이 그 방향을 선택해서는 안 된다. 차라리 민주적으로 납득할 수 있는 방식인지, 시급한 사회적·기술적 문제를 해결할 수 있는 방식인지를 고려해야 한다.

더 스마트한 정부

혁신에 돈을 쓰는 것은 정확히 잘못된 방식으로 평가받는 경향이 있다. 주류 경제학의 틀 안에서는, 시장실패가 확인되어야 구체적인 정부투자를 계획한다. 그리고 이런 정부투자의 가치는 어림짐작으로 계산하는 데다가 협소한 시각에서 평가받는다. '특정한 혁신에 투자한 이익이 시장실패와 실패를 고치는 데 드는 비용을 초과하게 될까?' 하는 식이다. 이런 방법은 혁신만큼 역동적인 작용을 계산하는 데 정말 적절치 않다. 정부가 이전에는 한 번도 존재하지 않았던 새로운 경제의 모습을 창조할 수 있다는 가능성을 믿지 않는다면,

혁신을 향한 정부의 노력에 찬물을 끼얹는 것이다. 뛰어난 경제학자 누구도 공공 부문이 민간 부문의 비효율적인 버전에 지나지 않는다고 말하지 않는다.

정부투자를 측정하는 이런 불완전한 방식은 정부가 특정 섹터에 진입함으로써 민간투자를 '밀어낸다crowd out'는 비난을 만들어낸다. 이런 비난은 종종 잘못된 것이 분명한데, 정부투자에는 '끌어오는 crowd in' 효과도 있기 때문이다. 끌어온다는 의미는 민간투자를 자극하고, 민간과 공적 투자자 모두에게 이익이 되도록 국내 생산의 파이를 전체적으로 키운다는 말이다. 그러나 더 중요한 정부투자의 목적은 경제를 촉진하는 일뿐만 아니라 케인스가 말한 내용처럼 "지금 전혀 하지 않고 있는 일을 하는 것to do those things which at present are not done at all"이다. 어떤 민간 기업도 사람을 달에 보낼 생각을 하지 않았을 때, NASA는 아폴로 계획에 착수했다.

투자를 평가하는 올바른 도구 없이는 정부가 혁신을 단순히 촉진하는 간접적 역할을 할지, 아니면 이전에 없던 혁신을 위해 직접 뛰어들지 판단하기가 어려워진다. 그 결과가 지금 만연해 있는 기술-경제 패러다임에 의해 한정되고 협소해진 투자다. 투자의 결과를 평가하는 더 나은 방법은 투자가 노동자들에게 새로운 기술을 가르쳐주었는지 또는 새로운 기술이나 영역, 시장을 개척했는지를 평가하는 것이다. 예를 들어, 제약 관련 연구에 투자하는 정부라면 제약회사들처럼 약품에 집착하지 말고 진단이나 수술적 치료, 생애주기 변화 등에 더 투자하는 것이 바람직하다.

정부는 투자 예측과 관련한 또 다른 문제로 고통받기도 한다. 시장실패를 고치는 데 정부의 관심이 집중되어야 한다는 지배적 의견에 따른 결과로 정부는 시장실패를 벗어나는 영역에는 투자를 하지 않는 경우가 많다. 기업을 감독하는 규제기관으로서 이런 문제를 없애기 위해 정부는 사적 영역으로부터 스스로를 고립시켜야 한다. 이것이 정부가 사적 영역으로 핵심 업무를 아웃소싱하고 있는 이유다. 그러나 이런 추세는 종종 혁신에 투자하는 스마트한 전략을 고안해내는 데 필요한 지식을 정부로부터 제거하거나 핵심 인재를 끌어오는 일을 더 어렵게 할 수도 있다. 이런 생각은 자기충족적 예언self-fulfilling prophecy을 실현시키기도 한다. 폭넓은 생각을 덜 하고, 전문적 지식을 덜 연구하고, 실행력도 떨어지게 한다. 미국 정부 내에 정보 기술 역량이 더 풍부했다면, 오바마 행정부는 아마 헬스케어닷거브 HealthCare.gov(건강보험을 골라서 살 수 있는 웹사이트 – 옮긴이)를 운용하는 데 그렇게 애를 먹지 않았을 것이다. 헬스케어닷거브의 실패(첫날부터 접속이 어려웠고, 이후에도 시스템 불안정으로 엄청난 비난을 받았다 – 옮긴이)는 더 많은 외주화로 이어질 것으로 보인다(해당 웹사이트 역시 외주업체가 제작했다. 따라서 미국 정부의 정보 기술 역량이 미흡했다는 사실과 총괄적인 관리 부실을 지적하고 있다 – 옮긴이).

기술 및 관련 분야, 시장을 고안하고 창출해내기 위해선 정부가 대담한 정책을 고안하고 법령으로 만들 수 있을 정도의 지식과 정보로 무장해야 한다. 이런 주장을 한다고 해서 정부가 항상 옳다는 얘기는 아니다. 사실, 불확실성이 혁신 과정에 내포되어 있다는 말은 실패가 자주 발생한다는 의미다. 그러나 실패한 투자로부터 배우고, 투자의 구조와 실행 방법을 지속적으로 개선할 필요가 있다. 경제학자 앨버트 허시먼Albert Hirschman이 강조한 바에 따르면, 정책 입안 프로세스는 자연적으로 엉망이 되므로 정부기관이 실패와 오류를 잘 받아들이는 것이 중요하다. 정부는 민간 기업이 그렇게 하는 것처럼 경영대학원의 주제인 전략경영과 조직 행동에 많은 관심을 가져야 한다. 그러나 현재의 방식은 정부를 더 경쟁력 있게 해주지는 못하고 다운사이징에만 관심을 두도록 하고 있다.

이익과 손실

혁신 과정에는 위험이 따르게 마련이다. 그런데 가장 위험한 구간을 정부가 주로 과감한 지출로써 감당하기 때문에, 투자의 리스크가 아니라 투자의 보상을 사회로 가져올 방법을 생각해봐야 한다. 예를 들어 미국 정부의 중소기업 기술촉진 프로그램은 민간 벤처캐피털 회사가 하는 것 이상으로 더 초기 단계에서부터 회사들에 고위험 금융을 제공하며, 컴팩과 인텔도 스타트업이었을 때 금융 지원을 받았다. 비슷한 예로, 미국 중소기업청의 후원으로 시작된 중소기업 투자회사 프로그램은 1978년의 애플을 포함해서 초기 단계의 기업들에 중요한 대출과 보조금을 제공해왔다. 사실, 벤처캐피털회사들이 더욱 단기적인 이익에 집착하고 3년 안에 투자의 '출구exit'를 눈에 불을 켜고 찾으려고(보통 주식공모나 다른 회사에 매각한다) 하게 되면서 이런 장기투자에 대한 수요는 시간이 갈수록 증가해왔다. 진정한 혁신은 수십 년의 시간이 걸릴 수도 있다.

불확실한 전망하에서 기술에 대해 초기 단계부터 투자하는 행위는 그 본질상, 일부 정부는 '위너winner'가 되겠지만 다수의 정부는 '루저loser'가 되고 만다. (미국 정부가 금융 지원을 한 성공 사례인) 인터넷도 있지만 (영국과 프랑스 정부가 투자한 애물단지인) 수많은 콩코드도 있다. 솔린드라Solyndra와 테슬라도 똑같은 맥락이다. 2009년에 태양광 패널 스타트업이었던 솔린드라는 미 에너지부U.S. Department of Energy로부터 5억 3,500만 달러의 대출에 대해 보증을 받았다. 같은 해 전기차 제조업체인 테슬라도 4억 6,500만 달러라는 비슷한 규모의 대출을 승인받았다. 그해가 지나고 나서 테슬라는 엄청나게 성공했고, 2013년에는 대출을 갚았다. 반대로 솔린드라는 2011년에 파산을 신청했다. 그리고 재정 보수주의자들fiscal conservatives 사이에서 솔린드라는 정부가 유감스럽게도 위너를 잘못 뽑은 대표적 실패 사례로 소개되고 있다. 물론 정부가 벤처캐피털처럼 행동했더라도 필연적으로 많은 실패에 맞닥뜨릴 수밖에 없었을 것이다. 그러나 문제는 벤처캐피털과는 다르게 정부는 성공으로부터는 거의 얻는 것도 없으면서, 실패의 비용으로는 종종 과도한 부담을 강요받는다. 납세자들은 솔린드라의 손실에 대한 청구서는 꼼꼼히 따지면서, 테슬라의 이익에 대해선 별말이 없다.

경제학자들은 아마 정부는 산출된 이익에 세금을 부과하기 때문에 투자에 대한 이익을 당연히 받게 된다고 주장할 것이다. 진실은 좀 더 복잡하다. 먼저 하나를 꼽자면, 대기업은 탈세의 대가들masters of tax evasion이다. 검색 알고리즘을 완전히 뒤바꿔놓은 구글은 국립과학재단의 금융 지원으로 성공했음에도 아일랜드를 통해 이익의 일부를 분산시키는 방식으로 세금을 낮추었다. 애플 또한 미국 주 정부들로부터 철저하게 이익을 챙기는 방식으로 세금을 낮추었다. 캘리포니아 주 쿠퍼티노에 본거지를 둔 회사가 돈을 절약하기 위해서 2006년 네바다 주 레노에 투자 자회사를 설립한 것이다.

이런 문제를 고치는 것은 단지 밑 빠진 독을 때우는 정도가 아니다. 오직 민간 부문만이 유일하게 부의 창조자로서 역할을 한다는 헛소문 때문에 미국을 비롯한 서구 국가들의 세율은 지난 수십 년 동안 계속 떨어지고 있다. 정부가 얻는 수입도 혁신을 촉진하려는 세금 감면 혜택 때문에 줄어들었다. 그런데 오히려 세금 감면 혜택이 없었다면 하지도 않았을, 혁신과는 별 상관없는 연구개발만 늘어났다. 게다가 오늘날의 유동자본을 생각해보면, 특정 기업에 금융 지원을 했던 정부가 해당 기업이 해외로 이전하는 바람에 세금을 부과할 수 없는 상황에 처할지도 모른다. 세금이 교육·보건관리·연구 등 기초 분야에 지출되어야 그 효과가 커짐에도, 기업들이나 구체적인 관련 기술에 대해서 정부가 직접 세금을 지출하지는 않고 있다. 금융 시장이 좀 더 단기간에 초점을 맞추는 것처럼, 정부도 같은 방식의 투자를 하라고 요구받는다면 정부는 투자 과정에서 생기는 불가피한 손실도 만회해야만 할 것이다.

그렇게 하는 다양한 방법이 있다. 그중 하나는 정부가 사업체에 주는 대출과 보증에 조건을 다는 것이다. 예를 들어, 소득변동 학생 대출을 받은 졸업생이 소득에 따라 상환금을 조정하는 것처럼 정부 투자 수혜자도 이익에 따라 상환금을 조정할 수 있을 것이다.

정부가 상환금을 더 많이 받을 수 있는 또 다른 방법에는 사업체와의 기존 파트너십 방식을 재고해보는 것도 포함된다. 정부와 기업 간의 파트너십은 기생적인 관계보다는 공생적인 관계여야 한다. 1925년 미국 정부는 AT&T가 전화 시스템에 대한 독점을 유지하도록 하는 대신 연구 활동에 AT&T의 이익을 재투자하도록 요구했고, 이 거래의 결과로 벨연구소가 만들어졌다. 그러나 오늘날 대기업들은 이윤의 재투자 대신 이익을 사내에 유보하거나 자사주 매입, 스톡옵션 지급, 경영자 급여 등에 쓰고 있다. 경제학자 윌리엄 라조닉 William Lazonick은 자신의 연구에서 이렇게 밝혔다. "2003년부터 2012년 현재의 S&P 500에 이름을 올린 기업 중 449개 기업이 이익의 54퍼센트인 2조 4,000억 달러를 자사주 매입에 사용했다."

더 대담한 방법도 있으니, 민간 벤처캐피털회사가 하는 방식대로 정부가 자신이 지원하는 회사의 지분을 보유하는 방법이다. 실제로 일부 나라에서는 이런 방식의 모델이 오래전에 채택되었다. 이스라엘의 공공 벤처캐피털 기금을 관리하는 요즈마 그룹Yozma Group은 1993년부터 초기 단계 회사들의 지분을 보유하고 있다. 핀란드 의회 통제하에 운용되는 핀란드 혁신 기금Finnish Innovation Fund 시트라Sitra는 지분 소유 방식을 1967년부터 활용해왔다. 시트라는 노키아가 고무회사에서(제재소로 시작해 1967년 핀란드 고무회사와 합병했다 - 옮긴이) 휴대전화 거대 기업으로 변모하는 데에 초창기부터 투자했다. 미국 정부가 테슬라의 지분을 가지고 있었다면, 솔린드라의 실패를 좀 더 만회할 수 있었을지 모른다. 테슬라가 정부로부터 대출을 받은 그해, 테슬라는 공모가를 주당 17달러로 해서 기업공개를 했다. 주식 가격은 대출이 상환될 때는 93달러까지 올랐다. 지금 테슬라 주식은 200달러 이상으로 거래된다(2016년 6월 3일 종가 기준 218.99달러다 – 옮긴이).

민간 기업의 지분을 취득하겠다는 정부의 생각은 자본주의자들의 세상에서 대부분 저주처럼 받아들여진다. 그렇지만 정부가 이미 민간 부문에 투자를 하고 있고, 이에 따라 (재정 보수주의자들도 어쩌면 매력적이라 생각할 수 있는) 투자수익 또한 얻을 수 있다. 정부가 지배적 지분을 차지할 필요는 없지만, 배당금을 받을 우선권이 있는 우선주 형태로 주식을 보유할 수는 있을 것이다. 수익은 미래의 혁신을 위한 기금을 조성하는 데 사용될 수 있다. 정치인들과 언론은 일이 나빠지면 지나치게 빠를 정도로 정부투자를 비판하고, 반대로 일이 잘되면 너무 느리게 칭찬을 해왔다.

차세대 혁명

철도에서부터 자동차, 우주선, 정보 기술에 이르기까지 과거의 기술혁명은 경제 시스템을 어설프게 만지작거리다가 나타난 것이 아니다. 기술혁명의 출현은 정부실패를 최소화하는 것이 아니라 혁신을 최대화하는 데 초점을 둔 대담한 미션을 정부가 떠안았기 때문이다. 사람들이 이렇게 좀더 주도적인 정부 역할을 받아들일 때 경제 정책의 핵심 문제를 재구성할 수 있다. 새로운 모습의 산업을 만들 수 있는 정부와 기업 간 상호작용에 관한 좀더 역동적인 기대와 민간투자를 위축시키거나 멍청하게도 도중에 실패할 위너를 고르는 것은 아닌지 하는 우려가 동시에 수면으로 떠오르고 있다.

오늘날 중국에서부터 덴마크나 독일에 이르기까지 많은 국가가 국가의 차기 미션을 결정했다. 바로 그린에너지다. 잠재적 이익과 추진하는 데 드는 비용을 고려하면, 정부가 올바른 방향으로 지원해야만 한다. 투자 대상이 되는 스타터들의 다양한 기술과 투자 분야를 선정하는 것도 중요하지만, 정부가 투자를 통해 무엇을 원하는지 또한 구체적으로 밝혀야 한다. 예를 들어, 정부가 에너지 분야에서 원하는 것이 안정적인 에너지 공급이라면 셰일가스가 대안이 될 것이다. 그러나 만약 기후변화를 완화하는 것이 목적이라면 셰일가스는 대안이 될 수 없다. 사실 미션에 기반을 둔 정책은 다양한 분야 사이의 상호작용을 필요로 한다. 달에 대한 NASA의 미션은 로켓공학에서 통신, 재료공학에 이르기까지 서로 다른 많은 분야의 상호작용을 요구했다.

마찬가지로 그린에너지혁명도 풍력·태양발전·바이오연료뿐만 아니라 새로운 엔진, 더 효율적으로 기간시설을 유지하는 새로운 방법, 제품의 내구성을 증대시키는 방법 등을 요구하게 될 것이다. 따라서 정부는 벤처캐피털 업계를 통해 단서를 얻고, 포트폴리오를 다양화하여 많은 기술과 기업들 사이로 자본이 흘러가도록 해야 한다.

그린에너지 투자에서 정부는 민간 부문이 신경 쓰지 않고 있는 기술들에 투자하고, 다양한 기업가들이 세부 사항을 실험해보도록 해야 한다. 정부는 지휘간섭의 낡은 스타일이 아니라 당근과 채찍이 조합된 야심 찬 목표를 세울 필요가 있다. 독일 정부는 에네르기벤데Energiewende(에너지 전환 정책)에 당근과 채찍이 조합된 야심 찬 목표를 도입함으로써 원자력에너지를 단계적으로 축소하고 재생에너지로 대체할 계획이다. 탄소 배출 감소를 위해 대담한 목표를 설정하고 풍력과 태양광 기술의 발전에 보조금을 지급하는 식으로 운영하고 있다.

더 넓게는 정부가 성공적인 투자로부터 얻은 이익을 친환경에너지 업체에 분배할 수 있도록 협약을 맺을 필요도 있다. 그리고 무엇보다 미래를 대비하는 공공기관을 설립해서 창조, 수용, 확산의 온상으로 만들어야 한다. 이를 위해선 문제가 발생하고 나서야 정부가 해결에 나서는 현재의 제한된 정부 역할에 대한 집착을 버려야 하고, 정부는 혁신을 만들어내지 못한다는 통념도 깨부숴야 한다.

식량과 아프리카의 변화
소규모 자작농들이 연결되고 있다

코피 아난 전 UN 사무총장
샘 드라이튼 런던 임페리얼칼리지 선임연구원

아프리카의 농업은 오랫동안 아프리카 대륙의 가난을 상징해왔다. 농업 관계자들은 수억에 달하는 아프리카 소규모 자작농들이 너무 후진적이어서 번영은 요원하다고 생각했다. 미래에도 아프리카 농업에 투자를 하리라는 건 기대하기 어려웠다. 그러나 이 모든 것이 바뀌고 있다.

최근 몇 년 동안, 아프리카의 농업정책은 심원한 계획도 없었고, 일관성도 없었다. 어떤 나라들은 상업형 농부들한테 호의를 베푸느라 소규모 자작농들을 신경 쓰지 않았다. 또 어떤 나라들은 자작농들에게 신경은 썼지만 생산성을 향상시키는 데만 초점을 맞추었다. 아프리카 농장의 수확은 다른 곳에 비해 정말로 보잘것없었고, 그렇다 보니 생산성 향상이 중요한 문제가 되었다. 그러나 농업은 식량

산출 이상의 의미가 있다. 거대한 푸드 시스템은 농장과 식탁을 넘어서서 모든 사회, 거의 모든 삶의 단면에 영향을 끼친다. 아프리카에서 푸드 시스템을 최대한 튼튼하게 만드는 일은 단순히 기근을 해결하는 것이 아니다. 가난·질병·영양실조와 맞서 싸우고, 산업과 일자리를 창출하며, 아프리카 경제를 부흥시키고 무역수지를 개선한다는 의미도 된다.

푸드 시스템은 하루아침에 뚝딱 하고 만들어지지 않는다. 시간이 지날수록 점점 진화하는 경향을 띤다. 그러나 디지털 기술이 있는 지금, 아프리카 지도자들은 진보에 방해가 되는 핵심 장애물을 치워버릴 수 있는 강력한 무기를 가지고 있는 셈이다. 핵심 장애물은 바로 소규모 자작농의 압도적 다수가 완전히 고립된 상황이라는 것이다. 지금까지 자작농들끼리 정보를 주고받기가 너무 힘들어서 더 넓은 경제로의 효율적 통합을 방해해왔다. 그러나 모바일 커뮤니케이션을 통해 이런 고립을 무너뜨리고 현대의 니즈에 맞는 새로운 푸드 시스템을 창출할 수 있게 되었다. 만약 선견지명이 있는 지도자가 이 기회를 잡는다면, 아프리카의 농업을 가난과 후진의 상징에서 경제적·사회적 발전의 강력한 엔진으로 탈바꿈시킬 수 있을 것이다.

다섯 가지 원칙

아프리카의 새로운 푸드 시스템은 농업이 단순히 칼로리를 생산하는 것이 아니라 사회를 변화시킨다는 생각과 함께 만들어져야 한다. 아프리카 푸드 시스템의 구성 요소는 소규모 자작농의 가치 향상, 여성의 권한 확대, 생산량만큼 품질도 중시, 번영하는 시골경제 창조, 환경보호 이렇게 다섯 가지가 되어야 한다.

필자들 중 누구도 작은 농장의 상황에 감상적으로 접근할 생각은 없다. 우리는 실제적인 필요를 알고 있다. 아프리카 농업 생산의 80퍼센트 이상은 소규모 자작농으로부터 나온다. 합리적인 푸드 시스템이라면 소규모 자작농들을 첫 번째로 생각해야 한다. 몇 년에 걸쳐 아프리카의 여러 정부는 상업형 농장이 더 효율적이라는 이론에 따라 거대한 규모의 상업형 농장에 투자함으로써 현재의 농업 형태를 우회하는 전략을 취해왔다. 그러나 외국 투자자들에게 거대한 땅을 내주고, 산업용 용수를 비축하고, 소수 환금 작물의 연구개발에 집중하는 일은 대다수 농부에게 도움이 되지 않았다. 또한 빠르게 성장하고 있는 도시 지역에 공급할 충분한 식량도 생산하지 못했다. 이것이 식량 수입 가격이 점점 비싸지는 이유이자 도시 거주자들이 비싼 돈을 주고 식량을 구입하는 까닭이다.

사실 아프리카의 자작농들이 알맞은 종자와 비료를 가지고, 최신 농업 기술과 접목하여 산출을 획기적으로 늘리기만 한다면 전 대륙을 충분히 먹여 살리고도 남을 것이다. 그러나 이런 발전이 되지 않아서 문제인데 그 이유는 이러한 사실을 모르거나, 기술이나 종자나 비료를 살 수 있는 장소에 갈 수 없거나, 그것도 아니면 그것들을 살 돈이 없기 때문이다. 대다수의 자작농과 시장을 연결하는 기반시설은 그저 존재하는 것이 아니다. 많은 농부에게 시장에 내다 팔 만큼의 잉여 생산물을 얻기 위해서 생산성을 향상시키고자 하는 유인이 거의 없다는 의미다. 자작농들이 더 많은 식량을 생산해서 공정한 가격으로 제대로 된 시장에 내다 팔 수만 있다면, 아프리카의 거의 모든 가난한 사람의 삶이 바뀔지도 모른다.

이 문제를 해결하는 열쇠는 자작농들에게 적당한 종자와 비료를 공급하고, 교육훈련의 기회를 주고, 시장과 더 넓은 경제네트워크에 접근하기 쉽게 해주는 것이다. 모바일 기술은 이 모든 사항에 도움이 된다. 예를 들어, 휴대전화와 디지털 비디오는 교육과 훈련에 혁명을 일으킬 수 있다. 농부들이 출연해서 현지 언어로 훈련을 지도하는 비디오를 방송하는 조직인 디지털 그린Digital Green은 농부를 키우는 차세대 프로그램이다. 농부들은 외부 전문가보다 자신들의 동료를 더 믿는 경향이 있기 때문에 디지털 그린의 모델은 농부들로 하여금 개선된 영농 방법을 받아들이도록 하는 데 아주 효과적이었다. 디지털 그린은 인도에서 에티오피아로 영역을 확장했고, 가나·모잠비크·탄자니아에서도 파일럿 프로그램을 진행하고 있다.

한편 아프리카 농장의 노동력 대부분을 여성들이 제공하고 있지만, 평균적으로 남성에 비해 생산성이 낮다. 세계은행과 더원캠페인the ONE Campaign이 지난해 발행한 보고서에 따르면 13~25퍼센트가량 생산성이 낮다고 한다. 노동력 개발 프로그램에서 발생하는 성차별부터 수확 기간에 여성들이 노동력을 고용하고 관리하는 일을 어렵게 하는 문화적 규범까지, 아프리카 여성의 농업 생산성이 낮은 이유는 다양하고 복잡하다. 그러나 꼭 해결해야 하는 문제다. 여성은

콜롬비아 남서부 카우카 지방의 옥수수 수확

농업 노동력의 주요 부분일 뿐만 아니라 번 돈을 긍정적이면서 다양하고 커다란 효과를 나타내는 교육이나 영양, 건강관리와 같은 상품에 지출하기 때문이다. 남성과는 다르다. 따라서 지출을 결정할 수 있는 권한이 여성에게 주어지면 여성뿐만 아니라 남성에게까지 모두 혜택이 돌아간다.

여기에서도 디지털 기술이 놀라운 역할을 할 수 있다. 여성에게 휴대전화가 생기면 중개인 없이 직접 거래를 할 수 있고, 자기만의 은행 계좌도 개설할 수 있으며, 지역의 남자들이 전수해주지 않는 기술과 정보를 취득할 수 있고, 잠재적인 구매자와 효과적으로 협상하는 데 도움이 되도록 실시간 시장 가격도 알 수 있다.

이제 식량의 품질에 대해서도 생각해보자. 영양실조가 가난한 나라들에 어떤 영향을 미치는지 이제야 이해되기 시작했다. 영양실조는 전 세계 5세 미만 아동이 사망하는 원인의 거의 절반을 차지하고 있으며, 수천만 명의 아이들이 인지적·육체적 장애로 남은 삶을 보내도록 만들고 있다. 전 세계 모든 곳의 음식이 정해진 영양 기준을 만족시키지 못하고 있다. 예를 들어 미국에서는 가능한 한 많은 칼로리, 가능한 한 좋은 맛, 가능한 한 적은 돈으로 음식을 제공할 수 있도록 푸드 시스템이 설계된다. 결과적으로 미국의 농업은 설탕 전달자로서 옥수수에 주목하게 되고, 영양학적 가치보다는 산출량 때문에 옥수수를 재배하며, 옥수수를 가공하여 남아 있는 영양소는 무엇이든 제거한다. 이 옥수수는 몸에는 좋지 않지만 값싸고 맛있는 아침용 시리얼이 되어 미국인들이 아침마다 먹고 있다.

아프리카의 현재 푸드 시스템도 일정 부분 미국과 같은 모습을 보이고 있다. 아프리카에서 사용되는 종자들은 산출을 늘리기 위해 다른 특질이 거의 제거된 채 개량된다. 이런 종자를 개발하는 육종개량 전문가는 거의 옥수수와 밀에 주안점을 두기 때문에 카사바cassava나 수수sorghum 같은 작물은 개량되지 않고 있다. 그리고 롤러 제분기가 북미에서 그렇게 하듯이 아프리카에서도 영양적 가치를 제거한다. 그러나 낙관적으로 볼 사항도 일부 있다. 예를 들어, 선진국에서 오랫동안 표준적 지침처럼 되어왔던 음식물에 대한 영양 강화가 아프리카에서도 마찬가지로 시행되기 시작했다. 가나의 쌀, 잠비아의 옥수수, 몇몇 나라의 고구마는 현재 비타민A가 강화되고 있다. 그리고 생물영양강화biofortification의 경우에는 더 큰 기회를 약속한다. 왜냐하면 유전공학의 발전에 따라 아연 함유량이 높은 밀이나 철분이 많이 든 쌀과 같이 특정 영양이 강화된 종자를 쉽게 만들 수 있기 때문이다.

건강한 푸드 시스템하에서는 농장이 여러 산업을 키워낸다. 농부들에게는 작물을 심기 전에 금융 서비스, 종자, 비료 등이 필요하다. 수확을 하고 나서는 또 저장소, 운송, 가공, 마케팅 등이 필요하다. 이 과정들의 매 단계가 기업 활동의 기회가 될 수 있다. 따라서 이론적으로 건강한 푸드 시스템은 부를 창출하고, 시골경제 전반을 성장시켜 농장 이외의 근로자들에게도 부를 창출할 기회를 제공한다.

현재까지는 이런 일들이 아프리카에서 흔하게 벌어지고 있진 않지만, 상황이 바뀌리라 본다. 예를 들어, 나이지리아에서는 40년 동안 계속해서 정부가 종자와 비료를 사서 농부들에게 전달해왔다. 종자와 비료가 소규모 자작농들에게 전달되는 일이 실제로는 거의 없으니 이 같은 시스템이 제대로 작동된다고는 볼 수 없다. 심지어 시골사회로 종자와 비료를 직접 공급하고자 하는 기업가들도 쫓아내고 있다. 이런 문제에 대응하기 위해 나이지리아는 최근 정부 조달 시스템을 폐지하고, 새로운 사업정책에 박차를 가하고 있다. 농부들에게 50퍼센트의 보조금(휴대전화를 통해 바우처가 지급된다)을 줌으로써 정부가 종자와 비료에 대한 수요를 창출하고 있다. 수요가 창출되는 동안 이런 수요를 충족시킬 충분한 공급을 마련하기 위해, 나이지리아의 농업부Ministry of Agriculture와 중앙은행은 위험분담 프로그램을 시작하여 지역은행이 농업대출을 하도록 장려했다. 부분적이나

마 이러한 정부보증 덕에 은행들은 농업대출을 4배까지 확대했다. 나이지리아에서 활동하는 종자회사는 11개 업체에서 100개 업체 이상으로 증가했고, 이들 회사의 종자를 농부들에게 직접 파는 소규모 지역상점이 지금은 수천 개로 늘어났다.

1950년대와 1960년대의 그린혁명은 마침내 고도의 생산성을 가진 새로운 농업 기술과 영농 방법을 내놓았고, 아시아와 남아메리카에 살던 10억 인구를 먹여 살렸다. 그러나 과거의 그린혁명은 지역 내 환경에 심각한 위해를 가해서 토양을 황폐화시키고 생물다양성을 감소시키는 결과를 가져왔다. 이미 기후변화 때문에 생겨난 문제를 고려할 때, 아프리카 농업환경의 지속 가능하고 장기적인 보호 방법을 확보하는 것이 어느 때보다 중요한 일이 되었다.

좋은 소식은 디지털 교육을 통해 녹색비료라고 불리는 콩과^{legumes} 작물로 윤작을 하고, 용수를 관리하는 등의 기초적인 환경보호 기술을 전파할 수 있으며, 이에 따라 소규모 자작농들이 단기간에 산출을 늘릴 수 있을 뿐만 아니라 시간이 지나도 토양의 건강이 사라지지 않는다는 점이다. 아프리카의 토양이 전 세계에서 가장 황폐한 상태이기 때문에 이는 매우 중요한 문제다.

디지털이 주는 약속

디지털 기술은 이런 모든 정책을 동시에 실시할 수 있게 해준다. 연락도 가능하게 하고, 정보도 끊임없이 전달하며, 넓은 지역에 살다 보니 멀리 떨어져 있는 개인과 마을공동체를 실제로 이어주는 역할도 할 수 있다.

이런 상황에 적합한 디지털 애플리케이션이 이미 사용 중이고, 더욱 발전하고 있다. 예를 들어 2014년에 에티오피아의 농업혁신청은 농업용 핫라인을 개설했고, 벌써 약 650만 통의 전화 통화가 연결되었다. 최신 농업 기술 정보를 문자 메시지나 자동전화를 통해 50만 사용자에게 보내고 있다. 또한 농업혁신청은 토양을 10제곱킬로미터 단위로 분석하는 일종의 디지털 토양지도인 에티오피아 토양정보 시스템을 개발 중이다. 궁극적으로 이 두 가지 시스템이 통합되어 상황에 적합한 최신 정보를 수백만 농부에게 전달할 것이다.

디지털 기술은 농부들의 조직 또한 혁명적으로 바꾸게 된다. 아프리카의 영농조합 회원 수는 항상 정체되었는데, 그 이유는 소규모 자작농들이 너무 산재해 있었기 때문이다. 그러나 이제는 기존의 영농조합이 해왔던 일을 디지털로 무장한 새로운 조직이 그대로 할 수 있다. 종자와 비료를 대량으로 구매하고, 조합원들에게 비용 절감분을 분배하며, 영농 기술에 관한 믿을 만한 정보 원천을 제공하고, 생산물을 모아서 창고에 보관한 다음 공정한 가격을 받도록 협상하는 일 등이다.

소규모 자작농들과의 상호작용을 위한 디지털 기반시설이 이미 자리를 잡아가고 있기 때문에 지금이야말로 제대로 일을 해야 한다. 이 말이 의미하는 바는 모든 농부가 출발점에 서 있으며, 특히 가장 가난하고, 공동체에서 가장 멀리 떨어진 지역에 살고 있다는 뜻이다. 디지털 농업 애플리케이션도 선택된 소수의 사람을 위한 독점 플랫폼이 아니라 어떤 농부라도 연결할 수 있는 중립적 디지털 플랫폼으로 구동될 필요가 있다. 정부든 농업 관련 기업이든 통신 회사든 간에 모든 농부가 접근할 수 있게만 만든다면, 플랫폼을 누가 만드는지는 아무 문제가 아니다. 여기에 더해서 플랫폼이 최고의 효과를 내기 위해서는 농부들이 개인의 고유한 사용자 아이디로 플랫폼에 가입할 필요가 있다. 그래야 자신들이 필요로 하는 서비스를 제공받을 수 있다. 그리고 정보는 대부분을 오픈 소스화하는 방식으로 관리되어야 한다. 예를 들어, 에티오피아의 디지털 토양지도는 일반에 공개되어 있어 누구나 해당 데이터를 사용할 수 있다.

필자들이 사회 초년생일 때만 해도 개발에 대한 가장 중요한 질문 중 하나는 다가오는 수십 년 안에 세계가 감당할 식량을 생산할 수 있느냐 하는 문제였다. 많은 사람이 전 지구적인 기아가 올 것이라 예상했다. 그래서 단순히 대규모 기아를 피하는 것만 해도 대단한 성공으로 여겨졌다. 그러나 이제는 정말 단순한 칼로리 공급을 넘어 개발도상국의 농업에 대해 좀 더 전체적인 시각으로 바라볼 때가 된 것 같다. 마침내 아프리카의 소규모 자작농들을 해결해야 할 문제가 아닌, 해결책 그 자체로 생각할 수 있게 되었다. 디지털 기술을 사용해서 그들에게 다가가고, 그들의 얘기를 듣고, 그들을 후원하고, 그들이 조직화하도록 돕는 일은 또 다른 농업혁명을 위한 잠재력을 발견하는 것이다. 이런 기회를 붙잡기 위해서는 정책 변화와 투자뿐만 아니라 공무원과 기업가부터 농경학자와 디지털 전문가에 이르기까지 모두가 엄청난 노력을 기울여야 한다. 그러나 가장 필요한 것은 대륙의 변화를 구상할 수 있는 지도자다.

김진희

연세대학교에서 경영학 석사학위를 받고, UBC 경영대에서 MBA 본 과정을 수학했다. 홍보 컨설팅사에 재직하면서 지난 10여 년간 삼성전자, P&G, HP 등의 글로벌 브랜드 뉴미디어 광고 및 홍보 컨설팅을 수행했다. 빅 데이터와 모바일의 활용이 두드러지는 디지털 PR 및 마케팅 분야에서 수년간 기업 컨설팅을 담당하고 있다. 옮긴 책으로 《2016년 이코노미스트 세계경제대전망》, 《하버드비즈니스리뷰》, 《구름사다리를 타는 사나이》 등이 있다.

손용수

부산대 법대에서 법학을 공부하고 같은 대학 대학원에서 법학석사 학위를 받았다. LG전자 통신기기 사업부를 시작으로 아날로그 시대부터 디지털 시대까지 30년간 IT 업계에서 상품기획, 지식재산권 경영, 해외사업 등을 담당했다. 현재 초고속 무선통신 모듈과 만물인터넷(IoE) 전문 IT기업에서 법률고문으로 일하고 있으며, 바른번역에서 경제경영 및 IT과학 분야 전문 번역가로 활동하고 있다. 《2016년 이코노미스트 세계경제대전망》의 과학·기술 및 미래 예측 분야를 번역했다.

최시영

한국외국어대학교에서 경영학 및 신문방송학을 공부했다. ROTC 복무 후 금융 대기업 및 사회적 기업 등에서 HR 및 교육기획 업무를 담당했고, 재단법인 아름다운가게에서 프로보노 활동으로 옥스팜 연례보고서를 번역하면서 번역자의 길로 들어섰다. 주요 역서로 《역사를 바꾼 영웅들》, 《서양인의 손자병법》 등이 있으며, 영국 BBC와 미국 PBS에서 공동 방영한 인류의 과학문명사를 다룬 다큐멘터리 〈How We Got To Now: TIME〉의 자막 제작 및 감수 작업을 진행했다.

사진 출처